高等院校学前教育
专业创新型系列教材

学前儿童科学教育

茹荣芳 李 萌 张 燕 主编

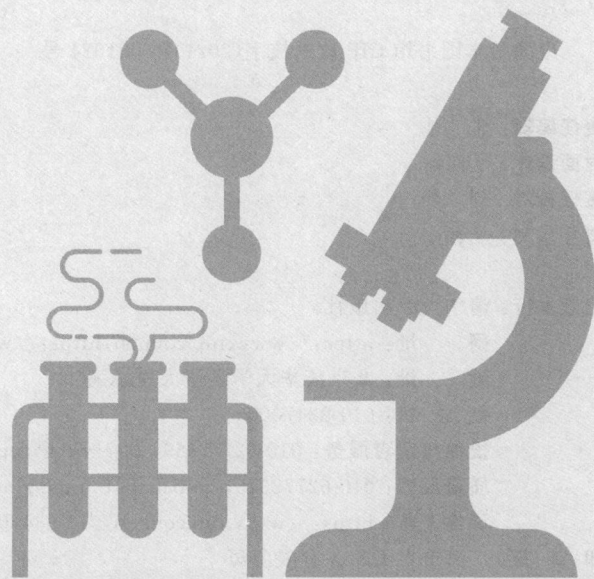

清华大学出版社
北京

内 容 简 介

本书以学前教育理论为依据,对幼儿园科学教育进行了系统阐述。全书以幼儿园科学领域活动的设计与实施为主线,重点介绍了学前儿童科学教育概述、目标、内容、途径与方法、活动的设计与指导,学前儿童教学教育的内容、活动的设计与指导,学前儿童科学教育资源、评价。本书设置了思政教育目标、知识链接、案例分析、实践活动等模块,强调理论指导下的实践应用。书中选编了大量案例,增强了教材的应用性。在"互联网+"大背景下,本书提供了教学资源,学生通过扫描书中的二维码可获得微课、幼儿科学探究、在校生模拟教学、一线教师教学活动、相关绘本等数字媒体资料。

本书适合高等院校学前教育专业的本专科学生使用,也可供学前教育研究人员和幼儿园教师阅读参考。

图书在版编目(CIP)数据

学前儿童科学教育/茹荣芳,李萌,张燕主编.—北京:清华大学出版社,2021.8(2025.2重印)
高等院校学前教育专业创新型系列教材
ISBN 978-7-302-57412-5

Ⅰ.①学… Ⅱ.①茹… ②李… ③张… Ⅲ.①学前儿童－科学教育学－高等职业教育－教材
Ⅳ.①G613

中国版本图书馆 CIP 数据核字(2021)第 021024 号

责任编辑:张 弛
封面设计:于晓丽
责任校对:刘 静
责任印制:丛怀宇

出版发行:清华大学出版社
   网 址:https://www.tup.com.cn,https://www.wqxuetang.com
   地 址:北京清华大学学研大厦 A 座   邮 编:100084
   社 总 机:010-83470000   邮 购:010-62786544
   投稿与读者服务:010-62776969,c-service@tup.tsinghua.edu.cn
   质量反馈:010-62772015,zhiliang@tup.tsinghua.edu.cn
   课件下载:https://www.tup.com.cn,010-83470410
印 装 者:三河市人民印务有限公司
经 销:全国新华书店
开 本:185mm×260mm 印 张:14.25 字 数:327 千字
版 次:2021 年 8 月第 1 版   印 次:2025 年 2 月第 6 次印刷
定 价:49.00 元

产品编号:088659-01

前　言

当前,科学技术蓬勃发展,国际竞争日趋激烈,科学教育的重要性日益彰显,科学教育的改革与发展受到了前所未有的重视。学前阶段是培养年轻一代科学素养的重要时期,学前儿童科学教育作为科学教育的基础组成部分,其重要性不言而喻。然而,在幼儿各领域课程中,科学领域课程是幼儿园教师最为畏惧的内容之一。许多教师欠缺科学知识,科学素养有待进一步加强。考虑到幼儿教师存在的现实问题,基于"反向设计、正向施工"的原则,高校从源头上加强对未来幼儿教师科学素养、科学能力的培养就显得尤为重要。在此背景下,我们组织了一批对学前儿童科学教育有一定研究及教学经验的教学骨干,经过多次研讨,精心筛选和组织内容,反复查阅和梳理文献,深入幼儿园收集教学案例、教学视频编写了本教材。

本书以学前教育理论为依据,对幼儿科学领域教育进行了系统阐述。全书以幼儿园科学领域活动的设计与实施为主线,重点介绍了学前儿童科学教育概述、目标、内容、方法和途径、设计与指导、评价。本书设置了思政教育目标、知识链接、案例分析、实践活动等模块,强调理论指导下的实践应用。书中选编了大量案例,增强了教材的应用性。本书提供了教学资源,学生通过扫描书中的二维码可获得微课、幼儿科学探究、在校生模拟教学、一线教师教学活动、相关绘本等数字媒体资料。本书适合高等院校学前教育专业本专科的学生使用,也可供学前教育研究人员和幼儿园教师阅读参考。

本书由茹荣芳、李萌、张燕担任主编,由茹荣芳、李萌、张燕负责提纲的修订、书稿的整理及统稿。各章分工如下:第一、四章张燕(石家庄学院);第二章茹荣芳(石家庄学院)、高雅;第三章容珍(河北青年管理干部学院)、茹荣芳;第五章李萌(石家庄学院);第六章、第七章程玉娟(河北广播电视大学);第八章王纯(石家庄市机关第一幼儿园)、孙晶晶(河北省直机关第一幼儿园);第九章杜炜芳(宣化科技职业学院)、李萌。全书思政目标及相关内容由李萌撰写。

本书是河北省 2020 年高等学校人文社会科学研究项目(编号:SQ202011)、"石家庄市课程思政示范课"、石家庄学院专业认证专项教学改革研究与实践项目(编号:ZXJG-202008)的阶段研究成果。

书中引用了国内外一些专家学者的资料及幼儿园一线骨干教师的科学活动案例,我们尽可能写明各种引用资料的出处,但仍恐有所疏漏,在此一并对相关专家及教师表示衷心的感谢。

鉴于编者水平有限,书中难免存在不足之处,恳请读者批评、指正。

编　者

2021 年 3 月

目　录

第一章
学前儿童科学教育概述

章节思维导图

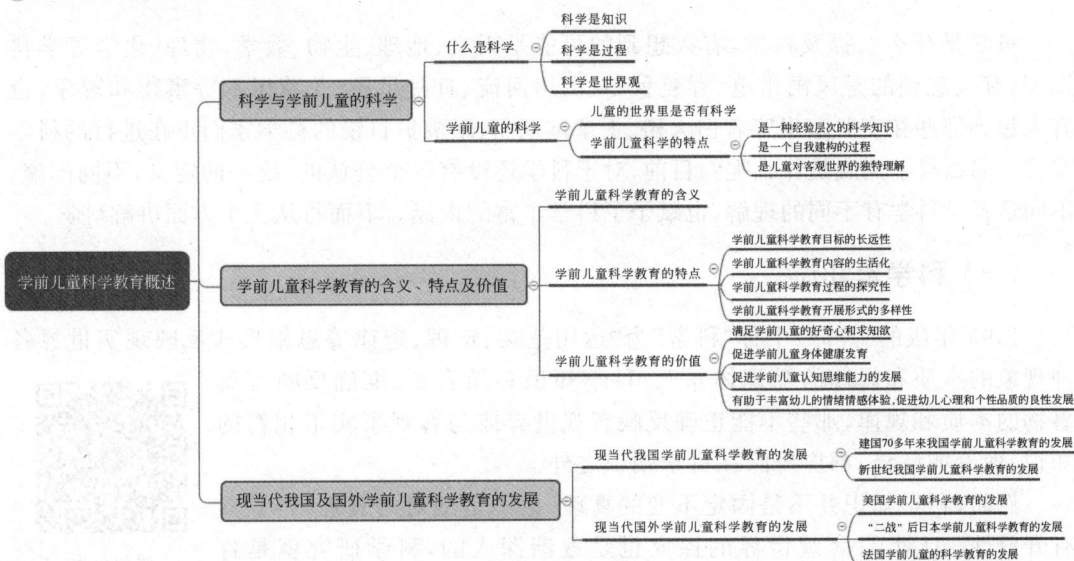

		什么是科学	科学是知识
	科学与学前儿童的科学		科学是过程
			科学是世界观
		学前儿童的科学	儿童的世界里是否有科学
		学前儿童科学的特点	是一种经验层次的科学知识
			是一个自我建构的过程
			是儿童对客观世界的独特理解

学前儿童科学教育概述

- 学前儿童科学教育的含义、特点及价值
  - 学前儿童科学教育的含义
  - 学前儿童科学教育的特点
    - 学前儿童科学教育目标的长远性
    - 学前儿童科学教育内容的生活化
    - 学前儿童科学教育过程的探究性
    - 学前儿童科学教育开展形式的多样性
  - 学前儿童科学教育的价值
    - 满足学前儿童的好奇心和求知欲
    - 促进学前儿童身体健康发育
    - 促进学前儿童认知思维能力的发展
    - 有助于丰富幼儿的情绪情感体验，促进幼儿心理和个性品质的良性发展
- 现当代我国及国外学前儿童科学教育的发展
  - 现当代我国学前儿童科学教育的发展
    - 建国70多年来我国学前儿童科学教育的发展
    - 新世纪我国学前儿童科学教育的发展
  - 现当代国外学前儿童科学教育的发展
    - 美国学前儿童科学教育的发展
    - "二战"后日本学前儿童科学教育的发展
    - 法国学前儿童的科学教育的发展

思政教育目标

　　当今社会，我们身处被科学包围的环境中：小到公共交通、支付方式，大到卫星导航、气象预测，无不显现着科学元素。新冠肺炎疫情期间，从方舱医院的连夜开辟到火眼实验室的迅速建立，从缩短核酸检测时间到研制新型疫苗，无不彰显着"中国速度"，科学与我们的生活越来越密切。当代大学生应树立正确的科学观念，领悟科学对人类发展的推动作用，意识到自身掌握科学知识能为国家造福、为人类造福，从而崇尚科学、追求真理，始终坚持实事求是的科学精神。在了解我国学前儿童科学教育的发展历程中，坚定文化自信。

学习目标

1. 学习并了解科学的内涵。
2. 学习并掌握学前儿童科教育学的特点。
3. 学习并了解学前儿童科学教育的含义。
4. 了解学前儿童科学教育对儿童成长的意义。

5. 掌握《幼儿园教育指导纲要(试行)》《3—6岁儿童学习与发展指南》中关于开展学前儿童科学教育的主要观点。

6. 了解美国、日本、法国推进学前儿童科学教育的举措。

第一节　科学与学前儿童的科学

一、什么是科学

科学是什么? 提及科学,有人想到的可能是天文、地理、生物、数学、物理、化学等学科知识;有人想到的是风雨雷电、春夏秋冬、山川河流、日月星辰、花草树木等事物和现象;也有人想到那些在实验室里穿着白大褂、手拿试剂瓶、眼戴护目镜的科学家们正在进行的科学实验。那么科学到底是什么呢? 目前,对于科学还没有一个公认的、统一的定义,不同国家、不同学者对科学有不同的理解,也赋予了科学丰富的内涵。下面将从三个方面讲解科学。

(一)科学是知识

1999年版的《辞海》中称"科学"为"运用范畴、定理、定律等思维形式反映现实世界各种现象的本质和规律的知识体系"。科学知识必须真实、准确反映客观事物的本质和规律,那些不能正确反映客观世界或与客观事实不相符的知识、理论或解释,都应排除在科学知识之外。

然而,科学知识并不是固定不变的真理,更不是绝对的真理,科学具有开放性。人类对客观世界的探究也是逐渐深入的,科学研究就是肯定、否定、否定之否定,依靠实证来不断逼近自然界客观存在的真理,积累着科学知识。[1]

蝉的一生

知识链接

在古代,人们对于外太空的知识了解得不多,对星球的运行更不了解。遇上月食就惊慌失措,视这种现象为天灾,是不祥之兆,将有大事发生! 同时,还流传着杨二郎的哮天犬吞食月亮造成月食现象的传说。

每当月食发生,家家户户都要拿出盆子、锣鼓等能敲击出声的物品,聚集在村子的开阔地带,用尽全身力气猛劲敲打,用来惊吓天狗,直到天狗把吞进肚子里的月亮拉出来为止。

随着认识的提升,人们逐渐了解到月食是一种天文现象。月亮发光是因为太阳照到月球时反射回来的月光,当地球转到太阳和月球中间并在一条中心线上时太阳光刚好被地球挡住了,所以看不到月亮发光,这种天体运动造成的现象被称为月食。

---

[1]　刘占兰. 学前儿童科学教育[M]. 北京:北京师范大学出版社,2008.

（二）科学是过程

科学是一种知识体系，但是如果仅仅把科学当作一种知识体系，甚至是一种静态的知识体系，又是不全面的。科学知识的获得是人们通过多种手段去感知事物、探究世界，在大量感性经验的基础上，通过科学的思维进行概括、提炼、总结的过程。科学知识的获得有时会经历很长时间。例如英国天文学家哈雷对彗星的研究过程，当时，年轻的哈雷在观测到这颗彗星时，对其产生了浓厚的兴趣，经过大量观测、研究、计算后，他大胆预测，50 年后，这颗拖着长长尾巴的彗星将再次回归。其预言是否准确，还需要再等待 50 年。果真，50 年后，这颗彗星准时回到了太阳附近，哈雷的预言得到了证实。为了纪念哈雷，这颗彗星被命名为"哈雷彗星"。由此可见，科学知识的获得离不开科学探索的过程。爱因斯坦曾经把科学定义为一种"探求意义的经历"，这提示我们，科学不仅仅是已经获得的知识体系，它更是一种通过亲身经历去探求自然事物的意义，进而理解这个世界的过程。

（三）科学是世界观

科学不仅仅是知识、过程，还是人们看待世界的态度和方法；科学本身就是一种价值观，是科学精神与科学态度。科学精神是通过科学思想、方法、思维和理智体现出来的，严肃认真、客观公正、敢于创新、尊重事实、坚持真理、修正错误的精神和品质。科学态度包括：实事求是、一丝不苟、精益求精、独立思考、谦虚谨慎、乐于合作等。这些精神和品质在科学的发展史上屡见不鲜，甚至有的人为追求真理不惜牺牲自己的生命。例如布鲁诺为捍卫和发展日心说，被宗教裁判所判为"宣扬异教"，被烧死在罗马广场，成为追求科学真理的殉道者。

知识链接

布鲁诺的故事[①]

1600 年，罗马。春天临近了。

宗教裁判所的囚房。几个穿着红色、黑色或白色长袍的人围在一条板凳四周。板凳上捆着一个头发又长又脏、胡子像野草、衣服破成一片片的人。在他脚下，有一锅热腾腾的油，一个穿黑衣服的人把油一勺勺地泼到他的脚上，每泼一下，他就抽搐一下。

布鲁诺昏迷过去了。到晚上，他才醒过来，脚上像有几千把刀在剐割着。

"不，我不反悔！"他轻轻地、坚定地说，"哪怕像塞尔维特一样被他们烧死。我认为胜利是可以得到的，而且要勇敢地为它奋斗。"

布鲁诺出生在那不勒斯附近的一个小城镇上。10 岁的时候，贫穷的父亲不得不把他送到修道院去。然而，作为僧侣的布鲁诺却为哥白尼的《天体运行论》所感动。有人向罗马教廷控告布鲁诺是"异端"，乔尔丹诺·布鲁诺不得不离开自己的家乡，逃亡到国外。

在长时间的流亡岁月中，他逐渐形成了自己关于宇宙的理论。

---

① 郑文光. 布鲁诺的故事[J]. 科学启蒙, 2004(3)：31.

"星星，这不是镶嵌在天空上的金色的小灯。这是跟我们的太阳一样大、一样亮的太阳。只不过因为它们离地球非常远，因而看上去就仿佛是小点点了。"

"无数的世界在无穷无尽的宇宙的广阔胸怀中产生、发展、灭亡，又重新产生……宇宙中有无数绕着自己的太阳运转的地球，就像那些绕着我们的太阳运转的行星一样。"

乔尔丹诺·布鲁诺的想法远远超出了自己的时代，他非常大胆地提出，在别的行星上也有生物，甚至还有像人一样的智慧动物。

1600 年 2 月 17 日，在高高的十字架上，从被火焰和浓烟包围着的布鲁诺口中，吐出的却是这样一句话："火并不能把我征服。未来的世界会了解我，知道我的价值。"

布鲁诺，他光辉的名字将永远活下去，他天才的思想被证实了。科学，昂首阔步地在地球上前进。

综上所述，科学的本质可概括为："科学是人们对客观世界的正确认识，是人们探索世界、获取知识的过程；是一种世界观、一种看待世界的方法和态度；科学的本质在于探索，科学过程的核心在于探究过程，科学态度的核心在于探究精神，而科学知识，正是科学探究的具体结果。"[①]科学就是科学知识、科学探索过程、对待科学的基本精神和态度的有机统一。

二、学前儿童的科学

"学前儿童的科学"是什么？这确实值得老师和家长深思，只有弄清楚这个问题，才能有效开展和实施学前儿童科学教育。儿童的世界里是否有科学？学前儿童的科学有什么特点？

（一）儿童的世界里是否有科学

儿童的世界里有科学吗？搞清楚这个问题才有必要探讨学前儿童科学教育的含义及特点。实际上孩子从一出生起，就与科学结下了不解之缘，他们时时处处在学科学，以不同于成人的特有方式接触科学，探索世界。

"学前儿童的科学"是学龄前儿童用他们这个年龄独特的思维和理解方式所创造的一个独特的科学世界，在这个世界里既有科学的探究精神，又有孩子生活中的好奇和发现。学前儿童对周围事物怀有强烈的好奇心，他们会用成百上千个问题缠绕成人。例如：

如果地球是圆的，我们为什么站在上面不会掉下去？

为什么过期的面包会发霉长毛？

放久的苹果为什么会枯萎？

海水为什么是蓝色的？

鸟儿为什么会飞？

为什么夏天热、冬天冷？

为什么羽毛比岩石落地慢？

---

①　洪秀敏.学前儿童科学教育[M].北京：北京大学出版社，2015.

学前儿童所提出的各种问题在本质上与科学家探究的问题有一致性。他们不仅是提问者,还是行动者和实践者,用自己独特的方式对所关注的科学问题进行研究、实验和探索。这些发自本能的活动,正是最初的科学活动,也体现了科学的本质。

【案例 1-1】　让橡皮泥浮起来[①]

幼儿在尝试着让手中的一块橡皮泥浮起来。

他把橡皮泥团成球放进水中,沉下去了。

他把橡皮泥压成薄薄的饼状,又沉下去了。

他把橡皮泥搓成细条状,还是沉下去了。

他停下来开始思考……

这次,他把橡皮泥扯成一粒一粒的,结果还是沉下去了。

他开始环顾四周,看见了浮在水面上的小船。

他把橡皮泥做成中空的船,橡皮泥终于浮在水面上了。

【案例 1-2】[②]

四岁的源源是个喜欢花草的小男孩。有一次他看到邻居爷爷把一些干树枝插在土里,天气暖和后,干树枝长出了嫩叶。他把捡到的花朵拿回家种在花盆里。妈妈说小花瓣是不会活的,可源源不信。在试了几次后,花朵都蔫了,他终于放弃种花了。源源说:"一定得是带树枝的花才行。"他又开始收集有枝叶的花朵来"种"。不管妈妈怎么劝说,他就是一个劲儿地"实验"。

从上述两个案例可以看出,学前儿童像科学家一样,使用探究、实验、推论、记录等各种科学方法进行科学探索,只是由于经验水平和思维特点所限,他们的探究过程和方法存在很大的试误性,需要较长时间的探索,有时还需要在成人的启迪、帮助下,才能接近答案。这使得学前儿童的科学成为儿童世界中的一道"独特风景"。

承认学前儿童有自己独特的科学是开展学前儿童科学教育的前提,而理解学前儿童科学的独特性,有助于开展符合学前儿童年龄特点的教育。

（二）学前儿童科学的特点

与成人科学比较,学前儿童科学具有以下三个特点。[③]

1. 学前儿童的科学是一种经验层次的科学知识

学前儿童所能理解的科学知识,是具体的科学经验,并非成人意义上的科学知识。他们对周围事物的认识和解释受其原有经验和思维水平的直接影响,从而形成学前期所独有的"天真幼稚的理论"和"非科学性"的知识经验。这种经验层次的科学知识具体表现在两个方面。

（1）学前儿童往往用原有经验解释和理解事物。例如,他们在探究磁铁的特性时,有幼儿对"磁铁能吸铁"的解释是"因为我家的冰箱贴着一块磁铁,能吸到冰箱上";还有幼儿

---

①　刘占兰.学前儿童科学教育[M].北京:北京师范大学出版社,2008.

②　兰艺.幼儿园科学教育活动设计与指导[M].北京:北京师范大学出版社,2016.

③　张俊.学前儿童科学教育[M].北京:人民教育出版社,2004.

会给自己种的植物浇热水,原因是"小朋友都要喝热水,喝热水健康";还有的幼儿头脑中对植物生长的理解是"种子种在土里几天后向上出小芽、长大,因此看到花生往下长了芽,会把它正过来,让根向上长"。可见,学前儿童对事物的认识、解释与理解,在很大程度上是从其原有经验衍生而来的。

(2)学前儿童对科学的认识具有片面性,很难概括其本质。例如,在实验中有的幼儿只能报告"磁铁能吸住曲别针、铁片、小铁链",而不能概括出"磁铁能吸住铁做的东西"。当被问到"太阳会不会从空中掉下来"时,有幼儿回答,不会掉下来,因为它很热,会发光。可见学龄前儿童往往只抓住了事物最表面、最外显的特点,而这些特点并不能解释事物的本质。

因此,可以说,学前儿童的科学是经验层次的知识,它是直观具体而不是间接抽象的,是描述性而不是解释性的,往往还具有"非科学性"的特点。

2. 学前儿童的科学是一个自我建构的过程

随着生活经验的丰富,学前儿童对周围事物和现象的认识不断变化,逐渐获得新知识、新经验,在与原有知识的碰撞过程中,统整原有知识经验,这是一个知识自我建构的过程。此外,随着儿童年龄的增长,他们不仅生活经验得到丰富,认知能力也在发展。他们逐渐改变原有的自我中心的、主观的思维方式,转而形成客观的、理性的思维,他们对世界的认识也趋近于成人的科学认识。

【案例 1-3】

老师:1 斤的铁块和 1 斤的木头相比,谁更重?

幼儿:铁块重,因为铁块沉。

接着,老师分别用天平称了 1 斤铁块和一斤木头。当幼儿看到 1 斤铁块和 1 斤木头用到的是同样重的砝码时,意识到了自己的错误——铁块和木头的重量都是 1 斤,它们的重量是一样的。

学前儿童的科学经历了由肤浅、不完善过渡到相对客观、科学的过程,这是儿童自我建构的过程。因此要用发展的眼光,从过程性的角度来看待学前儿童的科学,把它视为一种处在不断发展、变化和完善过程中的科学认识。

3. 学前儿童的科学是儿童对客观世界的独特理解

学前儿童对自然现象表现出浓厚的好奇心,按照自己的思考给出了一个自认为合理的解释。虽然这个解释不一定是科学的,存在很多幻想、主观的因素,但这恰恰反映出学前儿童"自己的科学"独具的特点,也使得学前儿童的科学充满了想象和诗意。

例如,问儿童"晚上为什么看不见太阳?"时,他们会回答"太阳困了,要睡觉。和小朋友一样,晚上是休息时间"。再例如,问儿童"小兔子喜欢吃什么呢?"时,幼儿回答"喜欢吃萝卜、白菜"。若老师追问,他们回答"喜欢吃饼干,喜欢吃肉,喜欢吃果冻"。儿童的回答是他们头脑中的"万物有灵论"的反映,他们相信自然界是有生命、意识和情感的,这样的回答是他们认为的合理解释。

《昆虫总动员》片段:
蚂蚁之间的战争

第二节 学前儿童科学教育的含义、特点及价值

在人类文明历史的长河中,科学技术发挥了关键性的作用。进入 20 世纪后,科学技术的迅猛发展、科技与生产力及日常生活日益紧密的结合也推动着科学教育的发展和变革。在此背景下,科学教育的重要性日益彰显。学龄前阶段是培养年轻一代科学素养的重要时期,学前儿童科学教育是整体科学教育的初始阶段、基础环节,是一种科学启蒙教育。通过学前阶段的科学教育,保护并促进儿童好奇心、求知欲的发展,培养科学素养,为今后学习科学奠定良好的基础。

一、 学前儿童科学教育的含义

广义而言,学前儿童科学教育是指一切促进幼儿学习科学的教育活动,包括家庭、社会、幼儿园等各类施教者对幼儿进行的科学启蒙活动。[①]

狭义而言,学前儿童科学教育是指幼儿园的科学教育,是幼儿园课程不可或缺的一个部分,它和语言、社会、艺术、健康这些领域一起构成了幼儿的课程,促进幼儿各个方面的发展。

新时代下学前儿童科学教育的内涵应该包含以下三个方面[②]。

第一,学前儿童科学教育是引导儿童主动学习、主动探究的过程。

学习是学习者主动建构知识的过程,儿童缺乏好奇心和主动性将无法真正调动起他们对学习的热情和持久动力。学龄前阶段的科学教育需要真正让幼儿成为学习的主人,通过其主动探究、操作、思考,收获属于自己的知识和体验,真正享受学习的乐趣。

第二,学前儿童科学教育是支持儿童亲身经历探究过程、体验科学精神和探究解决问题策略的过程。

在探究过程中,支持儿童观察事物、发现问题、大胆猜想、调查验证、得出结论、分享交流。让幼儿通过自己的探索尝试,体验到求实、求精、合作、坚持、严谨、细心的科学精神,获得解决问题的策略。

第三,学前儿童科学教育是使儿童获得有关周围物质世界及其关系的感性认识和经验的过程。

儿童认识事物的特点决定了不应要求他们掌握严谨的科学概念,而应该注重通过教师的引导、支持,帮助儿童获得对身边的世界真正内化的知识与经验。

[①] 洪秀敏. 学前儿童科学教育[M]. 北京:北京大学出版社,2015.
[②] 刘占兰. 学前儿童科学教育[M]. 北京:北京师范大学出版社,2008

二、 学前儿童科学教育的特点

学前儿童科学教育的特点主要体现在目标的长远性、内容的生活化、过程的探究性、形式的多样性四个方面。

（一）目标的长远性

学前儿童科学教育的目标着眼于儿童终身学习、终身发展。随着对儿童科学教育认识的不断深入，人们不再片面追求儿童学习当下的知识，而是更加注重培养儿童积极的情感和态度，强调内在学习动机、学习兴趣，注重良好学习品质的培养，发展探究问题、解决问题的技能、方法，重视科学教育对儿童一生成长产生的潜在影响和作用，为其终身学习打下良好基础。

（二）内容的生活化

儿童的年龄特点决定了学前儿童科学教育要密切联系幼儿的实际生活，将幼儿身边的事物和现象作为科学探索的对象。发现、探究、解决身边的问题，能够充分激发儿童的学习兴趣和热情，使幼儿感受到学习科学知识的意义所在，进而迸发探索外部神奇世界的动力。《幼儿园教育指导纲要（试行）》明确提出，在幼儿生活经验的基础上，帮助幼儿了解自己、环境与人类生活的关系，从身边的小事入手培养初步的意识和行为，使得幼儿在学习过程中，将各项认识取之于生活，用之于生活。

（三）过程的探究性

面对自然界的各种问题，学前儿童不但拥有与生俱来的热情和好奇心，而且是勇于实践的探索者，通过自身探究、操作、试误、解释，形成了对科学的初步感知和认识。《纲要》强调"要尽量创造条件让幼儿实际参加探究活动，使他们感受科学探究的过程和方法，体验发现的乐趣"。但是在教学中，教师容易忽略这点，有的教师怕麻烦，在幼儿没有猜测和充分实验前，就告知幼儿结果；有的教师虽然给予了幼儿动手的机会，但是整个操作活动都是在其高度控制下按照计划和指令进行的，幼儿并没有进行真正意义上的探究。其实培养儿童的科学探究精神和态度比科学知识本身更为重要。在教育教学活动中，教师应该提供以幼儿主动探究为中心的科学活动，给予幼儿充足的时间，引导他们动手操作、自主发现、自主探究，帮助其建立起属于自己的科学经验。

（四）形式的多样性

学前儿童科学教育既可以通过幼儿园集体教育活动、区域活动实现，也可以发掘幼儿园一日生活中的点滴，还可以充分利用社会资源进行。五大领域中科学领域的活动是幼儿集体性科学探究活动；通过一些科学探究的设备，如放大镜、磁铁、天平、水杯等，吸引儿童在区域活动中自主探索自然科学知识；日常生活中，通过一些真实的植物、动物标本、种子、挂图，引发儿童对生命科学知识的兴趣；户外活动中幼儿观察到花开花落、树叶生长枯

萎、蚂蚁搬家、蜗牛爬行等现象,都是开展科学教育的重要契机。除幼儿园外,在家庭中,家长可以利用周末、寒暑假带幼儿走进科技馆、海洋馆,走入大自然,感知科学,获得科学知识。

三、学前儿童科学教育的价值

2006年2月6日,国务院颁布《全民科学素质行动计划纲要(2006—2010—2020)》,标志着我国公民科学素质建设正式纳入了全党全国工作大局。学前儿童科学教育作为科学教育的基础组成部分,无论对社会的进步和发展还是对儿童个人成长,都具有重要的价值。2021年6月,国务院又颁布《全民科学素质行动规纲要(2021—2035年)》。

(一)满足学前儿童的好奇心和求知欲

好奇心和求知欲是学前儿童与生俱来的天性。生活中的很多现象都会引发幼儿自发自觉的科学探究,从日月星辰、刮风下雨、打雷闪电、开花结果到蚂蚁搬家、燕子筑巢,再到物体沉浮、天平摆动,都会引起幼儿的好奇心和探究的欲望。好奇心是学前儿童学习科学的原动力。

学前儿童科学教育可以满足儿童的好奇、好问、好探索的天性,从小培养他们的科学素养,从而为今后的科学研究奠定良好的基础。

知识链接

达尔文小时候的故事[①]

1815年夏季的一天,达尔文的母亲苏珊带着达尔文兄妹俩在花园里玩耍。孩子们采了一些花儿,又去捕捉蝴蝶。苏珊则给刚栽上的几棵果树苗培土,她铲起一撮乌黑的泥土,轻轻闻了闻,然后把它培在果树苗的树根旁。

"母亲,我也要闻闻。"达尔文兴高采烈地跑了过来,学着母亲的样子闻着乌黑的泥土。突然,达尔文抬起头,好奇地望着母亲,问道:"母亲,您为什么要给树苗培土?"

"我要树苗和你一样茁壮地成长。树苗离不开泥土,就像你离不开食物。"

"就像我离不开母亲一样,是吗?"

苏珊会心一笑,说:"好好闻一闻,这是大自然的气息,是生命的气息呀!别看这泥土黑,它却是万物生长的基础。有了它,才有了郁郁葱葱的青草,才有了成群的牛羊,我们才有了肉和奶;有了它,花朵才能开放,蜜蜂才会成群飞来,我们才能喝到香甜可口的蜂蜜;有了它,才能长出燕麦和稻子,我们才有了粮食和面包。"

"那么泥土里为什么长不出小猫和小狗呢?"达尔文开始刨根问底了。

苏珊笑着对达尔文说:"小猫和小狗是猫母亲、狗母亲生的,是不能从泥土里长出来的。"

"我和妹妹是您生的,您是姥姥生的,对吗?"

---

① 达尔文小时候的故事篇二[R/OL]. http://www.qbaobei.com/jiaoyu/723615.html,2017-1-23.

"对啊，所有的人都是他们的母亲生的。"

"那么，嗯，最早的母亲是谁，她又是谁生的?"

"听说最早的母亲是夏娃。不过，我只知道圣母玛丽亚，"母亲用手指着远方的教堂对儿子说，"就是教堂里那个圣母玛丽亚。可能夏娃和圣母玛丽亚都是上帝创造的。"

"那上帝是谁创造的呢?"

"亲爱的，世界上有很多事，对于我，对于你爸爸，对于所有的人来说，都还是个谜。我希望你长大以后自己去寻找答案，做一个有学问的人。"

强烈的好奇心和求知欲使年幼的达尔文把家里的花房、花园和门前大河两岸的绿色世界当成了自己最早的课堂。他不但天生喜爱动物，还喜欢收集各种植物、贝壳和矿物的标本。他时常独自坐在河边，静静地注视着水下的游鱼和缓缓流动的河水。

儿童时代的达尔文与自然的接触，激发了他对自然科学尤其是生物科学的浓厚兴趣，这为他后来的科学探究奠定了基础。

(二) 促进学前儿童身体健康发育

大自然中的阳光、空气和水分是儿童成长发育不可缺少的元素。儿童通过观察播种的种子生长，了解种子发芽成熟的过程;通过亲自采摘樱桃、草莓，花生、土豆，了解不同种类植物的食用部位;通过组装太阳能发电小汽车，然后将其放置于阳光下，了解太阳能发电的科学常识。在这些科学探究活动中，儿童不但获得了科学知识和科学经验，而且充分接触了大自然，发展了自己的动作技能，锻炼了体格，因此可以说学前儿童科学教育有助于促进儿童身体健康发育。

(三) 促进学前儿童认知思维能力的发展

脑科学研究表明，学前期是儿童神经系统迅速发展的时期，这一时期的教育和丰富的刺激对人认知能力的发展具有重要作用。学前儿童科学教育活动的内容来源于其生活，来源于变化无穷的客观世界，能给儿童的大脑强烈的、丰富的、良性的刺激，促进大脑神经细胞功能开发，使更多数量的脑细胞处于激活状态。[①] 科学活动为儿童创设了丰富的感知环境，提供了感知操作的机会，在这一过程中儿童获得了直观的感受和经验，随后他们对这些经验进行比较、概括，从而获得更为丰富的、概括性的知识经验，认知思维能力也得到进一步提升。因此有人提出科学教育是儿童思维发展的"实验室"，它反映了儿童思维实验的结果，又为新的思维实验提出了问题。幼儿科学认识演进的历程，就是幼儿思维发展的轨迹。[②]

(四) 有助于丰富儿童的情绪情感体验，促进儿童心理和个性品质的良性发展

在进行科学实验、科学探究、种植养殖的过程中，儿童体验到了关爱、同情、喜悦、难过

①   兰艺.幼儿园科学教育活动设计与指导[M].北京：北京师范大学出版社，2016.
②   张俊.幼儿园科学教育[M].北京：人民教育出版社，2004.

等丰富的情感,这对于幼儿情绪情感的发展有积极价值。例如,在饲养小动物的过程中,儿童会欣喜地看到自己饲养的蚕宝宝一天天长大,吐丝结茧;自己亲手栽种下的菜豆种子破土发芽。他们也会懊恼地发现放在阴面窗台上的月季花叶子枯黄、花朵凋谢,好不容易逮来的蟋蟀被闷死在小瓶子里。

【案例 1-4】

幼儿园里设法为幼儿开设了植物角和动物角。春天在植物角里栽种了蚕豆、麦粒、大蒜头,在饲养角饲养了蚕宝宝、小鸡。孩子们非常精心地照顾这些小植物和小动物,特别是对蚕宝宝的照顾更是无微不至。他们不但每天从家里带来桑叶喂养小蚕,帮助它们清理卫生,还细致地记录下小蚕的生长过程。看到一条条软绵绵的、自己亲手喂养的小蚕逐渐长大,幼儿的喜悦之情无以言表。

在科学活动中,幼儿通过亲自探索、动手操作,体验到自己的能力,对自己有了更积极的评价。在科学操作过程中,学习并体验到坚持、专注、细心、严谨等优秀的学习品质,这种积极的自我概念、自我评价对学前儿童的长远发展有重要价值和积极意义。

【案例 1-5】

在一次活动中,大班的孩子们在尝试怎样使物体移动。他们想出了各种办法:用手推、用脚踢等。平时不怎么发言的阳阳提出了一个与众不同的想法:用水冲。教师及时地对这个独特的想法进行了表扬,并当场做起了实验。实验结果显示,物体真的移动了,阳阳是正确的,他非常开心。在这次实验中,阳阳不仅获得了关于物体移动的科学经验,更重要的是他获得了探究的方法,表达、交流的自信以及创造的喜悦等。据教师反映,此后,阳阳对于科学活动都十分积极,他还将这种成功的学习体验迁移到了其他学科的学习中,这样的学习经历有利于阳阳形成积极的自我概念。[①]

国家级教学成果奖:
生态启蒙教育当
像呼吸一样自然

第三节　现当代我国及国外学前儿童科学教育的发展

一、现当代我国学前儿童科学教育的发展

(一)新中国成立 70 多年来我国学前儿童科学教育的发展

新中国成立后,我国的学前教育主要沿袭了苏联的做法,幼儿科学教育的任务、内容和方法等都是在学习苏联的基础上制定的;科学教育的任务和内容重视系统的、由浅入深的知识讲授,以动植物和季节变化为主线来认识自然,方法上以教师灌输为主,伴随有幼儿的观察、种植和饲养。[②]

---

①　洪秀敏.学前儿童科学教育[M].北京:北京大学出版社,2015.
②　王冬兰.学前儿童科学教育[M].上海:华东师范大学出版社,2010.

1952 年教育部颁发了《幼儿园暂行规程(草案)》。在教养原则中指出：教养员应尽量利用环境、实物并用多种多样的教养方法,启发幼儿的兴趣,训练幼儿的感官,以发展其求知欲。教养活动项目暂定为体育、语言、认识环境、图画、手工、音乐、计算七科,其中认识环境包括日常生活环境、社会环境和自然环境,并有自然环境的教学大纲和教学任务。[①]

改革开放以来,我国幼儿教育事业取得了长足进步。1981 年颁布的《幼儿园教育纲要(草案)》,明确规定了幼儿园常识教育的具体任务和要求。其中,常识教育的具体目标如下。

(1) 丰富幼儿关于自然和社会方面粗浅的知识,扩大幼儿的眼界。

(2) 培养幼儿对认识社会和自然的兴趣和求知欲望,逐渐形成对待人们和周围事物的正确态度。

(3) 发展幼儿的注意力、观察力、记忆力、想象力、思维能力和语言表达能力。

1989 年 6 月,《幼儿园工作规程(试行)》颁布后,幼儿园一直沿用的"常识课"被"科学教育"所取代,幼儿科学教育的目标、内容和方法均与以往的常识教育有很大不同,各地幼儿园相继开设了幼儿科学教育课程,对幼儿科学教育从理论到实践进行了全方位的研究。在此背景下,南京师范大学王志朋编写出版了《幼儿科学教育》一书,标志着我国幼儿园常识课向科学教育课变革的开始。

(二) 新世纪我国学前儿童科学教育的发展

1.《幼儿园教育指导纲要(试行)》

2001 年 7 月,为进一步推进素质教育,教育部颁布了《幼儿园教育指导纲要(试行)》(以下简称《纲要》)。《纲要》反映了我国几十年来幼儿教育理论和实践的成果,并在此基础上提出了许多先进的教育观念。

《纲要》明确了幼儿园科学教育的目标、要求和指导要点。《纲要》针对科学领域制定了促进幼儿情感、态度、能力、知识、技能等方面的发展目标。具体目标如下。

(1) 对周围的事物、现象感兴趣,有好奇心和求知欲。

(2) 能运用各种感官,动手动脑,探究问题。

(3) 能用恰当的方式表达、交流探索的过程和结果。

(4) 能从生活和游戏中感受事物的数量关系并体验到数学的重要性和趣味性。

(5) 爱护动植物,关心周围环境,亲近大自然,珍惜自然资源,有初步的环保意识。

《纲要》中内容与要求这一部分,强调幼儿主动学习和重视幼儿的活动,体现了从注重表征性知识到注重行动性知识的转变,从注重"掌握"知识到注重"建构"知识的重大变革。[②]

《纲要》中科学领域指导要点指出,教师的职责更多的是创设环境和提供必要的支持,改变以往"教师中心、课堂中心和教材中心"的教与学的关系,突出科学教育的探究性,鼓励幼儿通过参与科学实验,在操作的过程中感受、观察,从而亲近自然,热爱科学。《纲要》就幼儿园科学教育活动的开展提出了许多新思想、新观念,为我国幼儿园科学教育的发展

① 王冬兰.学前儿童科学教育[M].上海:华东师范大学出版社,2010.
② 洪秀敏.学前儿童科学教育[M].北京:北京大学出版社,2015.

注入了新生力量。

2.《3—6 岁儿童学习与发展指南》

2012 年,教育部颁发了《3—6 岁儿童学习与发展指南》(以下简称《指南》)。《指南》基于《纲要》,又有了新的发展,提出了 3～6 岁各年龄段儿童学习与发展的目标和相应的教育建议,帮助家长和教师了解幼儿学习规律,建立合理的期望值,实施科学的保育和教育。

对于科学领域,《指南》提出"科学"领域是通过"科学探究"与"数学认知"两个子领域来实现的。在"科学探究"层面,《指南》分别对 3～4 岁、4～5 岁、5～6 岁三个年龄段末期幼儿在科学探究上应该知道什么、能做什么、大致可以达到什么发展水平提出了合理期望,并指明了幼儿科学学习与发展的具体方向——"激发探究和认识兴趣,体验探究和解决问题的过程,发展初步的探究和解决问题的能力,凸显了'探究'和'解决问题'这一终身受益的核心价值。"[①]

在开展科学领域的教育建议上,《指南》指出要了解并尊重幼儿科学探究的年龄特征。例如,引导 5 岁以上幼儿关注和思考动植物的外部特征、习性与生活环境对动植物生存的意义。在此基础上,鼓励并引导幼儿自主探究,指出幼儿科学学习的核心是激发幼儿探究兴趣,使其体验探究过程,发展初步的探究能力。此外,在教育建议中,《指南》还提到,要将科学教育渗透到幼儿的日常生活中。例如,通过户外活动、参观考察、种植和饲养活动,使幼儿感知生物的多样性和独特性,以及生长发育、繁殖和死亡的过程。

《指南》还指出:"幼儿的思维特点以具体形象思维为主,应注重引导幼儿通过直接感知、亲身体验和实际操作进行科学学习,不应为追求知识和技能的掌握,对幼儿进行灌输和强化训练。"此外,《指南》还从价值情感、方法能力和知识经验三个维度对不同年龄段幼儿的科学探究水平分别进行了分析。由此可见,新时代的儿童科学教育对科学探究的重视和强调。

这一时期的科学教育强调探究是科学学习的重要目标,也是科学学习的重要方法;强调知识经验是在探究、解决问题的过程中形成的。简言之,这一时期的学前儿童科学教育领域提出了很多新观点、新看法,在变革中不断摸索前进。

二、 现当代国外学前儿童科学教育的发展

(一) 美国学前儿童科学教育的发展

美国历来重视公民科学素养的提高,且从国家战略高度看待科学教育的意义和价值。从 20 世纪 80 年代至今,美国学前儿童科学教育经历了三个阶段,其内容框架伴随科学教育改革一直处于不断发展之中。

1. 第一阶段:"2061 计划"及其成果

自 1983 年开始,美国开始以提高全美国人的科学素养为主要目标的科学技术教育计划,提出"为全美国人的科学"的响亮口号,制定了长达 25 年的"2061 计划"。该计划被美

---

① 李季湄,冯晓霞.《3—6 岁儿童学习与发展指南》解读[M]. 北京:人民教育出版社,2013.

国媒体誉为"美国历史上最显著的科学教育改革之一"。计划启动当年,恰逢哈雷彗星现身,而哈雷彗星下一次造访地球的时间是 2061 年,因此美国科学促进会将该计划命名为"2061 计划"。"2061 计划"不仅引领了第二次科学教育改革,更掀起了世界范围内重视科学教育的新浪潮。在此计划引领下,一系列有影响的成果应运而出,如《面向全体美国人的科学》文件的出台、《科学素养的基准》的面世。《科学素养的基准》制定了四个年龄段的所有学生(幼儿园至二年级、三年级至五年级、六年级至八年级、九年级至十二年级)在科学、数学和技术方面应该知道些什么与能够做些什么的标准,非常详尽,可操作性强,为教师的科学教学实践提供了指导。

在"2061 计划"开展期间,美国对科学、数学和技术教育改革更加关心,国家领导人也经常强调提高科学素养水平的重要性。"2061 计划"取得了丰硕成果,并对后来美国科学教育的发展与改革产生了深远影响。

2. 第二阶段:美国首部《国家科学教育标准》(NSES)颁布

1996 年,美国首部《国家科学教育标准》(NSES)(以下简称《标准》)正式颁布。《标准》由美国国家研究会颁布,作为美国科学教育史上第一个"国家标准",提出了"面向全体学生"和"主动学习"两个核心的科学教育观点。《标准》指出"所有学生,不问其年龄、性别、文化背景和种族背景,不论他们有何残疾、有何志向,也不管他们对学科学怀有什么兴趣和动机,都应该有机会获得高水平的科学素养。"[1]国家科学教育标准列出了学生在 K-12 年级应该学会什么、应该掌握什么以及能做什么,将科学教育的内容分为八类:科学概念和科学研究过程的整合;科学探究;物理科学;生命科学;地球和宇宙科学;科学与技术;科学、个人与社会;科学的历史和特性。

NSES 作为全美科学教育的一个纲领性文件和基础标准,对美国中小学科学教育的目标、原则、内容、评价、教师培养等方面均做出了规定。然而经过十多年的实施,NSES 在课堂教学中并没有得到教育工作者的深入理解与合理运用,致使美国基础科学教育陷入"求宽不求深"的泥潭。

3. 第三阶段:美国《新一代科学教育标准》(NGSS)出台

随着科学和教育领域研究成果不断涌现,教育工作者开始对原有标准进行反思,最终促成了新标准的出台。2013 年,美国《新一代科学教育标准》(NGSS)出台,正式接过了老标准的接力棒。"NGSS 围绕三大维度即科学和工程实践、跨学科概念和核心概念,在物理科学、生命科学、地球和空间科学以及工程、技术和科学应用中均有体现,融合实践与知识于一体,培养学生科学实践能力。"[2]

与旧标准不同的是,NGSS 专门将幼儿园阶段列出,并为这一阶段的学习专门编写了一系列的标准。[3] NGSS 在幼儿园阶段将重点放在实践上,将科学与工程实践作为关键过程与目标呈现在文本中,体现了对科学应用的重视。

从美国儿童科学教育的实施历程来看,他们不仅重视儿童科学知识的获得,更重视儿

---

①　大卫,杰纳·马丁. 构建儿童的科学[M]. 杨彩霞,等译. 北京:北京师范大学出版社,2006.
②　李丹. 科学实践理念下美国新一代科学教育标准 NGSS 的研究[D]. 重庆:西南大学,2014.
③　洪秀敏. 学前儿童科学教育[M]. 北京:北京大学出版社,2015.

童科学方法的获得,强调教师不仅要帮助儿童理解科学,还要理解探索的过程;重视环境的创设和实验用的各种材料,通过为儿童准备丰富的科学环境和实验用具,为儿童的科学探究提供条件。一些非正式的机构,例如博物馆、科学馆、水族馆、牧场、图书馆等也为儿童科学素养的提升、科学知识的获得、科学探究活动的开展提供了便利条件。美国在开展公民科学教育上做出了大量卓有成效的努力和探索,也为其他各国科学教育的开展提供了有益的借鉴。

(二)"二战"后日本学前儿童科学教育的发展

第二次世界大战(简称二战)后的日本十分重视教育,几次修订幼儿园教育大纲。1948 年 3 月公布的《保育要领——幼儿教育的指南》是文部省的幼儿教育内容调查委员会制定的一部关于教育、保育方法与内容的指南。该文件强调科学教育的特征是以"自然观察"为主,自然观察的目的是使幼儿根据朴素的直观感受来正确地判断事物、正确地思考事物,养成正确处理事情的态度。[①]

1956 年、1964 年、1989 年、2000 年,日本文部科学省分别颁布了四个幼儿园教育大纲。在 1989 年(平成元年)修订的《幼儿园教育要领》中,"自然"领域被取消了,"环境"作为五个领域中的一个目标添加了进去,即健康、人际关系、环境、语言、表现五个领域,体现了日本社会对人才培养的新要求。2000 年,日本又一次修订并颁布了《幼儿园教育大纲》,将环境领域的目标改为:培养幼儿怀着好奇心和探究心去与周围各种各样的环境交往,并把在交往中学到的东西运用到生活中去的能力。[②]

本次《幼儿园教育大纲》规定的"环境"领域的活动内容如下。[③]

(1)接触自然生活,注意到它的大小、美丽、不可思议等。

(2)在生活中,接触各种各样的事物,对它们的性质和构造抱有兴趣和关心。

(3)能够察觉到季节、自然和人类的生活中发生的变化。

(4)带着亲近感对待身边的动植物,觉察到生命的尊贵,怜爱、认真地对待它们。

(5)认真对待身边的事物。

(6)对身边的事物和玩具抱有兴趣,边思考边尝试。

(7)对日常生活中的数量和图形等抱有关心。

(8)对日常生活中的简单的标识和文字抱有关心。

(9)对于和生活有很深关系的信息和设施抱有兴趣和关心。

纵观日本的学前儿童科学,发现其在开展过程中非常重视幼儿的兴趣、情绪和态度的培养。强调在科学活动中通过让幼儿亲自体验、接触,获得快乐,培养坚持不懈的良好学习态度。在科学活动中重视幼儿的主体作用,认为幼儿园的活动应该产生于幼儿自身的兴趣及需要,要给予幼儿各种动手操作的机会,使其获得真正的发展。在实施的过程中,强调科学教学活动与幼儿日常生活经验的联系,在这些日常的生活游戏活动中开展科学教育、培养科学素养和对科学活动的兴趣。

---

①③　李媛. 现代日本幼儿科学教育发展史研究[D]. 上海:上海师范大学,2018.

②　王冬兰. 学前儿童科学教育[M]. 上海:华东师范大学出版社,2010.

（三）法国学前儿童科学教育的发展

1994 年法国著名生物学家、诺贝尔奖获得者乔治·夏尔帕访问美国,并从美国的 hands-on(动手做)等科学活动中受到启发,萌发了在法国开展"动手做"的设想。"动手做"发源于美国,其初衷是为了解决孩子厌学、学业不良、暴力倾向等问题,该活动强调从生活中取材、引导幼儿观察和提问,教师不直接给出答案而是引导学生通过探究寻找答案、注重学习过程甚于结果、注重同伴交流和知识贡献、强调社会力量特别是科学家的参与指导。乔治·夏尔帕建议在法国小学中进行类似的科学教育改革,这得到了法国国民教育部和法国科学院的支持。1996 年,法国引入这个项目,命名为 LAMAP(含义为:动手和面团吧),由法国科学院付诸实施。

LAMAP 有一些显著的特点:首先,科学家广泛参与、积极磋商,这也是 LAMAP 最鲜明的特点。科学家参与到教师培训和学生活动中,与教师对话,与学生共同观察、实验、思考、探究,这为当时的教育改革注入了新鲜的活力。其次,与以往科学教育不同的是,"动手做"项目更强调科学道德、科学精神、科学态度的养成,为儿童构建一种科学文化,帮助他们更好地理解科学,认识世界。[①] 最后,"动手做"项目强调以学生为本,在活动开展过程中充分调动学生的积极性、主动性和创造性,这与传统教育教学中教师讲、学生听、一切以既定知识为中心的讲授式教育模式相比是一项巨大的变革。

法国是世界上开展"做中学"科学教育最早和最好的国家之一。法国的 LAMAP 在理论上的研究比较系统,制定了 LAMAP 活动的十项基本原则。法国科学博士乔治·萨帕克所著的介绍法国"做中学"小学科学教学情况的小册子——《动手做—法国小学科学教学实验计划》是唯一被翻译成中文的论著。1995 年 5 月,法国开通了专门的"动手做"互联网网站(http://www.inrp.fr/Lamap),为更多的教师、学生、科学家提供网络资源和学习交流的平台。法国的 LAMAP 项目对我国幼儿园、小学的科学教育也产生了积极影响。

知识链接

LAMAP 的十项原则

(1) 儿童观察真实世界中的事物或现象,这些事物或现象是贴近儿童并容易让儿童感受到和实验的。

(2) 儿童在探索的过程中,要进行论证和推理,共同讨论其思想和结论,形成自己的知识。这些仅有手工活动是不够的。

(3) 由教师向学生建议的活动,要形成一个序列,以促进学习的进步。这些序列活动属于课程的组成部分,但要给学生充分的自主性。

(4) 每周至少两个小时用于同一主题的活动,并要持续数周。在整个学校生活中,要保证活动和教学方法的连续性。

---

① 皮凤英."动手做"——法国科学教育计划[J].外国中小学教育,2002(4):17-19.

（5）儿童人手一本实验手册，并以其自己的表述方式作记录。

（6）主要目标是学生逐步适应科学与操作技术的概念，同时奠定文字与口头表述的基础。

（7）家庭和/或社区支持班级活动。

（8）当地大学和高校中的科学工作者要为班级活动尽其所能。

（9）当地的大学教师培训学院要在教学经验和教学方法上为教师服务。

（10）教师可以从互联网上获取教学的模块、活动的设想、问题的解答。教师也可以通过与同事、培训人员和科学家的对话，参与合作工作。[①]

✦ 案例实践

1. 结合幼儿园见习活动，观察一次幼儿进行科学探究活动的案例，并记录下来。

2. 请对下面这个案例进行评析。

谁把花盆弄破了

一天早上，大一班的明明来到自然角，他忽然大叫起来："老师，你看，谁把花盆弄破了？"很多小朋友听到明明的话，都围了过去。大家叽叽喳喳地开始讨论起来。"是大轩弄得，我看他刚才在这里。""不是我。"大轩说。王老师也来到自然角，仔细地看了看。王老师很神秘地告诉小朋友们："今天我要跟大一班的小朋友当侦探，看看谁弄破了花盆。要破案我们得先干什么呢？""对了，要先仔细观察案发现场。"在孩子们七嘴八舌地讨论后老师问，"谁有发现什么？""老师，花盆没有掉到地上。""老师，花盆的土没有掉下来。""老师，花盆裂了一道缝，不是很严重。"……老师和孩子们认真地观察着，又一起查阅资料。最后发现，是植物的根把花盆撑破了。

---

① 王晓辉.“动手做”——法国科学教育的新举措[J].教师博览,2001(11)：44-45.

第二章
学前儿童科学教育的目标

章节思维导图

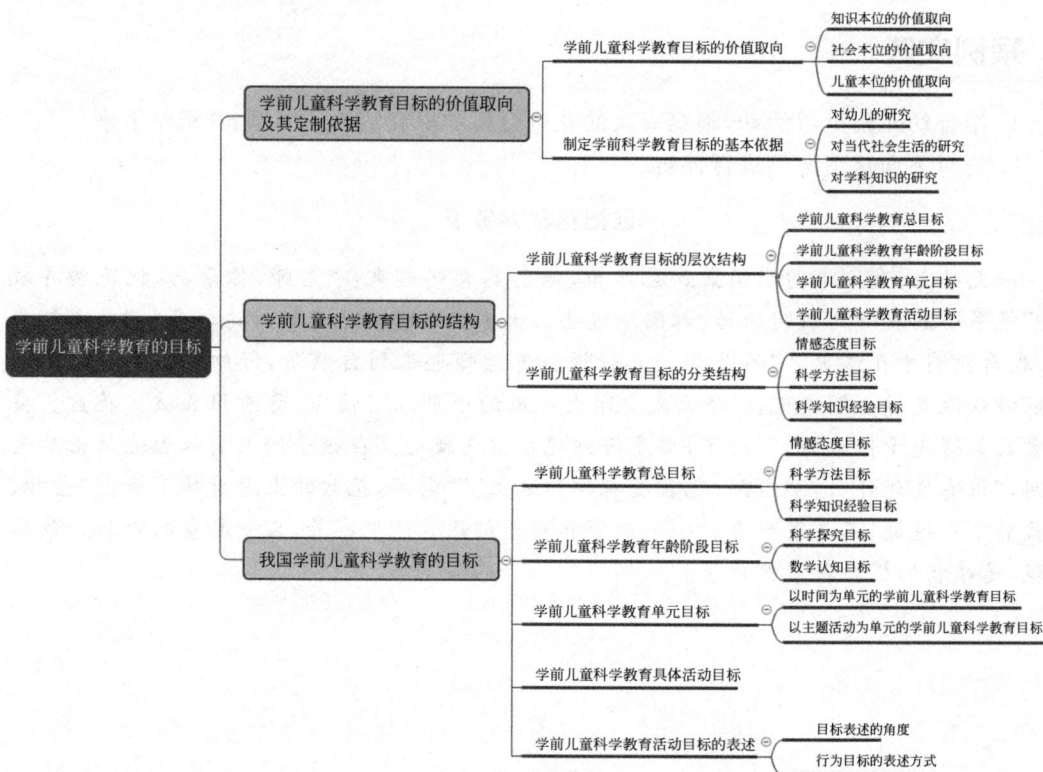

思维导图内容：

学前儿童科学教育的目标
- 学前儿童科学教育目标的价值取向及其定制依据
  - 学前儿童科学教育目标的价值取向
    - 知识本位的价值取向
    - 社会本位的价值取向
    - 儿童本位的价值取向
  - 制定学前科学教育目标的基本依据
    - 对幼儿的研究
    - 对当代社会生活的研究
    - 对学科知识的研究
- 学前儿童科学教育目标的结构
  - 学前儿童科学教育目标的层次结构
    - 学前儿童科学教育总目标
    - 学前儿童科学教育年龄阶段目标
    - 学前儿童科学教育单元目标
    - 学前儿童科学教育活动目标
  - 学前儿童科学教育目标的分类结构
    - 情感态度目标
    - 科学方法目标
    - 科学知识经验目标
- 我国学前儿童科学教育的目标
  - 学前儿童科学教育总目标
    - 情感态度目标
    - 科学方法目标
    - 科学知识经验目标
  - 学前儿童科学教育年龄阶段目标
    - 科学探究目标
    - 数学认知目标
  - 学前儿童科学教育单元目标
    - 以时间为单元的学前儿童科学教育目标
    - 以主题活动为单元的学前儿童科学教育目标
  - 学前儿童科学教育具体活动目标
  - 学前儿童科学教育活动目标的表述
    - 目标表述的角度
    - 行为目标的表述方式

思政教育目标

人区别于动物的特征在于人的实践活动是有意识、有目的的以自己的活动来改造世界。作为当代大学生，应树立科学的世界观、人生观和价值观，培养良好的教师职业道德和职业精神；提升各项通用能力及幼儿教育的基本能力。认真思考自己的短期目标、中期目标、长期目标，积极探索适合自己的学业目标和职业目标，进行科学的学业和职业规划，将个人职业理想与国家需要相融合，将个人成长与国家利益相结合，担当实现中华民族伟大复兴的时代新人。

学习目标

1. 了解学前儿童科学教育目标的价值取向及其制定依据。
2. 理解学前儿童科学教育目标的结构。
3. 掌握学前儿童科学教育目标的内容。

第一节 学前儿童科学教育目标的价值
取向及其制定依据

课程目标选择的价值取向是人们基于对课程目标总的看法和认识,在选择课程目标时所表现出来的一种倾向性。[①] 课程目标的合理制定需要从全面发展的角度来综合考虑。泰勒认为,当代社会生活的需求、学科的发展、学习者的需要是课程目标的三个来源,这三者综合作用将课程目标形成一个有机整体。但在实际制定课程目标时,往往只强调其中的一个因素,从而出现了不同的目标价值取向。

一、 学前儿童科学教育目标的价值取向

总的来说,课程目标价值取向可以分为知识本位的价值取向、社会本位的价值取向和儿童本位的价值取向。

(一)知识本位的价值取向

课程目标主要反映学科的价值,儿童由自然人发展为文化人的基本途径就是通过学校课程来学习学科知识,从而继承人类文化遗产的精华,尤其是精华中的学术性知识。学科知识及其发展是构成课程目标的重要因素,学术系统性是课程的基本形式。

(二)社会本位的价值取向

课程目标主要反映课程的社会性价值,将满足社会需要作为教育的根本目的,强调教育是培养人的社会活动,教育目的从社会需求出发。儿童的成长是一个不断社会化的过程,教育的目的就在于满足其当代社会生活的需求以及未来发展的需求。

(三)儿童本位的价值取向

价值取向认为课程目标主要是反映课程促进个体成长的价值,重视人的价值、个性的发展及其需要。儿童(学习者)的需要是"完整的人"的身心发展的需要,即儿童个性发展的需要。儿童作为独立而又独特的个体,他们的个性发展是动态的,为了满足不同儿童的发展需要,提倡儿童能够乐学、会学、会用,强调培养儿童积极的情感态度以及知识与技能

[①] 瞿葆奎. 教育基本理论之研究(1978—1995)[M]. 福州:福建教育出版社,1988.

的运用能力。

二、 制定学前科学教育目标的基本依据

就学前儿童科学教育目标的制定依据来看,主要有以下三个方面。

(一)对幼儿的研究

科学教育活动设计者必须关注幼儿的发展,尤其关注幼儿的认知发展、科学情感萌发以及幼儿个性形成等方面的规律与特点,这样教育目标才能有效地发挥引导和促进幼儿学习与发展的作用。研究幼儿的发展,就需要将幼儿的实际发展水平与理想的发展水平作比较,即明确幼儿的发展现状、潜力与发展前景,确立一定阶段幼儿可能达到的水平及个别差异,发现教育上的需要,这样就可对幼儿建立期望,从而确立什么目标是适宜的,什么目标是不适宜的。[①]

幼儿园科学教育
目标生活化浅谈

(二)对当代社会生活的研究

幼儿不仅生活在幼儿园中,也生活在家庭、社区与社会之中,所以确立科学教育目标也不能脱离社会生活及其发展需要。它包含两个方面[②]:一是空间维度方面,即幼儿生活的社区、民族、国家乃至整个人类的发展需要;二是时间维度,既包括当前社会生活的需要,又涉及社会生活的发展趋势及未来的需要。如何把握这些需要并将其转化为有效的教育目标也是需要考量的。

(三)对学科知识的研究

学前儿童科学教育的一个重要职能是传承科学文化,从而使得幼儿从一个自然人逐渐发展为具有一定知识经验的社会人。而学科知识是文化最重要的支柱,因为文化的基本构成和集中体现即是分门别类的学科。因此,学科知识也是确立科学教育目标的重要依据与来源。

3～6岁幼儿的身心发展特点以及学前教育作为学校教育和终身教育的奠基阶段所具有的性质,决定了制定学前儿童科学教育目标在考虑学科知识时应更多地关注学科知识与幼儿身心发展的关系,关注学科知识能促进幼儿哪些方面的发展。

第二节　学前儿童科学教育目标的结构

在学习学前儿童科学教育目标内容之前,先厘清学前儿童科学教育目标的结构,即目标的分类,通过一个较系统且全面的体系认识科学教育目标,有利于学前儿童科学教育内

① 冯晓霞.幼儿园课程[M].北京:北京师范大学出版社,2001.
② 王春燕.幼儿园课程概论[M].北京:高等教育出版社,2007.

容的学习,以及科学教育活动的有效开展和实施。

一、学前儿童科学教育目标的层次结构

学前儿童科学教育的目标体系应遵循自上而下的规律,从横、纵两个角度来划分和组织,清晰明了。从纵向角度看,学前儿童科学教育目标具有一般层次结构,即纵向结构;从横向角度看,学前儿童科学教育目标具有不同的分类结构,即横向结构。这两种不同角度的结构分类将学前儿童科学目标贯穿起来。

学前儿童科学教育目标的层次结构(纵向结构),从上到下分为四个层次,即学前儿童科学教育的总目标、年龄阶段目标、单元目标和活动目标。

(一)学前儿童科学教育总目标

学前儿童科学教育的总目标,是学前教育总目标的有机组成部分。它明确了学前教育阶段科学教育的总任务和要求,与学前教育总目标在方向上是一致的、相辅相成的。作为学前科学教育的指导思想,为学前阶段科学教育的发展指明了范围和方向,对实施科学教育活动有指导性意义,可使幼儿获得情感态度、技能以及认知能力等方面的发展。学前阶段科学教育总目标的逐步实现,有助于幼儿身心健康全面发展。

(二)学前儿童科学教育年龄阶段目标

学前儿童科学教育年龄阶段目标,是指根据学前儿童科学教育总目标确立的,按学前儿童年龄阶段划分的中、短期发展目标。学前儿童科学教育年龄阶段目标是根据儿童年龄特点、身心特点的不同,提出适宜其发展水平的科学教育目标。按照年龄阶段一般分为小班(3~4岁)、中班(4~5岁)、大班(5~6岁)三个年龄班,它是科学教育总目标在学前教育各年龄阶段的具体体现。学前儿童科学教育年龄阶段目标要求根据不同年龄阶段的幼儿特点,进行因材施教,同时也注重各年龄阶段目标之间的连续性、衔接性,层层递进,在实现各年龄阶段目标的基础上最终实现学前儿童科学教育的总目标。

(三)学前儿童科学教育单元目标

学前儿童科学教育单元目标,是指一个单元的科学教育目标。在科学教育中,通常将单元目标分为"时间单元"和"主题活动单元"。其中,"时间单元"目标,是指在一段时间内所要达到的科学教育目标。例如,在一个月或一周内要达到的目标,类似于"月计划"或"周计划"中的科学教育目标。"主题活动单元"目标,是指在一组有关联的科学教育活动全部结束后所要达到的目标。例如"水"的主题、"四季"的主题等。由于主题单元活动的内容具有多元性和渗透性,在当下的幼儿园中,"主题活动单元"活动的目标应用较多。

(四)学前儿童科学教育活动目标

学前儿童科学教育活动目标,是指通过一次具体的科学教育活动所要达到的目标。它是学前儿童科学教育目标的层次结构中最为具体的、可操作的目标,反映并体现了前三个层次目标的要求。科学教育活动目标的制定,需以科学教育总目标、年龄阶段目标以及单元目标的内容为指导,结合具体的科学教育活动内容的特点,并考虑幼儿自身的特点来制定,使科学教育活动能更有效和有针对性地实施。

以上四个层次的科学教育目标,构成了一个金字塔式的目标层次结构。各阶段性目标之间相互衔接,体现了幼儿心理发展以及教育要求的渐进性。下层目标与上层目标之间、局部目标与整体目标之间协调一致,每一层目标都是上一层目标的具体化,低层次目标的实现最终促进高层次目标的实现。

二、学前儿童科学教育目标的分类结构

美国教育心理学家布鲁诺等在《教育目标分类学》中以儿童身心发展的整体结构为框架,为教育目标的建立提供了一个比较规范、清晰的形式标准,把教育目标分为认知、情感、动作三大类[①]。基于这一分类标准,并依据《纲要》中"科学"领域的具体目标,可将科学教育活动目标分为三个方面,即情感态度目标、科学方法目标和科学知识经验目标。

(一) 情感态度目标——有强烈的好奇心和探究热情,并有积极科学的情感态度

在整个科学教育目标体系中,其核心内容是科学情感、态度的培养。情感是人对客观事物态度的体验,也就是客观事物与主观需要之间关系的反映。在科学教育中,需要重点培养幼儿与科学相关的积极情感,主要包括培养幼儿对大自然的新奇感、兴奋感、人与自然的和谐共处等。这些积极情感,来源于幼儿对科学相关态度的体验。

态度是人们对某一事物所持的评价和行为倾向。在科学教育中,需要培养的是幼儿对自然事物、自然科学、科学与个人及社会的关系等所持的评价和行为倾向,即个体通过学习和教育而形成的对于学科学、用科学做出行为选择的内心倾向。学前儿童科学情感与态度方面的教育目标,是指对科学活动兴趣爱好的培养、是否关注生活中的科学现象等,特别强调好奇、进取、合作、细心、耐心、信心、自主、喜欢创造和思考等态度及情感的培养。学前阶段科学情感和态度的培养虽然只是刚刚起步,但却是幼儿一生发展的奠基,也是学习科学的强大内驱力。

(二) 科学方法目标——了解基础的科学方法,初步经历科学探索过程

科学强调其方法的科学性。科学方法是"人们获得科学知识所采用的规则和手段系统",是科学发展的一个重要的内在因素;"具体地说,科学方法是指收集客观信息、整理加工信息和表达信息、交流信息的方法。"在学前儿童科学教育目标中,科学方法教育目标,是指学前儿童在教师有目的、有计划的引导下,在科学探究的过程中,通过亲身探索体验,学习一些科学方法,如观察、分类、测量、思考等,并逐渐培养自主学习、思维和探究等

---

① 王春燕.幼儿园课程[M].北京:高等教育出版社,2007.

能力。

(三)科学知识经验目标——获得有关周围物质世界的基本经验,学习较为初级的科学知识与技能

所谓的科学知识,是人类在了解自然科学时,希望获得的有关事实和理论的信息。人的一切知识通常是后天在社会实践中形成的,是对现实的反映。依据反映层次的系统性,知识可以分为经验知识和理论知识。

考虑到幼儿的年龄特点,他们对于科学知识的认识主要来源于周围生活经验,是比较零散和碎片化的。幼儿在科学探索的过程中不仅获得了知识经验,也发展了能力和技能,培养了相应的对科学的情感。由此看来,幼儿对科学知识的获得和对科学的探索是必然的,也是需要的,有助于幼儿获取科学知识经验,并且能在此基础上形成初级的科学概念。

上述每一目标又按照其性质由易到难、由简到繁、由低级到高级分为若干层次,如情感态度目标分为接受、反应、评价、组织、性格化五个层次;科学方法目标(动作领域)分为反射动作、基本基础动作、技巧动作、知觉能力、体能等五个层次;科学知识经验目标分为知识、领会、应用、分析、综合、评价六个层次。学前儿童科学教育的活动目标应着眼于幼儿身心全面的和谐发展。因此,在设计活动目标时既要考虑幼儿的心理发展结构,也要考虑科学教育的内容和结构,还要考虑幼儿的认知发展水平。只有三大维度全面兼顾,才能制订出适宜的活动目标。

第三节 我国学前儿童科学教育的目标

学前儿童科学教育目标的内容,可从各个角度进行分析。在对目标结构进行了较为系统全面的分析后,下面对学前儿童科学教育目标的内容进行具体阐述。

一、学前儿童科学教育总目标

(一)情感态度目标

学前阶段科学情感和态度的培养是学习科学的推动力。《纲要》中科学领域涉及科学情感和态度培养方面的内容有两条,即第一条"对周围的事物、现象感兴趣,有好奇心和求知欲",和第五条"爱护动植物,关心周围环境,亲近大自然,珍惜自然资源,有初步的环保意识"。

1.对周围的事物、现象感兴趣,有好奇心和求知欲

好奇心是指对周围环境中的新异刺激的积极反应倾向。学前儿童的好奇心常常表现为关注周围一些事物或现象(特别是自然界的事物与现象)、提出问题、操作摆弄、探索发现等。好奇心是幼儿学习取得成功的先决条件,并在幼儿形成积极的学习态度方面起着重要作用。幼儿天生就具有好奇心,他们喜欢探究事物,是天生的科学家。幼儿的好奇心,将使他们永远保持探究和学习的热情,并为终身学习提供动力。教师在科学教育中可

以借助新奇生动的自然界,充分利用丰富的物质材料,探寻科学教育的内容,逐渐培养幼儿对科学的好奇心,进而使其产生对科学的兴趣和探索。兴趣和好奇心是紧密相连的,它是一种积极的情感态度,是学科学的强大内驱力。幼儿最初的科学兴趣就是对新奇事物的好奇。培养幼儿的好奇心和兴趣的目标,就是使幼儿从对事物的外在、表面的兴趣,发展为对科学活动过程的理智兴趣,为今后学科学奠定良好的基础。

2. 爱护动植物,关心周围环境

人的情感有积极、消极之分。态度是人们比较稳定的一套思想、兴趣或目的。情感、态度和人的认识活动有紧密的联系,积极的情感和态度能促进幼儿的认识活动,有利于幼儿学习科学,也将为他们良好个性的形成和发展奠定基础。幼儿认识世界的主要途径和桥梁是周围环境,幼儿在具备了认识动植物和周围环境等科学知识经验的基础上,成人激发幼儿对周围环境的好奇心和探究欲,幼儿会萌发出爱护动植物和懂得关心周围环境的情感,这将给幼儿带来积极的情感和态度体验。

3. 亲近大自然,珍惜自然资源,有初步的环保意识

通过科学教育,幼儿可以发现、感受自然界的美,学会欣赏自然。成人可引导幼儿亲近大自然,懂得珍惜宝贵的自然资源,并为之付出实际行动。目前,生态环境状况不容乐观,已经成为全球共同关注的问题,从根源上讲是由于人们环保意识的缺乏。幼儿园教育作为终身教育的基础,要注重培养幼儿的环保意识,引导幼儿通过与周围环境的直接接触,逐渐发现和感受自然界的奇妙和美好,体验到人与环境、人与动植物、动植物之间以及动植物与环境的共生关系,使幼儿懂得珍爱生命、关爱环境,进而逐步产生珍惜自然资源的情感和初步的环保意识。

（二）科学方法目标

1. 能够运用各种感官,动手动脑,探究问题

《纲要》指出,幼儿"能够运用各种感官,动手动脑,探究问题",对科学方法提出较为明确的目标要求,强调方法和过程的科学性。虽然幼儿在运用科学方法进行探索的过程中,不会像成人那样通过严密的观察和精确的实验来进行科学研究,解决科学问题,但是在科学教育中,对幼儿进行科学方法的初始教育,以及进行科学探究能力的培养却是十分重要和必要的。

（1）观察。"能够运用各种感官"指的就是运用感觉器官对周围的事物进行观察。感觉器官是幼儿吸收外界信息的通路,如视觉、触觉、听觉、味觉和嗅觉。观察是一种有目的、有计划的感知活动,是幼儿认识周围环境的基础。在科学教育过程中,幼儿学习运用多种感官去感知自然现象和物体的主要外部特征;学习比较观察不同物体或同类物体的特征;学习观察自然现象的变化。幼儿通过亲身经历进行科学发现,在这个过程中,幼儿发展了观察能力,可以主动地去感知周围世界,积极地获取各方面的信息,丰富了幼儿的科学经验,为幼儿初级科学概念的形成、抽象思维的发展做了准备。

（2）分类和测量。在幼儿科学探究中也需要掌握分类和测量的科学探究方法。分类是把一组物体按照特定的标准加以区分的过程。测量是测定物体数量特征的过程。在幼儿学科学的过程中,分类和测量既是幼儿学习科学的一种技能,也是学习科学的一种方法。分类能帮助学前儿童把周围事物进行抽象与概括,有助于幼儿探索事物之间的关系。测量是人们生活中精确交换信息的一个重要方面,可加强幼儿对"比较"概念的认识。在学科学的过程中,幼儿运用简单的测量方法来观察、理解周围环境,并能比较精确地表达所获得的信息。在科学教育中,幼儿在学习比较现象或物体特征的相同和相异的基础上,按物体的外部特征或用途进行分类(单一属性或多重属性);学习指出分类的标准或属性;学习使用不同的简单工具进行测量的方法;学习比较或测量物体的长短、大小、多少、轻重等特征的简单方法;初步知道通过测量可以获取量化的信息。

(3)思考。思考泛指幼儿的思维过程。思维是智力的核心,反映的是事物的本质属性和内部规律性。通过思维,能更深刻、更准确、更完整地反映客观事物。在科学探究过程中,幼儿能获得大量丰富的感性经验,成人要有意识地引导幼儿学会思考、善于思考,发展思维能力,这也是幼儿进行科学探究必备的能力之一。在学前阶段,幼儿以具体形象性思维为主,教师要引导他们在具体形象和表象的基础上,思考事物之间的关系,学习比较和概括甚至推论和预测。预测是运用既有经验,根据当前情况,预测事件或现象的变化或结果。在科学教育过程中,预测是一项重要的技能,幼儿要能够做出不同于猜测和推测的预测。

(4)操作。操作,即动手操作。在科学教育活动中,幼儿以操作验证其发现、推论、预测是否正确,或运用工具和材料对客观对象进行操作加工,或制作新产品,这些活动都是操作。在操作活动中所需要的技能,就是操作技能。幼儿的动手操作一般有两种类型,一种是实验操作,另一种是技术操作。幼儿的操作技能常常会影响其科学技能的发展,例如操作技能和测量技能、实验技能密切相关。并且,操作能力的强弱会影响到科学方法的运用。科学技能和方法是在科学活动中获取科学知识所必需的技能,而操作技能则不然,它是完成操作活动所必需的技能。

2. 能用适当的方式表达、交流探索的过程和结果

《纲要》中科学领域目标的第三条指出"能用适当的方式表达、交流探索的过程和结果",强调了在科学教育中注重幼儿对科学探索的过程和结果进行表达和交流。表达是一种单向地向别人表述的方式;交流则是一种多向的、全方位的方式,既有倾听又有表达和表现。引导幼儿在科学教育活动中学会表达、交流探索的过程和结果,进行有效的表达和交流,使幼儿对感知到的周围世界的第一印象在脑中形成的表象,以口头语言、肢体语言或书面语言等适当的方式表达出来,既加深了幼儿对事物的理解,又有助于幼儿语言的发展;既促进了幼儿与同伴之间的交往和友谊,又有利于幼儿与教师间的沟通。

(三)科学知识经验目标

幼儿对于知识的理解和掌握并不是真正的科学概念,《纲要》中也未明确涉及知识方面的目标。结合幼儿的认知和身心发展特点,他们所获取的知识为知识经验,即"经验性的知识",主要是幼儿自身在实际活动中与认识的事物之间直接或间接相互作用进而归纳、总结所得到的知识经验。知识经验的获得已蕴含在科学领域的其他目标中,相互渗透,相互联系。

学前 STEAM 教育的核心目标与高质量模式探析

1. 获取广泛的科学知识经验

所谓的经验,是与具体的事物和现象联系在一起的,离开了具体的事物就不可能获得。科学知识经验是指幼儿在科学探索活动中,通过亲自动手操作,以自身的感觉器官直接接触周围环境所获取的具体事实和经验。幼儿的科学知识经验包括幼儿对事物形状特征的认识、对自然科学现象的理解等。这些科学知识经验主要是与大自然的事物与现象有关,幼儿通过不断地与周围自然环境接触,在脑中储存了丰富的信息,留下了生动的表象,这些有关周围物质世界的信息和表象,有助于幼儿对科学知识经验的进一步获取。

幼儿获得的科学知识经验是在具体事物和经验的基础上得到的,这是建构科学概念的基础,也为他们今后学习抽象科学积累了一定的感知经验。幼儿由于生活经验的欠缺,所获得的科学知识经验较少,也比较有限,并且是零散的、片面的、表面的。因此,学前儿童科学教育即是在扩展和丰富他们的科学知识经验,使其在日常生活中受到潜移默化的影响,知识经验不断获得积累。

2. 在感性经验的基础上形成初级科学概念

概念是对事物本质抽象的认识,是对具体事物概括的结果。初级科学概念是指幼儿在获得感性经验的基础上,对同类事物外在的、明显的共同特征的概括。幼儿对任何事物抽象的认识,都是建立在对具体事物的概括的基础上。幼儿初级科学概念的形成,离不开丰富的感知经验的积累。初级科学概念能把幼儿已获得的具体丰富、但又片断表面的科学知识经验进行归纳、概括,并加以简化,符合学前儿童的认知发展水平。可以说,科学知识经验是学前儿童形成初级科学概念的基础,科学知识经验影响着初级科学概念的内涵,并有效地丰富和发展着学前儿童的初级科学概念。

学前阶段形成初级的科学概念能够促进幼儿智力的发展,有利于幼儿具体形象性思维向抽象逻辑性思维的过渡。因此,在科学教育活动中,成人应多引导幼儿掌握一些日常生活概念、具体事物概念、简单分类概念等,这些概念虽然是初级的科学概念,却是今后科学概念形成的阶梯。

美国宾夕法尼亚州
学前儿童科学核心
素养的指标框架、
培育策略及其启示

综上所述,学前儿童科学教育的目标之间的关系需整体看待。科学情感态度是学习科学的动力系统,能充分调动幼儿的学习积极性;科学方法则是探究活动的核心,有助于幼儿的终身发展;科学知识经验是学习科学的载体,可以为科学探究能力的发展奠定基础。

知识链接

2001 年教育部颁布的《幼儿园教育指导纲要(试行)》[①]中科学领域具体内容如下。

1. 目标

对周围的事物、现象感兴趣,有好奇心和求知欲。

---

① 教育部基础教育司. 幼儿园教育指导纲要(试行)解读[M]. 南京:江苏教育出版社,2002.

能运用各种感官,动手动脑,探究问题。

能用适当的方式表达、交流探索的过程和结果。

能从生活和游戏中感受事物的数量关系并体验到数学的重要和有趣。

爱护动植物,关心周围环境,亲近大自然,珍惜自然资源,有初步的环保意识。

2. 内容与要求

引导幼儿对身边常见事物和现象的特点、变化规律产生兴趣和探究的欲望。为幼儿的探究活动创造宽松的环境,让每个幼儿都有机会参与尝试,支持、鼓励他们大胆提出问题,发表不同意见,学会尊重别人的观点和经验。

提供丰富的可操作的材料,为每个幼儿都能运用多种感官、多种方式进行探索提供活动的条件。

通过引导幼儿积极参加小组讨论、探索等方式,培养幼儿合作学习的意识和能力,学习用多种方式表现、交流、分享探索的过程和结果。

引导幼儿对周围环境中的数、量、形、时间和空间等现象产生兴趣,建构初步的数概念,并学习用简单的数学方法解决生活和游戏中某些简单的问题。

从生活或媒体中幼儿熟悉的科技成果入手,引导幼儿感受科学技术对生活的影响,培养他们对科学的兴趣和对科学家的崇敬。

在幼儿生活经验的基础上,帮助幼儿了解自然、环境与人类生活的关系。从身边的小事入手,培养初步的环保意识和行为。

3. 指导要点

幼儿的科学教育是科学启蒙教育,重在激发幼儿的认识兴趣和探究欲望。

要尽量创造条件让幼儿实际参加探究活动,使他们感受科学探究的过程和方法,体验发现的乐趣。

科学教育应密切联系幼儿的实际生活进行,利用身边的事物与现象作为科学探索的对象。

二、 学前儿童科学教育年龄阶段目标

学前儿童科学教育年龄阶段目标,指的是根据学前儿童科学教育总目标确立的,按学前儿童年龄阶段划分的学前儿童中短期发展目标。在《3—6岁儿童学习与发展指南》中对科学领域的科学探究和数学认知两方面明确地划分了各个年龄阶段的目标。学前儿童科学教育的年龄阶段目标考虑到学前儿童各不同年龄之间的差异性和各个年龄之间的连续性,年龄阶段目标的制定有助于教师较好地把握各年龄段学前儿童科学教育的要点。在实际应用中,还要结合本园、本班学前儿童的具体情况,进行相应的调整。以下是《指南》中关于科学教育年龄阶段目标的具体内容。

(一)科学探究目标

《指南》中将科学探究目标(见表2-1)进行了细致的划分,而且为培养儿童的科学探究能力,分年龄阶段循序渐进地开展,主要从亲近自然,喜欢探究;具有初步的探究能力;在探究中认识周围事物和现象这三方面来进行,符合儿童的身心发展规律。

表 2-1　科学探究目标

年龄 科学探究目标	3～4 岁	4～5 岁	5～6 岁
亲近自然,喜欢探究	(1) 喜欢接触大自然,对周围的很多事物和现象感兴趣。 (2) 经常问各种问题,或好奇地摆弄物品	(1) 喜欢接触新事物,经常问一些与新事物有关的问题。 (2) 常常动手动脑探索物体和材料,并乐在其中	(1) 对自己感兴趣的问题总是刨根问底。 (2) 能经常动手动脑寻找问题的答案。 (3) 探索中有所发现时感到兴奋和满足
具有初步的探究能力	(1) 对感兴趣的事物能仔细观察,发现其明显特征。 (2) 能用多种感官或动作去探索物体,关注动作所产生的结果	(1) 能对事物或现象进行观察比较,发现其相同与不同。 (2) 能根据观察结果提出问题,并大胆猜测答案。 (3) 能通过简单的调查收集信息。 (4) 能用图画或其他符号进行记录	(1) 能通过观察、比较与分析,发现并描述不同种类物体的特征或某个事物前后的变化。 (2) 能用一定的方法验证自己的猜测。 (3) 在成人的帮助下能制订简单的调查计划并执行。 (4) 能用数字、图画、图表或其他符号记录。 (5) 探究中能与他人合作与交流
在探究中认识周围事物和现象	(1) 认识常见的动植物,能注意并发现周围的动植物是多种多样的。 (2) 能感知和发现物体和材料的软硬、光滑和粗糙等特性。 (3) 能感知和体验天气对自己生活和活动的影响。 (4) 初步了解和体会动植物与生活之间的关系,能参与简单的制作活动	(1) 能感知和发现动植物的生长变化及其生长条件。 (2) 能感知和发现常见材料的溶解、传热等性质或用途。 (3) 能感知和发现简单物理现象,如物体形态或位置变化等。 (4) 能感知和发现不同季节的特点,体验季节对动植物和人的影响。 (5) 初步感知常用科技产品与自己生活的关系,知道科技产品有利也有弊	(1) 能察觉到动植物的外形特征、习性与生存环境的适应关系。 (2) 能发现常见物体的结构与功能之间的关系。 (3) 能探索并发现常见的物理现象产生的条件或影响因素,如影子、沉浮等。 (4) 感知并了解季节变化的周期性,知道变化的顺序。 (5) 初步了解人们的生活与自然环境的密切关系,知道尊重和珍惜生命,保护环境

（二）数学认知目标

《指南》中指出,儿童科学领域的学习也包括数学认知方面(见表 2-2),主要从初步感知生活中数学的有用和有趣;感知和理解数、量及数量关系;感知形状与空间关系三方面进行发展,分年龄段逐渐深入,便于儿童的理解和认知。

表 2-2　数学认知目标

数学认知目标　年龄	3～4 岁	4～5 岁	5～6 岁
初步感知生活中数学的有用和有趣	(1) 感知和发现周围物体的形状是多种多样的,对不同的形状感兴趣。 (2) 体验和发现生活中很多地方都用到数	(1) 在指导下,感知和体会有些事物可以用形状来描述。 (2) 在指导下,感知和体会有些事物可以用数来描述,对环境中各种数字的含义有进一步探究的兴趣	(1) 能发现事物简单的排列规律,并尝试创造新的排列规律。 (2) 能发现生活中许多问题都可以用数学的方法来解决,体验解决问题的乐趣
感知和理解数、量及数量关系	(1) 能感知和区分物体的大小、多少、高矮、长短等量方面的特点,并能用相应的词表示。 (2) 能通过一一对应的方法比较两组物体的多少。 (3) 能手口一致地点数 5 个以内的物体,并能说出总数。能按数取物。 (4) 能用数词描述事物或动作。如:"我有 4 本书"	(1) 能感知和区分物体的粗细、厚薄、轻重等量方面的特点,并能用相应的词语描述。 (2) 能通过数数比较两组物体的多少。 (3) 能通过实际操作理解数与数之间的关系,如 5 比 4 多 1；2 和 3 合在一起是 5。 (4) 会用数词描述事物的排列顺序和位置	(1) 初步理解量的相对性。 (2) 借助实际情境和操作(如合并或拿取)理解"加"和"减"的实际意义。 (3) 能通过实物操作或其他方法进行 10 以内的加减运算。 (4) 能用简单的记录表、统计图等表示简单的数量关系
感知形状与空间关系	(1) 能注意物体较明显的形状特征,并能用自己的语言描述。 (2) 能感知物体基本的空间位置与方位,理解上下、前后、里外等方位词	(1) 能感知物体的形体结构特征,画出或拼搭出该物体的造型。 (2) 能感知和发现常见几何图形的基本特征,并能进行分类。 (3) 能使用上下、前后、里外、中间、旁边等方位词描述物体的位置和运动方向	(1) 能用常见的几何形体有创意地拼搭和画出物体的造型。 (2) 能按语言指示或根据简单示意图正确取放物品。 (3) 能辨别自己的左右

三、学前儿童科学教育单元目标

因各幼儿园的课程特点不同,学前儿童科学教育的活动目标也有所不同。以下仅以实例进行介绍。

(一)以时间为单元的学前儿童科学教育目标

幼儿园中以时间为单元的科学教育目标一般有月科学教育目标和周科学教育目标。

【案例 2-1】　幼儿园小班 2 月份的科学教育目标

(1) 喜欢表现,不胆怯。

(2) 有好奇心,喜欢模仿、摆弄。

（3）认识一些感兴趣的生活用品及新科技产品。

（4）能较自然地做各种基本动作。

（5）有初步的观察、记忆、想象等方面的基本能力。

【案例 2-2】 幼儿园中班 4 月份的科学教育目标

（1）喜欢表达自己的感受，有自信。

（2）初步知道人体的基本结构及主要功能，有初步的自我保护意识。

（3）了解不同的文学、艺术表现形式和内容。

（4）能协调地做各种动作。

（5）能区分生活中常见的标志。

【案例 2-3】 幼儿园大班 5 月份科学教育目标

（1）对新奇的事物、问题感兴趣，喜欢探究。

（2）对民族文化和各类艺术有兴趣。

（3）知道一些自然现象及其变化规律。

（4）感知四季的变化，了解四季变化的顺序及其显著特点。

（5）逐步培养热爱大自然、保护环境的意识。

以上以时间为单元的目标，在目前幼儿园中并不多见。即使是以时间为单元，也经常是将科学教育的目标包含在综合性目标中。

（二）以主题活动为单元的学前儿童科学教育目标

主题活动单元目标，是指在一组有关联的科学教育活动全部结束后所要达到的目标。幼儿园科学教育活动主题的依据是多种多样的，有的是以季节为主线建构主题，有的是以自然科学现象为主线建构主题，也有的是以人的活动为主线建构主题。

1. 以季节为主线建构主题活动单元的目标

【案例 2-4】 "寒冷的冬季"主题活动单元目标

（1）能关注冬季的各种自然现象，了解动植物不同的过冬方式。

（2）喜欢参加各种有趣的冬季活动，体验人们抵御寒冷的各种方法。

2. 以自然物或自然科学现象为主线建构主题活动单元的目标

【案例 2-5】 幼儿园小班单元活动"动物"的科学教育目标

（1）喜欢观察和饲养小动物(小鸡、母鸡、公鸡、乌龟、小兔及小猫等)。

（2）观察了解它们的主要特征和生活习性，比较发现各动物之间明显的不同点。

（3）引发持续观察小动物的兴趣和爱护小动物的情感。

【案例 2-6】 幼儿园中班单元活动"水"的科学教育目标

（1）在实验操作过程中，观察发现不同材料的物体在水中所产生的各种有趣现象，引发对实际操作和探究的兴趣，体验实验成功的乐趣。

（2）在玩水的系列操作活动中，运用自己的感官，感知水的特性(无色、无味、透明、流动等)。

（3）知道生物的生长、人类的生活都离不开水。

（4）学习边观察边操作，在教师的启发引导下，能及时观察和发现在操作过程中所产生的有趣现象，并能努力探究原因。

【案例 2-7】　幼儿园大班单元活动"植物"的科学教育目标

（1）运用多种感官感受大自然的美，积累对常见的花卉、蔬菜、瓜果等植物的多种形态、生长过程的感性经验。

（2）对植物的生长变化及生长规律产生观察探究的兴趣。

（3）在日常生活中乐于尝试收集植物标本、蔬菜新品种等。

（4）愿意与同伴进行交流。

3. 以人的活动为主线建构主题活动单元的目标

【案例 2-8】　幼儿园大班单元活动"家庭好帮手"的科学教育目标

（1）运用已有的生活经验，尝试操作使用家用小电器（微波炉、饮水机、三明治炉、电饭煲）和小工具（刨刀、小刀、削皮器、多功能开瓶器、切蛋器、去壳钳等）来烹饪制作食品，了解小电器和小工具的主要用途。

（2）学习简单的操作技能。

（3）体验自己动手制作和品尝食物的乐趣，并感受科技给人们生活带来的方便。

需要说明的是，以主题活动为单元的学前儿童科学教育目标，只是单元目标中科学领域的部分，而不是全部目标，单元目标应包括各领域的目标。

四、 学前儿童科学教育具体活动目标

学前儿童科学教育具体活动目标，一般是指一次具体的科学教育活动所要达到的目标。在具体的科学教育活动中，目标是根据具体活动的情况来确定的，比较具有灵活性。

【案例 2-9】　幼儿园小班"可爱的蚕豆荚"科学教育活动目标

（1）学前儿童有主动感知物体的兴趣。

（2）学前儿童能发现蚕豆荚的基本特征，发展学前儿童的观察力。

（3）学习根据物体大小进行简单分类。

【案例 2-10】　幼儿园中班"推车"科学教育活动目标

（1）能初步感知、体验推车的动作。

（2）在操作和游戏中感知车辆在不同状态下的速度。

（3）激发构建和探索的兴趣，有初步的团队意识。

【案例 2-11】　幼儿园大班"勤劳的小蜜蜂"科学教育目标

（1）幼儿通过自己收集、讲述资料，进一步加深对蜜蜂外形特征、生活习性、用途等的认识。

（2）幼儿知道蜜蜂是人类的好朋友，要爱护蜜蜂。

（3）幼儿能将观察、收集所获得的有关蜜蜂的信息，以语言或非语言的方式与同伴交流。

五、 学前儿童科学教育活动目标的表述

活动目标应体现幼儿在教学活动结束后能表现出什么样的学业行为,并凸显幼儿学习过程中知识、技能的获得和情感态度发展的层次、范围、方式及变化效果。对每一活动目标的准确表述,可以充分发挥活动目标在活动中的指向、评估和激励作用。

(一)目标表述的角度

学前儿童科学教育活动目标可以从两个不同的角度来表述,即教师角度表述和幼儿角度表述。

1. 教师角度表述

从教师角度表述活动目标能够明确教师应该做的工作与达到的活动效果,对于教师明确自己在科学教育活动中的角色与作用有很大帮助。从教师角度表述时,常用"鼓励""使""引导""帮助"等词汇。如:

鼓励幼儿提出问题,对树叶进行比较,找出相互之间的联系。

使幼儿体验到科学探究的乐趣。

帮助幼儿获得形状、颜色、大小、分类等概念。

从教师角度表述活动目标,容易促使教师过多地关注自己的"教",而忽略幼儿的"学",因此,多数学者提倡从幼儿角度表述活动目标。

2. 幼儿角度表述

从幼儿角度表述活动目标能够明确幼儿通过学习后达到的发展程度,较常用"喜欢""观察""感知""发现""能"等词汇。如:

喜欢种植与饲养并能观察其生长变化。

感知天气、季节的明显特征。

能区分三角形、正方形与长方形的不同。

从幼儿角度表述活动目标可以促使教师更多地关注幼儿"学什么"以及"怎么学",关注幼儿的学习方式,关注幼儿学习的效果。

(二)行为目标的表述方式

行为目标,也称操作目标,是指用可以观察和可以测量的幼儿行为来陈述的目标,是用预期幼儿学习之后将产生的行为变化来陈述的目标。如"知道纸是中国人蔡伦发明的""学习按图形配对分类"。行为目标的概念由美国俄亥俄州立大学的泰勒(R.Tyler,1934)教授最先提出。泰勒(1950)认为最有用的目标陈述形式就是行为目标,即用可观察的学生行为来陈述某一特殊的学习结果[①]。这种表述方法一般要考虑以下四个因素。

---

① 莫雷.教育心理学[M].北京:教育科学出版社,2007.

（1）行为主体。在编写教学目标时,无论是一般的行为目标或是具体的行为目标,在描写时都应写成幼儿的学习行为,如"能认出……""能解释……""能说出……"或"根据……对……进行分析"等描述,要清楚地表明达成目标的行为主体是幼儿。

（2）行为动词。活动具体目标应采用可观察、可操作、可检验的行为动词来描述。传统应用的"了解""掌握""知道""熟悉"等笼统、含糊的,难以观察到的,仅表示内部心理过程的动词,往往难以测量。而"认出""说出""描述""解释""说明""分析""评价""模仿""参与""讨论""交流""认同""拒绝"等词则是意义明确、易于观察、便于检验的行为动词。

（3）行为条件。有时需要限定幼儿在什么情况下或什么范围内完成指定的科学活动,如"用所给的材料探究……""通过合作小组的讨论,制订……""通过小实验,体验……"等。

（4）表现程度。指幼儿对目标所达到的表现水准,用以测量幼儿学习的结果所达到的程度。如"能准确无误地说出……""在老师的带领下,能操作……"等表述中的状语部分,便是限定了目标水平的表现程度,以便检测。

上述教学目标表述包括的"四要素"是由行为观的代表马杰(R. Mager)提出的"三要素"发展来的,又称为 ABCD 表述法。它们的含义是:A 即行为主体(audience),意为学习者,就是目标表述句中的主语。B 即行为(behaviour),即学习者应做什么,就是目标表述句中的谓语和宾语。C 即条件(conditions),意为上述行为在什么条件下产生。D 即程度(degree),即上述行为的标准。例如,一个运用 ABCD 方法表述的教学目标:"通过观察昆虫的形态特点后,幼儿能从书上的图中辨认出哪些是昆虫。"其中,行为主体是"幼儿",行为是"辨认昆虫",条件是"从书上的图中",标准是"能从书上的图中辨认出哪些是昆虫"。

不同的课程目标有不同的表述方式。行为目标的任务往往比较简单、浅显,更多是针对幼儿的基本知识和基本技能,也便于教师考查和评估幼儿的学习结果。

学习思考

1.《幼儿园教育指导纲要(试行)》中科学领域的目标是什么?

2.我国的学前儿童科学目标的层次结构是什么?

第三章
学前儿童科学教育的内容

章节思维导图

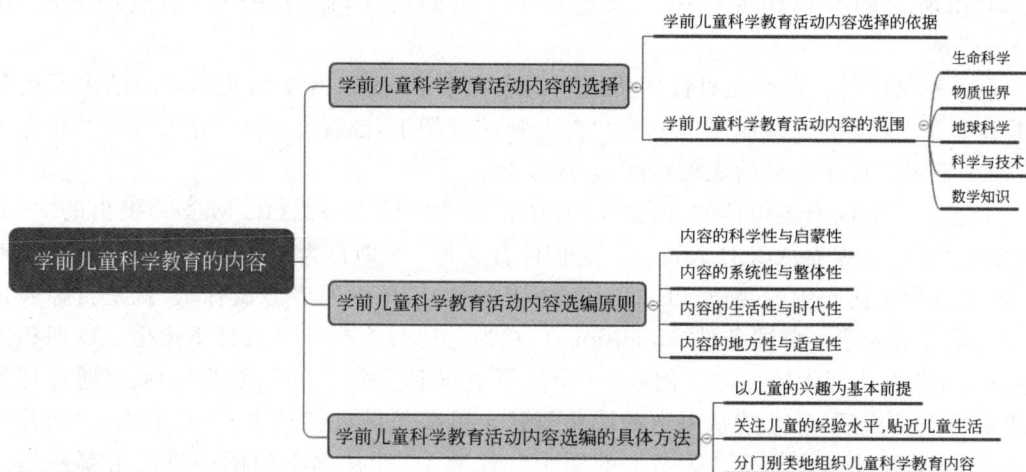

```
                                              ┌─ 学前儿童科学教育活动内容选择的依据
                        ┌─ 学前儿童科学教育活动内容的选择 ─┤                              ┌─ 生命科学
                        │                                │                              ├─ 物质世界
                        │                                └─ 学前儿童科学教育活动内容的范围 ─┤─ 地球科学
                        │                                                               ├─ 科学与技术
                        │                                                               └─ 数学知识
  学前儿童科学教育的内容 ─┤                                ┌─ 内容的科学性与启蒙性
                        ├─ 学前儿童科学教育活动内容选编原则 ─┤─ 内容的系统性与整体性
                        │                                ├─ 内容的生活性与时代性
                        │                                └─ 内容的地方性与适宜性
                        │                                 ┌─ 以儿童的兴趣为基本前提
                        └─ 学前儿童科学教育活动内容选编的具体方法 ─┤─ 关注儿童的经验水平,贴近儿童生活
                                                         └─ 分门别类地组织儿童科学教育内容
```

思政教育目标

　　学前儿童科学教育的内容包括生命科学、物质科学及地球与空间科学,其本质在于引导幼儿探究人与自然的关系。生态环境是人类生存的基础,也是我国可持续发展的基础。因此,我们应承认人与自然是生命共同体,与幼儿共同尊重自然、顺应自然、保护自然,坚持节约资源和保护环境的基本国策,建设生态文明,实现中华民族的永续发展。

学习目标

　　1. 了解学前儿童科学教育活动内容选择的依据。
　　2. 掌握学前儿童科学教育活动内容的范围。
　　3. 理解学前儿童科学教育活动内容选编的原则和具体方法。

第一节　学前儿童科学教育活动内容的选择

　　学前儿童科学教育活动内容是学前儿童科学教育的组成部分,是实现学前儿童科学教育目标的关键所在,是学前儿童科学教育活动设计与具体实施的主要依据和有效载体,也是实现科学教育目标的实质部分。因此,科学合理地选择学前儿童科学教育的内容十分重要。

一、 学前儿童科学教育活动内容选择的依据

(一)主要依据《幼儿园教育指导纲要(试行)》和《3—6岁儿童学习与发展指南》

教育部于2001年7月颁布的《幼儿园教育指导纲要(试行)》和2012年10月正式颁布的《3—6岁儿童学习与发展指南》是我国进行学前儿童科学教育的纲领性文件,对有效开展学前儿童科学教育具有重要引领作用。《纲要》中明确规定了3～6岁儿童科学教育的内容和要求,《指南》描述了3～6岁儿童在科学领域应该学习和掌握的最基本、最重要的内容,并将内容划分为若干方面。《纲要》《指南》等文件对学龄前儿童的科学教育具有重要的启迪作用。因此,教师在选择教育内容时,要充分理解和领会《纲要》和《指南》的主要精神,并用于指导实践。

(二)符合学前儿童科学教育活动的目标

学前儿童科学教育活动的目标是学前儿童科学教育活动的出发点和归宿,而学前儿童科学教育活动内容是学前儿童科学教育活动目标的细化和具体化,是实现学前儿童科学教育活动目标的重要手段和主要途径。因此,学前儿童科学教育活动内容的选择必须以学前儿童科学教育活动的目标为根本依据,这样才能确保学前儿童科学教育活动的目标得以实现。反过来,学前儿童科学教育活动每一项目标的实现都要通过多种内容与形式。因此,教师要灵活地理解、掌握和运用内容,以确保目标的达成。

(三)适应学前儿童认知发展的特点

在选择学前儿童科学教育活动内容的时候必须从儿童认知发展的特点出发,从儿童身边的事物与现象中选取那些他们能够理解和体验到的内容,这样才能确保学前儿童科学教育活动内容的科学性、可行性、有效性;如果不考虑学前儿童的身体状况、年龄特点、思维特点和发展特点,随心所欲地从成人的角度选择内容,那么学前儿童科学教育的目标就很难达到,学前儿童科学的观念、科学的态度和科学的精神就难以得到培养。因此,在选择学前儿童科学教育活动内容时要注重儿童身心发展的特点,以确保学前儿童科学教育内容得以顺利实施[①]。

(四)遵循科学本身的规律和特点

"科学是人对客观世界的认识,是反映客观事实和规律的知识""科学是反映客观事实和规律的知识体系""科学是动态的活动"[②]。强调科学教育尊重客观事实,反对迷信,反对主观臆断,这是科学本质所具有的特点,所以选择学前儿童科学教育活动内容要依据科

---

① 夏力.学前儿童科学教育活动指导[M].3版.上海:复旦大学出版社,2014.

② 施燕.学前儿童科学教育与活动指导[M].3版.上海:华东师范大学出版社,2014.

学自身的规律和特点。

二、 学前儿童科学教育活动内容的范围

皮亚杰曾经说过："儿童天生就是科学家"，这句话很好地印证了儿童天生对世界充满好奇、渴望探索和了解这个世界的特点。儿童生活在一个丰富多彩、变化万千的世界里，他们与周围环境直接接触，通过感官来认识自我和周围世界，又通过科技媒体了解一些他们不能直接接触的事物，这样就使学前儿童科学教育内容的范围得到了进一步的扩大。

《纲要》虽然没有明确规定学前儿童科学教育内容的范围，但提出了七条"内容与要求"，并指出"科学教育应密切联系儿童的实际生活进行，利用身边的事物与现象作为科学探索的对象"，教育内容的选择要"贴近儿童的生活"以及幼儿园科学教育活动生活化的教育要求。具体如下。

（1）引导幼儿对身边常见事物和现象的特点、变化规律产生兴趣和探究的欲望。

（2）为幼儿的探究活动创造宽松的环境，让每个幼儿都有机会参与尝试，支持、鼓励他们大胆提出问题，发表不同意见，学会尊重别人的观点和经验。

（3）提供丰富的可操作的材料，为每个幼儿都能运用多种感官、多种方式进行探究提供活动的条件。

（4）通过引导幼儿积极参加小组讨论、探索等方式，培养幼儿合作学习的意识和能力，学习用多种方式表现、交流、分享探索的过程和结果。

（5）引导幼儿对周围环境中的数、量、形、时间和空间等现象产生兴趣，建构初步的数概念，并学习用简单的数学方法解决生活和游戏中某些简单的问题。

（6）从生活或媒体中幼儿熟悉的科技成果入手，引导幼儿感受科学技术对生活的影响，培养他们对科学的兴趣和对科学家的崇敬。

（7）在幼儿生活经验的基础上，帮助幼儿了解自然、环境与人类生活的关系。从身边的小事入手，培养初步的环保意识和行为。[①]

《指南》将科学领域主要分为两大部分，即科学探究和数学认知，而且每一部分都对三个年龄阶段（3～4岁、4～5岁、5～6岁）的儿童提出了合理的期望，指明儿童学习与发展的具体方向，使得教师和家长的教育目标更明确，操作起来更便捷。《指南》还指出："儿童科学学习的核心是激发探究兴趣，体验探究过程，发展初步的探究能力等。"[②]

根据《纲要》《指南》的主要精神，本书将3～6岁学前儿童科学教育活动的内容范围作如下划分。

（一）生命科学

生命世界中的多样性与复杂性对儿童充满吸引力，自己身体的神奇变化、大自然中的动物与植物，始终激发着儿童的好奇心与探究欲，吸引着儿童进行探究。

① 中华人民共和国教育部.幼儿园教育指导纲要(试行)[M].北京：北京师范大学出版社,2001.
② 李季湄,冯晓霞.《3—6岁儿童学习与发展指南》解读[M].北京：人民教育出版社,2012.

1. 人体

每个人身体的运转与浩瀚的宇宙有着极其相似的原理,认识了人体就懂得了宇宙的奥秘。儿童对自己的身体是非常感兴趣的,他们喜欢对着镜子做千奇百怪的动作来自娱自乐。教师应将引导儿童认识人体作为科学教育内容的重要组成部分,激发儿童对人体奥秘的探究欲。具体包括以下几点。

微课——食物在体内的旅行

（1）了解人体的基本结构,如头、颈、肩、躯干、四肢以及皮肤、骨骼、肌肉、血液等及其功能。

（2）观察人主要的感觉器官,如眼睛（视觉）、耳朵（听觉）、鼻子（嗅觉）、舌头（味觉）、皮肤（触摸觉）等及其功能。

（3）了解人与人之间的差异,如男女之别,不同种族的人在肤色、眼睛、毛发和五官等方面有差异,不同年龄的人在身体特征上有差异。

（4）体验和感受人体的生理活动和心理活动。生理活动包括消化系统、呼吸系统、循环系统、排泄系统等系统的活动,心理活动包括人的情绪、记忆、想象等。学习应该怎样表达或控制自己的情绪,体验环境不同,人们的心情也不同。

（5）了解自然的生命发展过程。每个人都经历着从出生、成长到衰老、死亡的生命过程。了解食物、空气和水是人生长发育的基本条件。

（6）知道在任何条件下都应该注意安全,保护自己的身体不受侵害和损伤,以避免不必要的痛苦。教育儿童从小养成良好的卫生和生活习惯,锻炼身体,预防疾病。合理的营养、适当的运动和休息等都是个体健康成长的必要条件。

【案例 3-1】　我的身体

我的头,我的肩,这是我的胸;我的腰,我的腿,这是我的膝盖。

小小手,小小手,小手真可爱;上面还有我的十个手趾头。

我的头,我的肩,这是我的胸;我的腰,我的腿,这是我的膝盖。

小小脚,小小脚,小脚真可爱;上面还有我的十个脚指头。

在《我的身体》的音乐活动设计中融入科学教育的元素,儿童在此项活动中不仅能够体验音乐的乐趣,还能学习自己身体各个部位的名称。

2. 动物

有过饲养宠物经验的儿童会更加喜欢观察、触摸和照料小动物,更容易对生活在不同环境中形态各异的动物感兴趣。动物的移动方式、所需食物、种类与特征、成长变化、繁殖与哺乳、地域环境、居住环境、对人类的影响等都是儿童认识生命体征的重要经验。通过饲养、观察、讨论

动物教学资源

等多种方式,扩展那些喜欢动物的儿童的原有经验,减轻那些害怕动物的儿童的焦虑情绪。带领儿童走近动物世界是学前儿童科学教育内容中的重要部分,教师从中灵活地选择相关的内容让儿童探究和认识。具体包括以下几点。

（1）知道动物有很多种,如家禽、家畜、野兽、鸟、鱼、昆虫等,能说出常见动物的名称。

（2）了解各种动物典型的外部特征和生活习性。

（3）知道水、空气、阳光、土壤和食物是维持动物生命必不可少的。

（4）了解不同的动物生活在不同的地方，有不同的行为方式、不同的繁殖方式、不同的食性。

（5）初步了解动物对其生活环境的适应，如动物的身体结构与所处的环境的关系、行为方式与所处环境的关系、动物怎样改变自身以适应环境的变化等。

（6）了解植物与动物、动物与动物之间的关系。知道动物之间存在"朋友"或"天敌"。了解动物与人类的密切关系，懂得动物是人类的好朋友，人类应该保护它们。人、动物和植物之间是紧密联系、相互依存的；生物和它所生存的环境之间也是紧密联系、相互依存的。

知识链接

蜗　牛①

一、蜗牛有眼睛吗

蜗牛是儿童很感兴趣的动物，他们对蜗牛充满了好奇，休息时间总是对着它们聊天。"你看，这只蜗牛和其他蜗牛不一样，背上有个白色的花纹。""这两只蜗牛一直在睡觉，触角都收起来了。""快看！它又在吃菜叶了！"兴奋而惊喜的声音此起彼伏。

这一天，乐乐和朵朵又围着蜗牛看。"朵朵你看，这只蜗牛一直看着我呢！""不对，蜗牛是看不见的。它是闻着味道走路的。""它能看见，它有四只眼睛呢！""啊，这么多呢，不会吧？"一旁的我问道："蜗牛到底有没有眼睛呀？"

就这样，大家带着"蜗牛有……吗？"的问题开始仔细全面地研究蜗牛。有的用放大镜观察，有的查阅书籍，有的给蜗牛放音乐。他们除了发现蜗牛的眼睛长在触角上以外，还发现了许多有趣的现象，并将蜗牛的外形特征都记录下来：蜗牛有许多的牙齿，蜗牛的鼻子是小小的呼吸孔，蜗牛的脚是扁扁的，走过的地方会有黏液，等等。

在初遇蜗牛的过程中，教师注意捕捉儿童关于蜗牛外形特征的问题，抓住机会，激发幼儿多提问多讨论，"蜗牛有眼睛吗？""蜗牛有鼻子吗？""蜗牛有耳朵吗？"让幼儿带着问题去观察蜗牛；不仅用肉眼直接观察，还通过改变外界条件来试验蜗牛的反应。抓住孩子们的兴趣点，让他们自己去观察蜗牛、认识蜗牛，通过看一看、试一试、说一说、比一比加深对蜗牛的了解。

二、蜗牛少了

一天，凡凡大喊："老师，老师！快来呀！蜗牛少了！"周围的孩子们也很好奇，都围在一起看。凡凡仔细地开始数："老师，你看，一、二、三、四、五……少了两只蜗牛呢！"这下，全体轰动了。孩子们都在焦急地寻找着那两只小蜗牛，有的在地上找，有的钻进柜子找，有的在桌子底下找。突然植物角里传来一阵惊喜的叫声："老师！我找到啦！蜗牛躲在花盆里！"孩子们因为找到蜗牛都很高兴。牛牛将找到的蜗牛放进饲养盒里。可是，课间

① 叶雨.幼儿园饲养活动中科学探究能力的培养——以大班幼儿饲养蜗牛为例[J].科学大众(科学教育),2020(2)：102,69.

休息的时候,凡凡又跑过来,喘着气说:"老师,老师,蜗牛又爬进花盆里了!它是不是喜欢住在花盆里呀?"我觉得这是一个很有趣的事,便问大家"蜗牛为什么喜欢待在花盆里呢?""它不喜欢待在水里吗?""也许它喜欢待在土里。"

于是孩子们开始寻找蜗牛喜欢的地方。大家把蜗牛分为三组,一组是水果,一组是土里,一组是花盆里。经过一段时间的仔细观察,他们发现住在水里的蜗牛一只只都爬到了盖子上,住在土里的蜗牛不喜欢吃东西,而住在花盆里的蜗牛就一直缩在土里,上面的叶子上出现了许多小洞。原来蜗牛不仅喜欢潮湿、阴凉的地方,还需要一个自然的生态环境。孩子们一起为蜗牛找到了新家,再也不用担心蜗牛不见了。

案例中,将种植活动与饲养活动整合起来,也能让儿童感受自然的平衡以及生态系统的维护。

三、蜗牛竟然吃纸了

一大早,孩子们一进教室就发现班上记录区域游戏的纸上出现了不规则的小洞洞,原来是蜗牛正在一口一口地将黄色的打印纸吃进肚子里。雯雯赶紧把蜗牛移走。为什么蜗牛会吃纸呢?可能它肚子饿了吧?可能纸和叶子长得很像吧?它不会死了吧?孩子们带着一堆担心和疑惑离开了。早操结束后,雯雯又来看那只蜗牛,她大声地叫道:"蜗牛把纸拉出来了!"大家连忙围过去看,蜗牛竟然拉出了长长的黄色的便便。有些小朋友回头一看,有个小调皮竟然在用红色的纸喂蜗牛。大家连忙阻止他,可是蜗牛已经吃了一小片了。他委屈地说道:"我就是想看看它会不会拉出红色的便便。"等了大半天的时间,终于他看到了期待已久的红色便便。

后来,孩子们把蜗牛最喜欢吃什么食物一一地列出。有的在幼儿园采摘新鲜的叶子,有的从家里带了菜叶,有的带了水果等,在后面的日子里依次给蜗牛吃。渐渐地,他们发现蜗牛最喜欢吃的是丝瓜的叶子。

作为教师要适时关注儿童的疑惑点,帮助他们提出最本质、最想问的问题。如蜗牛最喜欢吃什么食物?围绕这个问题,在儿童广泛地收集各种食物后,让他们分享经验、合作交流,通过图示、记录等方法帮助儿童梳理过程,体验与同伴合作交往的愉快经验,充分感受与同伴交往带来的乐趣和满足。

幼儿园饲养活动是培养儿童自主探究能力的重要活动之一,它来源于儿童的日常生活。小到毛毛虫、蜗牛、泥鳅、蝌蚪,大到小鸡、兔子、小猫等,饲养活动一直处于动态变化中,时间灵活,问题多样,能给儿童更多观察和体验的机会。教师应通过各种各样的饲养活动来帮助儿童自主探究、自主学习,建构有意义的经验,提升他们科学探究的能力。

3. 植物

植物是多样世界的一个重要组成部分,植物的多样性、种类与特征、生长条件、繁殖周期等都与儿童的生活环境息息相关。植物为人类提供食物、衣服,净化空气,绿化环境。可以通过观察、讨论、参观、种植等活动,引导儿童认识植物。这一部分涉及的内容主要包括以下几点。

种子的萌发

(1) 知道植物是多种多样的,知道不同种类植物的不同特征。

(2) 认识一些常见的花卉、树木和蔬菜,并知道它们的名称和外形特征。

(3) 知道不同植物的根、茎、叶、花、果实、种子也不同,初步了解植物各部分的功能。

（4）知道植物有不同的繁殖方式。

（5）知道植物生长与环境的关系，初步了解阳光、空气、水、温度以及环境是植物生长的必要条件。观察不同环境中的植物的形态特征，了解植物形态特征与所处地理环境的关系。

（6）观察不同的季节植物的不同变化。

（7）了解植物与动物、植物与人类的关系，知道植物对净化环境的贡献，懂得要保护植物生态与环境。

【案例 3-2】 落叶

通过到室外捡树叶，并观察树叶的大小、形状、颜色等特征来分辨秋天的树叶与其他季节的树叶有什么不同。

花生

教师："你是把美丽的迎春花放在这里让小朋友欣赏吗？"

儿童："不是。"

教师："那你想拿它做什么呢？"

儿童："我喜欢迎春花。我想把它泡在水里，让它长大。"

孩子此时的需求和兴趣正是对儿童进行科学教育的好时机。教师同意并支持他的做法，每天和他一起观察。几天以后，他们发现小花瓣烂了。

"为什么小花泡在水里会烂呢？"儿童进行了讨论，认为有根的东西才能生长。这一活动对于这个儿童来说，他获得了：乐于探究、敢于探究的情感；探究、寻找答案的过程和方式；验证自己的假设的经验。

【案例 3-3】 种植①

通过播种、培养幼苗等活动让儿童学习种植，通过自己的观察和探究发现植物的特点，了解植物的生长过程及变化规律。与主题活动相结合，教师带领儿童种植了小麦、大豆、大蒜等，让他们自己管理幼苗。通过观察，儿童发现不同植物的叶子是不一样的。然后投放了浇水工具、对植物生长进行记录等。淘淘说："老师，我的蒜苗今天又长高了。"我问道："长高了多少？"他回答："不知道。"接着我又说："那我们一起量一量看它长高了多少吧。"根据探究活动的需要投放了长度不同的测量尺，通过每天测量幼苗的高度激发他们的探究兴趣。

（二）物质世界

儿童生活在丰富的物质世界中，光、影、颜色、电、磁铁、声音、化学现象、火与温度、力与运动等都是儿童在生活中常常接触到的，这些物质中存在极多可探究的现象。

1. 光、影、颜色

光是自然界普遍存在的现象，与光相关的影子现象常常引发儿童的关注与探索。还有丰富的颜色及其奇妙的变化，这些都是儿童很感兴趣的东西。这一部分涉及的内容主要包括以下几点。

---

① 王海峰. 谈利用一日活动各环节培养大班幼儿的科学探究能力[J]. 学周刊,2019(14)：163.

（1）了解光和人类生活的密切关系。光为人类带来光明,使人类可以看见周围的世界;光还为植物的生长提供了条件。

（2）认识多种自然光源与人造光源,如太阳、月亮、闪电、个别生物(萤火虫)及电灯、手电筒、蜡烛等,了解它们的不同。

（3）使儿童发现光从哪里来,太阳、个别生物、燃烧的物体、电灯、闪电等会发光,月亮、镜子等会反光。

（4）初步了解没有光人就看不见任何事物,感受光与人类生活的密切关系以及光对人类生活的重要性。

（5）探索和发现光与影子的关系,感受和了解光被遮挡后形成影子。如太阳光下踩影子的游戏,室内灯光与物体的游戏等。

（6）探索光学仪器(如三棱镜、平面镜、凸透镜、凹透镜等),了解简单的光学现象。

（7）了解颜色是由于光的反射造成的,探索物体的颜色现象,感受多种多样的光。

（8）通过实验探究颜色及其变化的现象,如颜料的叠加及颜色的变化。

2. 火与温度

从儿童的经验水平出发,探索这一部分现象与他们的日常经验相结合。这一部分涉及的内容主要包括以下几点。

（1）了解火的颜色与温度,了解生活中常见的助燃物与灭火物。

（2）感受和比较物体冷热之间的温度差异,学习用多种方法(如温度计、触摸觉等)测量与区分物体的冷热程度。

（3）感受不同温度的物体之间会发生传热现象。不同的物体之间传热的速度不同,有的传热快,有的传热慢。冷热之间可以相互传递,热的物体会变冷,冷的物体也可以变热。探索一些方法使物体变冷或变热。

（4）知道天气的冷热。讨论夏天怎样散热,冬天怎样保暖,并了解一些常见的取暖或散热的产品。

（5）学习运用自己的感觉器官(如用眼睛看,用手摸等)来判断物体的冷与热,知道通过温度也可以了解冷与热。

【案例3-4】　冰块的故事[①]

在儿童科学活动开展过程中,教师将冰块带入班级,并向儿童们询问道:"这是什么?"儿童大声说道:"冰块。"教师将冰块放入准备好的水杯中,问道:"水把冰块抱住了,会发生什么呢?"儿童们好奇地睁大眼睛,看着冰块一点一点融化,都感觉到非常神奇。很多儿童发出惊叹的声音:"咦? 冰块哪里去了?"这时候教师告诉儿童:"冰块融化了,冰化成了水。"教师又提出问题:"大家在生活中有没有见过冰融化的现象呢?"儿童的思维被带入生活,想起了雪花的融化、冰糕在嘴里的融化等。之后,教师再引导儿童思考其中的科学原理,激发了儿童的科学探索热情。

3. 电

电在生活中是不可或缺的,对人们的生活影响巨大。不能因其具有危险性就禁止儿

---

① 顾青青. 幼儿园科学活动开展策略探索[J]. 成才之路,2019(3):97.

童对电的接触与探究,应引导儿童适当了解有关电的知识,使他们懂得电的重大作用与危险性,学会自我保护,避免事故发生。这一部分涉及的内容主要包括以下几点。

(1)了解电的来源,摩擦产生的静电、电线输送来的电和干电池里的电都是电。

(2)通过探索各种家用电器、电动玩具的功能初步了解电在日常生活中的重要作用。

(3)在游戏与实验中探索、了解干电池的用途,并懂得废旧干电池不能随意丢弃。

(4)初步了解日常生活中电的来源,知道电是发电厂通过电线输送来的。

(5)使儿童懂得安全用电的知识,避免事故。

【案例 3-5】　小灯泡亮了①

以手电筒为主材料引发探究,用"手电筒为什么会亮""手电筒里面有什么"等问题引发儿童的探究欲望;接着投放可装不同电池的手电筒,让儿童拧开手电筒看里面到底有什么,引导儿童认识电池的正极和负极,并投放电池的认知卡;为了便于儿童组装手电筒,投放装电池的提示卡。儿童操作熟练后,教师又抛出问题:"电池除了可以让手电筒发光外,还有什么作用?""可以让玩具唱歌、跳舞。""可以让玩具汽车跑。"儿童们纷纷回答。"想不想试一试?"得到肯定回答后,及时投放了电动玩具。儿童操作后学会了正确装卸电池,玩起了电动玩具。这样的一个个小活动,使儿童的探究能力随材料的不断更新逐渐提高,最终完成探究目标。

4. 力与运动

运动是物质存在的基本状态,物体的运动是永恒的,也是儿童可以直接感知到的。物体的运动是由于物质之间力的相互作用,力虽然无处不在,但却非常抽象,儿童只能感觉到或者看到力的作用。这一部分涉及的内容主要包括以下几点。

(1)知道力和运动是生活中最常见的现象,初步了解力的大小、方向、作用点和物体运动之间的关系。

(2)探索与了解力的类型有多种多样,如重力、弹力、浮力、摩擦力,地球的吸引力、推力、拉力、压力,以及风力、水力、电力等;感受各种力的作用。

(3)探索与感受运动的多样性。如速度方面,有的快,有的慢;方向方面,有的向下,有的向上,有的向左,有的向右等。

(4)探索与了解影响运动的因素。如力的大小、物体自身的形状与重量、接触面的光滑程度等,进而探索与尝试改变运动速度、方向等的多种方法。

(5)感受与了解力与运动对人们生活的影响,尤其是给人们的日常生活带来的不便与便利之处。

(6)探索省力的方法。如使用轮子、滑轮、杠杆、斜面、机械等。

【案例 3-6】　风车

教师将风车带入教室,并将风车放置于窗口位置,儿童们看到风车转动起来都特别兴奋。这时候教师问儿童:"为什么风车会转动呢?"儿童说:"因为有风。"教师继续引导:"有风的情况下,风车一定会转动吗?"儿童挠挠头不知道答案是什么。这时候教师与儿童

---

① 王海峰. 谈利用一日活动各环节培养大班幼儿的科学探究能力[J]. 学周刊,2019(14):163.

一同制作风车,并将所制作的风车拿到窗口,一同观察风车的转动情况。这时候,儿童看到有的风车转动得快,有的风车转动得慢,有的风车甚至一点不动,特别疑惑。此时,教师继续引导儿童对风车进行"修改",重新调配风车叶,调整风车的整体状态,直至风车真正能够迎风转动。在实践的过程中,儿童了解到风车不仅需要风的助力,而且与其本身的结构有关;并且风车叶大小不同,转动速度也有所不同。这样,其中所蕴含的科学道理就潜移默化地渗透到儿童的心中。

5. 磁铁

磁铁很容易吸引儿童的注意力。虽然看不到磁铁的吸引力,但却能看到它发生的作用。这一部分涉及的内容主要包括以下几点。

(1) 探索与了解磁铁能直接或隔着一些材料间接吸引铁质物体的特性,并初步探索与了解磁铁能磁化另外一些物体的特性。

(2) 观察不同形状、大小的磁铁,比较不同磁铁的磁力,了解不同的磁铁有不同的磁力。

(3) 通过实验探索磁铁之间的相互作用,发现磁铁相互吸引与排斥的现象。

(4) 通过玩指南针或磁针,探索与发现指南针"指南"的现象。

(5) 探索磁铁在生活中的用途,寻找哪些物品用到了磁铁,感受磁铁给人们的生活带来的便利。

6. 声音

声音是儿童最初接触世界、了解世界的重要信息来源。声音是通过物体的震动而产生的,借助于声音儿童可以对外界做出反应。这一部分涉及的内容主要包括以下几点。

(1) 感受与了解人们生活在一个充满声音的世界里,注意倾听并辨别各种不同的声音。如人的声音、机器的声音、大自然的声音、乐器的声音等。

(2) 探索与了解物体振动产生的声音,发现能产生声音的物体与能产生声音的方法,知道不同的物体、不同的方法会发出不同的声音。

(3) 了解声音有乐音、噪音之分。了解乐音给人以美的、舒服的感受,噪音会给人带来不悦与危害。

(4) 通过游戏与实验等多种方式探索声音的传播及传播的媒介,发现声音能通过许多物体传播。

【案例 3-7】 有趣的声音

在音乐活动或打击乐活动中,将石子、沙子、豆子、纽扣等材料分别投放在塑料瓶或玻璃瓶中作为本次活动所使用的教具,让儿童主动地尝试通过摇晃以及对瓶子的敲击来感知声音的不同,还可以从敲击瓶子所发出的不同声音来判断瓶子中的材料。这一活动不仅培养儿童的听觉能力,还进一步培养儿童的分析判断能力,激发儿童主动学习的积极性。

7. 化学现象

化学现象在儿童的生活中也是比较常见的。化学现象所反映出的规律性比较隐蔽,儿童直接探索比较困难。有些学前儿童探究的化学现象可以是以有趣的、简单、安全的形式表现。这一部分涉及的内容主要包括以下几点。

（1）引导儿童探索周围物质世界和日常生活中存在的简单的化学现象，如碘酒和淀粉产生变色反应的现象；大米经过烧煮变成米饭；面粉发酵做成馒头。

（2）知道食物的霉变现象，初步了解食物为什么会霉变。

（三）地球科学

地球科学对人类的生活有重要意义。人类的生存主要依靠周围的各种自然因素，如空气、水、气候、天气、石头、沙、土壤、岩石矿物、自然环境、宇宙等，这些都是生物赖以生存的物质基础。由于生活环境质量的下降，以及人类的过度砍伐、渔猎，许多物种正走向灭绝，这种情况也将危害人类自身。学前儿童要掌握的地球科学知识主要涉及山川、河流、湖泊等地貌景观，风雨雷电、日月星辰等自然现象，也涉及它们与人类之间的关系。

自制绘本：我是抗病毒小勇士

1. 石头、沙、土

石头、沙、土是儿童日常生活中经常接触的物质，石头、沙、土不仅能引发儿童积极探索的欲望，而且蕴含着丰富的教育价值。这一部分涉及的内容主要包括以下几点。

（1）知道在人们生活的世界里，除了人类、动植物，还有岩石、沙、土壤等无生命物质，它们都是相互依存的关系。

（2）通过玩石头、沙、土感受和探索它们的物理性质及其在日常生活中的应用。

（3）通过探索活动知道地球上覆盖着大量的石头、沙、土，它们是由岩石转化而来。知道土壤和动植物及人类的关系，激发珍惜土壤，保护自然资源的意识。

（4）知道沙和石头上面不适合生长植物，肥沃的土壤是植物生长的宝地。

2. 气象

气象主要是指气候和季节现象，它影响着动植物的生长，也影响着人类的生产、生活。观察和了解气候和季节现象，对于认识与主动适应自己所生活的环境，进而保护身体健康均有重要意义。这一部分涉及的内容主要包括以下几点。

（1）了解气候和季节是人类、动植物生存的重要环境因素，观察季节的变化以及每个季节的典型特征，初步了解季节变化和人类及动植物的关系。

（2）了解季节和气候变化对人类和动植物生活、生长的影响，能主动适应外界环境的变化，并保护自己的身体。

（3）观察晴天、多云、阴天、雨天等天气，并学会做记录，让儿童学会用温度计观察并记录气温。

（4）观察和感受风，知道风有大小、冷暖之分；了解风在日常生活中的作用，同时给人类带来的灾难。

（5）观察空中的云，体验云在不同天气时的运动和变化。

（6）通过实验了解雨形成的过程，感受不同类型的雨；知道雨在不同季节对植物生长和人类的影响。

（7）二十四节气：通过观察、环境创设、体验参与，让儿童探讨气候变化对人类生产生

活和动植物的影响,了解不同节气农作物的生长特点,培养儿童的科学态度,传承中国传统文化。

3. 空气

空气是人类每天都呼吸着的"生命气体",它分层覆盖在地球表面,透明且无色无味,对人类的生存和生产有重要影响。空气虽然看不见、摸不到,但人类离不开它。儿童对于空气的探索主要有以下内容。

(1) 初步了解一些环境的污染状况,如空气污染对人和动植物的危害。

(2) 了解人类为了保护和改造自己的生存环境所做的努力,如植树造林等。

(3) 体验空气的特性,知道人类被厚厚的大气所包裹。

(4) 知道动物、植物、人类的生存、生长等都离不开空气,知道动植物、人类与空气的关系,激发保护环境的意识。

(5) 通过实验、游戏的方式探索发现空气具有流动性。

4. 水

水是日常生活中的必需品。儿童喜欢玩水、喜欢探索水的性质,对水这种物质存在浓厚的兴趣。儿童可以从以下几方面来认识水。

(1) 探索水的性质,感受水是无色、无味、流动的。

(2) 知道生物离不开水,地球上的水有江、河、湖、海中的水以及地下水。

(3) 知道水在日常生活中的作用,教育儿童从小养成节约用水的好习惯。

(4) 探索水的浮力,知道物体放入水中可以浮起,也可以沉下。

(5) 知道水污染会给地球以及地球上的生物带来各种各样的危害,要保护水资源。

【案例3-8】　水的表面张力

晨间,孩子们都在进行游戏。瑶瑶和苗苗在聊天,瑶瑶在家里玩水的时候将一个硬币放在了水上,她觉得好神奇。苗苗听后也想试试,所以,教师为她准备了盆和水,一起实验。班级里的小朋友们都很好奇,也都想要看。教师成功地将一枚硬币放在了水面上,孩子们都惊叹着欢呼鼓掌,叽叽喳喳地问为什么。接着,教师又和孩子们一起玩了将回形针放在水里的实验。如果把回形针直接放在水里它会沉下去;若托在卫生纸上放在水里,纸沉下去,回形针会浮在水面上。水很神奇,它的表面能承受轻微的压力。教师为小朋友们介绍了几组实验材料,使儿童直观地了解和发现"水的表面张力"这一科学奥秘。通过探究,孩子们在教师组织的讨论活动中开始分析自己身边许多有关水的表面张力的现象,只要平时仔细观察,就会发现许多奥秘。

5. 宇宙

儿童对神秘的宇宙、天空有着强烈的探索兴趣与无限遐想。他们常会问:太阳为什么会发光、发热?月亮为什么不会发光、发热?月亮为什么能照亮夜空?星星为什么会眨眼睛?儿童无法直接探索这些天体,同时受到思维水平的限制,他们很难理解抽象的天文知识。因此,本部分内容重在通过直接观察到的现象,获取相关经验。这一部分涉及的内容主要包括以下几点。

(1) 初步了解地球存在于宇宙中;除了地球外,宇宙中还有太阳、月亮和星星,它们离我们都很远很远。

（2）通过地球仪演示了解地球运动的形式、方向以及昼夜更替。

（3）介绍地球与人类的关系，培养儿童保护环境、爱护地球的情感。

（4）初步感受太阳是一个发光、发热的巨大火球；没有太阳，地球上的所有生命都不能生存，太阳是人、动植物生存生长所必需的条件。

（5）通过观察了解太阳的形状、颜色；通过实验感受太阳的光和热、太阳对于人类和其他生物的重要性。

（6）通过模型演示了解太阳系中太阳、地球、月球三者的运动关系。

（7）了解月球不会发光，只有当太阳光照射到月球上时，我们才能看到夜空中的明月。

（8）观察、记录与了解月亮在一个月的不同时期形状的变化，知道月相的变化是有规律的。

（9）知道月球上没有空气和水，也没有生命；宇航员可以乘航天飞机登上月球。

（10）观察夜空中的星星，了解它们有的像太阳一样会自己发光，如流星；有的则不会自己发光。因为星星距离我们太远，所以我们只能看到一个个闪烁的光点。

6. 自然环境

自然环境与动植物的生长、人类的生活息息相关。通过观察、饲养小动物的活动使儿童萌发关心、爱护小动物的情感；通过种植、认识一些花卉、植物的活动，培养儿童爱护花草树木的意识；通过探索土壤活动，使儿童能够认识土壤与动物、植物、人类之间的关系，懂得珍惜、爱护土壤。本部分内容帮助儿童提升、整理之前学习过的相关内容，并在这些内容之间建立初步的关系。这一部分涉及的内容主要包括以下几点。

（1）初步感受与了解动物、植物、气象、水、空气、沙、土、石和人类之间密不可分。

（2）知道人类生活在环境之中，初步感受与了解环境对动植物、人类产生影响的同时，动植物尤其是人类也对环境产生重要影响。

（3）初步探索与了解日常生活中改善与维护环境的方法，如废旧材料的循环利用、资源（如水）和能源（如电）的节约、垃圾分类投放等。

（四）科学与技术

如今，儿童生活在一个科学技术飞速发展的社会中，新的技术渗透在生活的方方面面，现代化交通、通信工具的应用缩短了人与人之间的距离……现代科学技术的迅猛发展改变了社会的生产方式，促进了人类的文明进程，给人们的生活带来便利；同时它也带来了全球性的社会问题，如环境污染、生态失衡等。这就要求教师引导儿童通过认识生活中常见的科技产品，来体会科学技术在社会发展中的巨大作用；通过简单的科技制作来初步理解科学技术与人们生活的关系，培养儿童的科学态度与科学能力；通过了解科学家的故事感受科学技术的作用，形成正确的科技观。这一部分涉及的内容主要包括以下几个方面。

1. 生活中常见的科技产品

（1）认识并探索现代家用电器、现代浴具以及现代厨房用具等，了解它们的用途及安全使用的方法。

（2）认识并探索家庭中的其他科技产品。

（3）了解以上科技产品与人们生活的关系。

（4）认识各种农业和工业机械,使儿童理解它们在工农业生产中的应用。

（5）认识各种交通工具,从自行车、摩托车、汽车、电车到火车、飞机、轮船,以至于现代最先进的交通工具,如电气火车、超音速飞机、磁悬浮列车等。

（6）认识各种现代道路,如高架路、立交桥、高速公路、隧道等。

（7）认识各种通信工具,如电话、移动电话、传真机和可视电话等。

（8）了解科技在城市建设等方面的应用。

（9）了解科学技术是不断发展的,科学家对于科技的发展做出了很大的贡献。向儿童介绍一些著名的科学家。

（10）初步了解科技给人们的生活带来了方便,科技发展提高了人们生活的质量。

2. 简单的科技制作

这一部分涉及的内容主要包括以下几点。

（1）喜欢探索与了解一些简单的科技玩具的制作原理,如风车等。

（2）乐意并大胆学习运用工具和材料制作简单的科技玩具,如不倒翁、风车等。

3. 科学家的故事

这一部分涉及的内容主要包括以下几点。

（1）愿意倾听与了解一些伟大的、熟悉的科学家的故事。

（2）萌发对科学家的崇敬之情,激发热爱科学的情感。

4. 科学态度与科学能力

这一部分涉及的内容主要包括以下几点。

（1）知道科学技术在现代社会和家庭中无处不在;科学技术既能给人们带来幸福,也可能因使用不当给人们带来灾难。

（2）日常生活中可以借助某些工具进行观察,如放大镜等。

（3）学会比较不同的事物,找出它们的相同点和不同点;学会比较同一类事物,找出它们的相同点和不同点。

（4）学会使用一些小实验的器材,会用不同的方法进行操作,独立或合作完成一些手工练习、小制作。

（5）知道可以利用多种渠道收集和记录信息,学习交流信息和展示信息的一些方法。

（五）数学知识

学前儿童对数学的认知是一个逐步发展的过程,让儿童从生活中的数学开始,进而来感知和理解数、量及其数量关系,感知形状与空间关系。这一部分涉及的内容主要包括以下几点。

（1）掌握常用的物体分类的方法,尝试进行简单的分类。如按属性、颜色、大小、长短、形状、高矮、厚薄、粗细等给物体分类。

（2）探索"1"和"许多"及其关系。

（3）感知序列是按照一定规则排成重复递增或递减的。

（4）认识常见的平面图形和立体图形，知道其名称、明显的外形特征及其简单的关系；让儿童发现、关注日常生活中的形状。

（5）在空间方位上，能分清上下、左右、前后、里外、远近等；在时间上，能区分早晨、中午、晚上，白天、黑夜，昨天、今天、明天；知道星期、日、月、年及其关系；认识时钟，知道整点与半点。

确定学前儿童科学教育的内容除了依据有关教材、大纲外，还应充分考虑活动的生成方式。教师在执行计划的过程中要根据儿童的兴趣与需要以及活动情况随时调整活动内容及活动方式，以满足儿童主动学习和探究的需要。

📋 文献学习

我国幼儿园科学教育内容的问题与改进
——基于对美国《下一代科学教育标准》借鉴的思考①

美国科学教育内容的发展，体现了其国家需求和未来科学教育发展的新导向。结合我国幼儿科学教育内容自身发展阶段和特点，借鉴美国科学教育内容发展的经验和趋势，有助于改进我国幼儿科学教育内容。

一、加快国家层面科学教育内容标准的研制

幼儿科学教育内容作为学前教育的重要构成部分，应该在政策文本中得到明确规定。美国新的科学教育内容标准的研制，是在1996年已经较为成熟的《标准》的基础上，经历十几年的实践检验，不断汲取相关理论与实证研究成果的基础上，结合众多力量形成的。我国目前幼儿园教育的指导性和纲领性文件中，尚没有形成完善的科学教育内容的框架，因此，加快我国宏观层面科学教育内容标准的研制，是推动我国幼儿园科学教育内容发展的必由之路。我们应该基于对现行课程文件和科学教育实践的反思，结合世界范围内十余年科学教育研究的成果，尤其要借鉴世界范围内幼儿科学学习的相关实证研究成果，从国家层面集合科学教育研究者、科学家、幼儿园教师等多层面的力量，加快并推进幼儿科学教育内容框架与标准的研制工作。

二、以"核心概念"统领科学领域内容

当前，有关科学教育内容的理念正在发生变化：科学教育已经不再强调把所有的科学知识内容教给孩子，而是去寻找一种少而精的关键性知识，通过"更少""更精""更高"的课程设计新理念，用少数核心概念来整合众多的学科知识。

以往的科学教育内容过于强调细节罗列和毫不相关的事实陈述，导致人们对于科学教育内容"一英里宽、一英寸深"的诘难。顺应国际科学教育发展的趋势，我国幼儿园科学教育内容应该体现以明确的"核心概念"为焦点，对幼儿园科学教育内容进行组织和架构。将科学教育内容聚焦于少数的核心概念，有助于儿童在多年的学习中不断地建构他们的

---

① 高潇怡.我国幼儿园科学教育内容的问题与改进——基于对美国《下一代科学教育标准》借鉴的思考[J].教育研究与实验,2017(1)：30-36.

知识和拓展他们的能力,加深他们对于核心概念的深入探究和理解,有助于他们在今后的生活中利用所学的科学知识和实践为社会做出贡献。

将科学教育内容通过学科核心概念来进行统整,涵盖物质科学、生命科学、地球和空间科学以及工程、技术和科学的应用等领域内容并以此为基础,进一步分解成次一级概念,应该成为我国改革幼儿园科学教育内容的借鉴思路。

三、科学教育内容的"领域内容本位"与"横向整合"

我国当前的科学教育内容还缺乏具体的领域内容线索,在"生命科学""物质科学""地球与空间科学"以及"科学与工程、技术"等方面都还没有形成具体的科学教育内容范畴。借鉴美国的经验,首先围绕科学各个领域内容形成较为明确的内容框架,对学前阶段所应该涉及的不同领域的科学教育内容进行明确的规定和描述,是改进当前我国科学教育内容现状的较为可行的方式,能够为教师开展科学教育提供更为直接的指导和参照。

还可以考虑从横向整合的思路完善现有的科学教育内容。"横向整合"指的是在每一个年龄段的科学教育内容中,应该体现学科核心概念以及跨学科概念之间的相互结合;横向整合还体现在学科核心概念与科学本质、STSE(科学、技术、社会和环境)以及语言和数学学习的联系上。科学教育内容应该涵盖对幼儿在科学核心概念、跨学科概念的理解,科学和工程实践能力的掌握等多方面的要求。例如,以物质科学为例,幼儿科学教育内容可以包含"运动和稳定性""能量""地球系统"以及"地球和人类活动"这类核心概念主题,同时也渗透着"因果关系""模型以及系统"等跨学科概念;幼儿在学习这些内容的同时,又涉及与"设计执行探究""解释数据"等科学工程的实践技能相结合,充分体现了科学教育内容横向整合的思路。

我们认为,以"领域内容"为基础,由"核心概念"统领,形成核心概念内容与其同一年龄班的其他内容、跨年级的内容以及其他学科内容之间的有机联系,推动我国科学教育内容逐步实现"横向整合",是未来科学教育内容改进的重要方向。

四、"年级细化""纵向连贯"的科学教育内容组织方式

我国当前的幼儿科学教育内容,尤其缺乏对小、中、大班内容的区分,缺乏衔接性和渐进性。因此,需要以不同年龄幼儿的发展特点和年龄特征为基础,结合科学教育的目标,逐步形成以"年级细化"为特点的幼儿科学教育内容,在经验、能力以及情感态度等不同方面体现幼儿科学教育内容的连贯性和渐进性。

同时,当前我国幼儿园和小学阶段是断层的,两个阶段的内容体系没有统一的逻辑线索,更没有实现内容的有机衔接。在小学阶段,科学课是从3年级才开设的,3~6年级的科学教育内容没有和1~3年级的课程内容进行系统的整合,它们之间缺乏逻辑关系的联系。这样的科学教育内容组织不利于儿童学习经验的连贯发展,而且容易导致在教学实践中出现脱节的现象。

从"年级细化""纵向连贯"等思路出发,进一步改进幼儿科学教育内容,确保幼儿科学教育内容从浅到深、从易到难,是实现科学教育内容从K12年级纵向统合、进阶发展的可行性出路。

第二节　学前儿童科学教育活动内容选编原则

《幼儿园教育指导纲要(试行)》明确指出："教育活动内容的选择应体现以下原则：第一，既适合儿童的现有水平，又有一定的挑战性。第二，既符合儿童的现实需要，又有利于其长远发展。第三，既贴近儿童的生活来选择其感兴趣的事物和问题，又有助于拓展儿童的经验和视野。"具体选编学前儿童科学教育活动的内容时还应遵循以下几个原则。

一、 内容的科学性与启蒙性

科学性是指必须符合科学原理，从自然界的整体出发，根据客观规律，正确解释儿童周围生活中的一切自然现象和自然物，不带有任何宗教迷信色彩。科学教育对儿童进行的科学启蒙在于发展儿童学科学、爱科学，初步学习使用科学的能力和志趣。因此，科学教育必须具有科学性。随着科学技术的不断发展，新的发现、发明必然会得出新的结论和引发新的科学观点。随着科学的进步和发展，也必然要求对科学教育内容进行调整、充实，摒弃那些被事实证明已经陈旧无用的东西，而把那些能反映新观点、具有先进性的基础知识引进教材。

启蒙性是指必须符合儿童的知识经验和认知发展水平，在教师的帮助下，儿童通过一定的努力能够达到教育目标。科学教育内容应适合儿童已有的知识基础、理解水平和生活实际。年龄小的儿童，受其生活经验和活动范围以及身心发展的局限，难以理解抽象的科学概念和规律。因此，选编内容的广度和深度必须是儿童能理解和接受的。

教师在选择科学教育内容时应选择儿童感兴趣的、日常生活中熟悉的、易于操作和理解的、能够直接探究的事物和内容，此阶段的儿童生活经验和接触范围已大大增加。生活中会有许多有趣的现象、事物出现，使儿童产生好奇，产生想探索的欲望，这些现象、事物有的蕴含一定的科学道理，有的渗透着一定的科学方法，有的反映了事物与事物之间的关系，有的体现了一定的规律。例如，玩跷跷板时能体验和感受平衡力；玩蹦床时能够体验弹力等。

二、 内容的系统性与整体性

系统性是指科学教育内容是按照由近到远、由简到繁、由具体到抽象、由已知到未知的认知规律编排。在儿童科学教育过程中，由于儿童认知特点的特殊性，不必硬性向儿童传授系统的科学知识。但这并不是说在选择与编排科学教育内容时就可以随意地编排。教师需要根据自然界的客观规律、人的认识规律，以及儿童的思维发展特点，来考虑科学教育内容的系统性。同样是"认识风"这一活动，活动的重点不在于关注风是怎么形成的，而是让儿童更多地去了解风有各种各样的：微风、狂风、飓风；暖风、寒风、热风；人力产生的风、自然风等。鼓励儿童观察和发现事物的独特特征以及它们之间的异同，让儿童了解还可以根据相同点和不同点把物体归到相应的类别中。

整体性是指科学教育内容应囊括科学教育各方面的内容,它们存在于相互的联系和规律中。在介绍事物时要注意介绍其内在逻辑联系。例如,在选择"植物"作为科学教育内容时,除了使儿童获得关于不同植物的主要外形特征、生存条件和植物的繁殖等方面的知识,还可以选择与植物有关的森林、水、沙、石、土壤、阳光、植物与动物的关系、植物与人类的关系、植物与地球的关系等各方面之间的相互关系,以及儿童在观察方法上的学习。通过这些内容,使学前儿童了解到现代科技对人类的意义、科技在人们生活中扮演的重要角色,从小形成对科技的向往和热爱。

年龄越小的儿童对于事物的认识越直观,所以科学教育的内容就要越简单。随着儿童年龄的增长,认识事物的能力逐渐增强,内容的选择就应增加一定的容量与难度,选择一些适合其认知特点的内容。例如,"认识人体"这一活动,在托班,要求幼儿指出人的五官(眼、鼻、嘴、耳)在哪里即可;在小班,应安排幼儿最熟悉的内容——五官的用途;在中班则应安排幼儿较为熟悉的内容——手、脚;在大班,就要安排幼儿不是十分熟悉的、但需要了解和探索的内容——皮肤、人的生长过程、血液循环、消化与呼吸、运动与身体健康等[1]。

三、 内容的生活性与时代性

生活性是指学前儿童的学习主要以无意学习为主。儿童很在意自己的生活,在这些看似无意的生活中学习到了很多东西,可以说只要有生活,儿童就会有学习。在选择科学教育内容时要与儿童的生活情境相结合,这样他们会比较容易地感知到一些事物的特征,理解事物的规律。如果脱离了儿童实际的生活情境,与儿童已有的生活相差甚远,儿童可能无法直接感知到这些内容。如"长大"这一活动就很好地体现了生活性原则。小孩从出生到长大成人的过程中会发现自身的诸多变化。可以以儿童生活中熟悉的人为切入点,与他们一起收集一些人体的图片和模型,通过观察、比较、发现等过程让儿童表达出自己的看法和观点并提出问题,如我从哪里来? 我是怎样长高的? 我是怎样变重的? 我的肚子里有什么东西? 等等。这个过程中有的儿童对人体结构有浓厚的兴趣,有的会对人体器官有兴趣,有的会对人体器官的名称产生兴趣。因此,在选择科学教育内容时,尽可能从儿童生活中去寻找,让儿童能够亲身感受。

学前儿童科学教育的核心是探究和发现,要使儿童有科学家般的兴趣去发现、去探究,就要让儿童亲历科学发现的过程,能够通过他们自己的实验操作来得出结论,这些都有益于儿童对周围的自然界产生浓厚的兴趣,并且激发他们的探究热情。儿童所探究的事物是简单的、相对熟悉的,科学探究的对象就在他们的身边。要从学前儿童的生活中取材,包括喜爱的动植物,好玩的沙、水、石、土等材料,奇妙变换的天气,以及生活中的各种工具等。可以说,学前儿童生活中的各种有关的物体和现象都可以作为科学教育的极好内容。

---

① 施燕.学前儿童科学教育与活动指导[M].3版.上海:华东师范大学出版社,2014.

时代性是指跟随时代的发展、科技的进步来选编科学教育内容,使科学教育的内容能够紧随时代发展的步伐,与时俱进。当今社会是一个科学飞速发展、技术迅速更新的社会,儿童可以通过各种途径充分感受到现代科技在人们生产、生活中的渗透与应用。科学教育内容的时代性是社会和科技的发展对培养人才的客观要求,更是儿童探索科技的要求。这就要求选择那些与儿童生活密切相关的科技产品,例如,高铁、地铁、轻轨、家用电器、航空航天技术、现代建筑等。利用科学教育向学前儿童介绍丰富多元的现代科技产品,使儿童了解它们的功能和作用、使用方法,帮助儿童理解科学技术和人类生活的关系,培养儿童适应科技迅猛发展的现代社会生活。例如,在与蔬菜、水果相关的内容中,增加大棚种植、营养液种植蔬菜水果,以及新品种的蔬菜等内容。又如,在了解鸡、鸭的内容中,增加饲养场的内容,让儿童了解现代化的养鸡场、养鸭场的情况。通过这些内容,使学前儿童了解到现代科技对人类的意义、科技在人们生活中扮演的重要角色,从而形成对科技的向往和热爱。

《纲要》指出,"在儿童生活经验的基础上,帮助儿童了解自然、环境与人类生活的关系。从身边的小事入手,培养初步的环保意识和行为。"[1]学前儿童学习、了解科学与技术的意义之一,是要培养他们的生态意识和环境保护意识。

科学技术的发展使人们不断地认识、利用和改造自然,科学技术在给人们带来文明和享受的同时,也给人们的生存环境带来了很大的破坏。在终身教育背景下的现代学前儿童科学教育,更要求从小培养孩子的环保意识和行为习惯。包括从学前儿童能亲身感受到的环境问题入手,从他们生活中经历过、有经验的事情开始,帮助他们了解自然、环境与人类生活的关系,培养他们对环境的关爱之情。当然,学前儿童年龄尚小,对于很多有关环保的问题并不了解,可以先引导他们从力所能及的事情做起,例如节约用水、不乱扔垃圾、爱护花草树木等,教师可以利用学前儿童认识周围环境的机会,进行环境保护的教育。

四、 内容的地方性与适宜性

地方性是指应联系当地的自然环境和文化背景。在我国辽阔的大地上,有雄伟的高原、起伏的山岭、广阔的平原、低缓的丘陵,还有四周群山环抱、中间低平的大小盆地,而且各地的自然资源差异也很大;城市与农村之间、南方与北方之间、山区与海岛之间、中心地区与边远地区之间等都有极大的差别。同时,各地区的地域文化、风土人情、人文历史以及科学技术发展状况也不一样,因此,要根据当地的特点选择科学教育的内容。例如,生活在平原上的儿童可以在感知和了解平原的特征后,再逐步了解地球上存在的山脉、海洋;南方的儿童也可以了解下雪的场景。

适宜性是指在选择科学教育内容时必须要考虑到教育对象——幼儿的年龄特点、心理发展水平等,选编学前儿童科学教育的内容要适应幼儿的需要并且能够促进幼儿的发展。适宜性原则不仅要求掌握不同年龄阶段幼儿发展的一般特点,还要精心观察每个幼儿。由于每个幼儿所处的环境不同,自身的特点不同,他们之间存在很大的差异,针对不

① 教育部基础教育司.幼儿园教育指导纲要(试行)解读[M].南京:江苏教育出版社,2002.

同幼儿选编内容才能保证内容的适宜性。

教师在选择科学教育内容的过程中,要立足于当地,从当地儿童生活中常见的、熟悉的内容中选择,并且在开展时机方面要顺应季节的变化。例如,杭州的幼儿园在丹桂飘香的秋季开展认识桂花的内容是适宜的,同样的内容放在北方的幼儿园开展就不适宜。这一原则同时也要求教师在使用幼儿园的课程资源时,需要根据当地情况进行筛选与改编。如"交通工具"这一主题,城市幼儿园教师可以重点选择儿童日常生活中常见且熟悉的交通工具"汽车",在此基础上适当拓展诸如飞机、轮船等交通工具;而偏僻农村幼儿园教师则应重点选择当地儿童日常生活中常见且熟悉的交通工具(如自行车、摩托车等),在此基础上可以适当拓展诸如汽车、飞机等交通工具。[①]

不同年龄阶段的幼儿发展水平不同,即使是同龄幼儿的认知水平也存在差异。因此,教师要考虑幼儿的年龄特点,选择适宜的内容。例如,对于物体的沉浮,小班幼儿可能会认为球因为大所以浮在水上,钉子因为小所以才沉下去;大班幼儿可以根据物体的重量或材料的性质判断物体沉浮的原因。因此,了解物体沉浮的现象适合在小班进行,对物体沉浮原因的探索则更适合在大班开展。[②]

文献学习

幼儿教师科学领域继续教育侧重点探析[③]

教育部 2001 年颁布《幼儿园教育指导纲要(试行)》对幼儿园课程进行整体规划,科学作为一个独立的领域开始在幼儿园实践领域得到广泛的重视。幼儿科学教育领域也随之发生重大的变化,"探究""实践""好奇心""求知欲"等观念和字眼儿开始为幼儿教师所广泛熟悉和传颂。然而时至今日,距离《纲要》颁布近 20 个年头,幼儿教师在组织科学教育活动时总带有某种难以描述的不安,甚至对科学活动唯恐避之不及。

一、澄清幼儿园科学教育的基本价值取向

我国的科学教育在很长时间内都以应试为目标,关注科学知识的抽象性和逻辑性,很多幼儿教师在自己的学习经历中都缺少探究经验,对于科学探究过程的体验匮乏,科学学习方式表现为对概念和名词的机械记忆,将科学教育等同于科学知识教育的倾向非常明显,且常常忽略科学与现实生活世界之间的呼应。要真正意义上促使科学教育发生转变,就必须让从事科学教育的教师以建构主义的方式学习、体验科学教育相关课程,帮助教师澄清科学教育的基本价值取向,在继续教育中转变灌输思维模式,通过体验式的强化,帮助教师通过寻找生活中的科学现象、探索科学现象,去理解幼儿科学教育的"过程性""实践性""个体建构性",以帮助教师面对结构不良的复杂科学教育情境。

二、加强对科学教育多样化和生活化的理解

幼儿教师面对的幼儿园科学教育往往呈现为"生活问题"而不是"科学知识",体现了以知识为中心课程向以儿童为中心课程模式的转化。因此,教师要具备吃透幼儿,创设环

---

① 王春燕,赵一仑.学前儿童科学教育[M].北京:高等教育出版社,2012.
② 季奎奎.幼儿园科学教育内容的构建研究[D].福州:福建师范大学,2012.
③ 刘晓晔.幼儿教师科学领域继续教育侧重点探析[J].继续教育研究,2016(11):94-97.

境,捕捉生活中的课程生长点,调动幼儿参与、对话、共同建构知识的能力结构。当前,幼儿教师在科学教育的内容选择上存在明显的偏向性,对物质科学中的物质变化和反应也缺乏关注,对物质科学外的科学教育内容关注不足。由于教师在组织活动时仍较多地受知识中心课程倾向的影响,忽视幼儿作为学习者的主体地位。这就形成一方面教师搜肠刮肚地使自己从学科知识出发的活动设计努力贴近儿童的生活;另一方面,却对儿童生活中发生的和儿童感兴趣的科学现象视而不见。例如,在"重心"这一知识的活动载体选择上,幼儿教师不约而同地设计"蛋宝宝站起来",而对"美工区放着笔和长勺子的纸杯不断翻倒"以及"宣传板上的大头钉固定的纸张歪歪斜斜"这些幼儿所亲历的与重心有关的科学现象视而不见。大量科学教育内容和科学现象无法进入其视野,所设计的科技活动缺乏时代性,缺乏将深植于日常生活的科学现象转化为幼儿科学教育内容的能力。因此,在继续教育中应对科学教育内容的多样性与生活化予以强调。

三、帮助幼儿教师在理论与实践间建立桥梁

科学领域的继续教育肩负着帮助幼儿教师学会如何"教"幼儿"学"科学的重要任务。教师之所以不会"教",其中一个很重要的原因在于当前理论与实践研究对教师的支持尚存不足。无论是《纲要》还是《指南》均为避免陷入学科知识点对教师的束缚,而寻求宏观的表述方式,而这种表述方式在给予教师充分的创造性工作空间的同时,也增加了教师教育实践的难度,使教师的活动设计与实施产生较多的不确定感。在现实中,教师难以寻找到相应的资源支撑,当前对幼儿教师的科学教育支撑材料更多地表现为教学案例支撑,大部分出版的教学案例集以及相关图书材料,仅为教师提供模仿甚至是抄袭的对象,都缺少对案例结构化的对比和分析,难以帮助教师认识并理解不同的活动及其过程如何指向同一科学概念及科学能力获得,理解不同的生活现象是如何殊途同归地帮助幼儿学习科学现象,并获得观察、分类、分析、预测、推理、交流等科学探究能力的。因此,幼儿教师科学领域继续教育的一个重点和难点就应该确立为帮助教师在文件、理论与实践间建立桥梁;避免自上而下的培训方式,而应从教师活动设计及实践出发去分析和理解理论,帮助教师理解幼儿科学教育的精神内核。

第三节　学前儿童科学教育活动内容选编的具体方法

儿童的世界充满了值得探索和学习的科学经验、科学概念、科学规律,可以说学前儿童科学教育的内容就在幼儿身边,学前儿童在好奇、好问、好探索的驱使下形成了很强的学习动力。儿童通过感官与周围世界直接接触,又通过科技媒体了解一些不能直接接触的事物。幼儿园的科学教育内容越是贴近学前儿童的生活,越是为学前儿童生活中所常见,就越容易引起学前儿童的关注,被他们接受。因此,要密切联系学前儿童的生活,着眼于学前儿童身边有趣的科学现象选择内容,有选择地运用不同的指导策略,激活学前儿童学科学的兴趣与热情。在如此丰富的内容中选择适合于学前儿童学习并能取得最佳教学效果的内容,必须依循一定的方法。

一、 以儿童的兴趣为基本前提

由于学前儿童的年龄特点和儿童阶段的学习特点,他们对于科学教育活动内容的探索和学习是在其自身的好奇心和兴趣驱动下产生的。儿童对周围生活中一些新颖的、奇特的、有趣的、神秘的、不理解的事物充满着探究的欲望和兴趣,并会以自己的方式认识周围世界。对于学前儿童而言,如果这些内容是他们感兴趣的,那么在学习过程中他们就会不知疲倦、兴高采烈;相反,儿童的注意力则会下降,并且不能积极主动地进行探究和学习。可见,兴趣的高低直接影响着儿童探索学习的效果。

首先要从幼儿熟悉的事物和现象(如常见的动植物)取材,既要考虑幼儿的年龄特征,又要使幼儿有兴趣探究这些内容。通过启发诱导使之进一步转化为学习的内在动力,从而激发幼儿科学探究的主动性和积极性。[①]

在学前儿童科学教育活动的内容中,季节是较为常见的内容,儿童对季节更替中一些事物发生和变化的特点都饶有兴趣。以认识四季为主线,将科学教育中与之相关的内容集中编排,大致分为季节、常见动植物、自然现象、人们的生活及卫生等。人类生活在大自然中,与气候变化、季节特征、自然界的生物都有着密切联系。随着天气的变化,动植物、人类的活动也会随之发生变化,同时还会产生不同的自然现象。例如,在大班科学教育"秋季"这一内容中,可以让儿童发现秋天的特征,通过比较,发现季节之间的不同,认识一些蔬菜、瓜果、花卉及树木,并将常青树和落叶树进行比较,认识昆虫,认识天气的变化以及预防季节流行病等。

有时可能会出现儿童的兴趣与科学教育目标不一致的问题,如果只追求满足儿童的兴趣,有可能出现偏离科学教育目标的现象;只追求实现科学教育目标,可能又忽视了儿童的兴趣。这时需要教师做到心中有目标,同时还要注意观察儿童、分析儿童、引导儿童,与教育目标相结合,促进儿童的发展,儿童的兴趣会由于教师的引导而持续。因此,学前儿童科学教育内容的选编要关注儿童的兴趣,教师做到"心中有目标,眼中有儿童"[②]。

二、 关注儿童的经验水平,贴近儿童生活

现代的教学观认为,幼儿是学习与发展的主体,教育教学活动所追求的主要目的是支持、帮助幼儿学会学习,构建与发展学习者主体。教育已不再是从外部强加在学习者身上的东西,而必须是从学习者本人出发的。[③] 基于这一观点,学前儿童科学教育的内容应该贴近儿童的生活,考虑儿童的兴趣、需要、原有经验和水平,融入适宜的教育目标和内容,这样才能引起儿童的主动学习和探究。在活动实施过程中随着活动情景的变化,利用当时、当地涌现出的新的活动线索和儿童的需要生成新的活动内容。教师在开展生

① 季奎奎. 幼儿园科学教育内容的构建研究[D]. 福州:福建师范大学,2012.
② 冯晓霞. 幼儿园课程[M]. 北京:北京师范大学出版社,2000.
③ 刘占兰. 学前儿童科学教育[M]. 北京:北京师范大学出版社,2008.

成课程时最主要的是"捕捉"开展生成课程的"引子",这就需要教师有敏锐的观察能力和筛选能力,能及时开发和利用儿童需求和兴趣中的教育价值,生成科学教育活动的内容;或巧妙地将教育目标转化为儿童的需求,生成能激发儿童探究和学习兴趣的科学教育内容。[①]

贴近儿童生活的科学教育内容使儿童不仅能真正理解和内化科学知识和经验,还能真正体验到学习内容的意义。儿童对自己当前想要了解和知道的东西能够解决时,他才能积极主动地去探究,才能发现和感觉到周围世界的神奇,才能对周围生活中的科学问题保持强烈的好奇心和求知欲。

三、 分门别类地组织学前儿童科学教育内容

对于幼儿而言,如果学习的内容内部存在逻辑结构,使他们能够循序渐进地学习,他们就有可能在较短的时间内较为系统地学习知识和经验。科学领域的内容自身内在逻辑结构清晰,这使幼儿按照科学学科逻辑系统地把握科学知识和技能成为可能。

科学领域具有不同于其他领域的特殊性,有其特有的关键概念,对这些关键概念的把握,有益于儿童把握科学知识和技能的精华,获得与科学领域有关的特殊能力。以分门别类的方式组织科学教育内容,能使科学领域与各领域形成平行关系,容易使科学教育与其他各领域之间达成平衡。这是因为在处理各事物之间的关系时,平行关系往往是比较清晰的,能使人将事物放置于简单的关系中去比较,这不仅使内容的设计简易化,还可以使教育活动具有较强的可操作性。[②]

幼儿在探究的兴趣点与目的性、适宜的探究方法与探究记录方式、表达结果与交流等方面既具有共性又存在着明显的年龄差异。通常小班幼儿更喜欢探究自己日常喜欢、熟悉的事物,探究兴趣不稳定,其探究方法更多局限于直接的感知与操作,探究视角狭窄;对操作过程感兴趣,但不喜欢记录与表达,同伴间较少主动交流;对教师的提问虽能给出实时的回答,但说得极为简单,通常是重复已有的想法或同伴的表达。中班幼儿对生活中时有接触但不太熟悉的事物更容易表现出强烈的探究兴趣,喜欢观察特征明显、多元、有变化且好玩的事物与现象;会主动记录自己探究的猜想或结果,但还缺乏逻辑性与层次性,经常是看到什么记录什么;在教师引导下能够围绕问题进行整体有序观察或两两比较探究;乐于与同伴交流。大班幼儿则开始逐渐对有一定挑战性的内容或问题表现出探究兴趣,喜欢关注事物的变化、细节特点与功用等;活动前预测、活动中检验与求证的能力有了明显提高;常常会边探究边交流讨论,甚至还会出现争论与协商。

在学前儿童科学教育中,除了教师预设的内容以外,很多都是在儿童生活中自发形成的,科学教育的内容是儿童生活中的自然界,所涉及的事物十分广泛。教师应根据儿童的兴趣、需求和经验,结合教育的目标来组织科学活动,激发幼儿主动学习和探究。教师要关注不同年龄段幼儿科学探究学习的需求,增进学前儿童科学教育的适宜性,最终促进幼儿科学素养的全面发展。

① 王冬兰. 学前儿童科学教育[M]. 上海：华东师范大学出版社,2010.
② 朱家雄,高一敏. 幼儿园科学教育与活动设计[M]. 北京：高等教育出版社,2014.

✦ 案例实践

1. 请选择一所幼儿园观摩一次科学教育活动并做记录,分析其学前儿童科学教育内容的选择是否存在问题并提出对策。

2. 根据学前儿童科学教育活动内容选择的范围,尝试进行幼儿园科学主题教育活动的设计与组织。

3. 观察所在地区或邻近地区中,有哪些人力、物力、自然环境和社会组织等社会资源可以作为学前儿童科学教育的内容。

第四章
学前儿童科学教育的途径与方法

章节思维导图

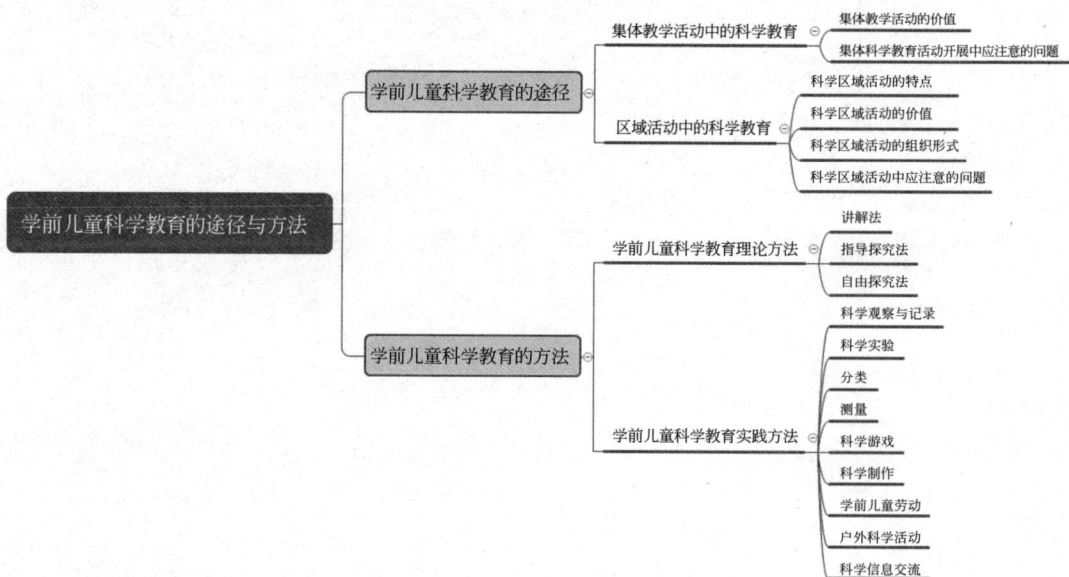

学前儿童科学教育的途径与方法
- 学前儿童科学教育的途径
  - 集体教学活动中的科学教育
    - 集体教学活动的价值
    - 集体科学教育活动开展中应注意的问题
  - 区域活动中的科学教育
    - 科学区域活动的特点
    - 科学区域活动的价值
    - 科学区域活动的组织形式
    - 科学区域活动中应注意的问题
- 学前儿童科学教育的方法
  - 学前儿童科学教育理论方法
    - 讲解法
    - 指导探究法
    - 自由探究法
  - 学前儿童科学教育实践方法
    - 科学观察与记录
    - 科学实验
    - 分类
    - 测量
    - 科学游戏
    - 科学制作
    - 学前儿童劳动
    - 户外科学活动
    - 科学信息交流

思政教育目标

　　幼儿教师掌握科学教育途径及方法的前提是掌握基本的生物、地理、物理、化学常识，这就要求我们应增强科学知识储备，培养科学素养。在科学探究中，树立实事求是、团队合作、不断探索学习的意识；注重科学实验及科技制作的过程及效果，弘扬工匠精神，培养匠心人才；树立终身学习的意识，培养创造力及想象力。

学习目标

1. 了解幼儿园集体教学活动的含义与价值。
2. 掌握开展幼儿园集体教学活动时应注意的问题。
3. 理解并掌握区域科学教育活动的含义、特点与价值。
4. 了解幼儿园开展科学区域活动的组织形式。
5. 掌握开展幼儿园科学区域活动时应注意的问题。

6. 了解并掌握学前儿童科学教育的理论方法。

7. 能够合理选择和运用学前儿童科学教育方法。

第一节　学前儿童科学教育的途径

一、集体教学活动中的科学教育

幼儿园集体教学活动是幼儿园科学教育的一种重要组织形式。科学领域的集体教学活动,是指教师根据幼儿科学教育的目标,有计划、有目的地选择和设计课题内容,提供相应的材料,面向全体幼儿开展的专门的教学活动。[①] 集体教学是在教师的精心计划和安排下进行的,具有目标明确、可控性高、效率高的优点。在教师的指导下,幼儿可以避免无意义的探索,更直接地获得教师想要他们掌握的科学知识。从我国当前的幼儿园科学教育实践来看,集体教学活动仍是最主要的、最常见的一种活动形式。

(一)集体教学活动的价值

1. 突出教师的主导作用,提高幼儿学习效率

集体教学活动中的活动目标、活动内容、活动方法以及活动材料都是由教师制订和安排的,教师决定着整个集体教学活动开始、发展与结束的进程,在集体教学活动中起主导作用。由于集体教学活动是在教师的统一指导下进行的,相对于小组活动和个别活动而言,集体活动可以由一个教师同时面对几十个幼儿开展教学活动,能够使较多的幼儿在较短的时间内掌握科学知识和方法,在教师的直接指导下可以减少幼儿无意义的摸索。

【案例 4-1】　小班科学活动——三只熊宝宝[②]

活动目标:

(1)通过游戏,认识和区分物体的大小。

(2)按照物体的大、中、小特征进行简单配对。

(3)能够主动参与,体验教学活动的乐趣。

活动准备:

(1)三只大小不同的玩偶熊宝宝。

(2)三只大小不同的碗、杯子和苹果。

活动过程:

(1)认识熊宝宝。

熊爸爸和熊妈妈要出去办事,请幼儿照顾三只熊宝宝。

出示大熊和小熊,请幼儿目测比较大与小。

出示中熊,三只熊宝宝比大小。

---

① 王冬兰. 学前儿童科学教育[M]. 上海:华东师范大学出版社,2009.

② 缪凤雅. 幼儿园科学教育实践与研究[M]. 浙江:宁波出版社,2013.

幼儿与大、中、小熊打招呼。

（2）为三只熊宝宝准备食物，能够根据大小差异进行对应匹配。

出示三个大小不同的碗，将其中一个碗放在其中一只熊宝宝面前，比较另外两个碗的大小，引导幼儿用完整的语句表达对碗大小的比较，如：我把大碗分给大熊，我把小碗分给小熊。

出示三个大小不同的苹果，请幼儿比较苹果的大小，并把苹果按大、中、小分给熊宝宝。

出示三个大小不同的杯子，请幼儿比较杯子的大小，并把杯子按大、中、小分给熊宝宝。

在愉快的《三只熊》音乐中，师幼共舞，结束活动。

活动分析：

在上述活动中，教师预先选定比较大小的活动内容，然后根据幼儿年龄特点制定了三个活动目标。通过认识熊宝宝的活动来完成目标1，通过为熊宝宝准备食物的活动来完成目标2。其中，活动目标、活动材料、活动环节都是由教师预先设定的，教师在活动中起主导作用。同时直接帮助幼儿区分物体的大与小，提高了幼儿的学习效率，从而完成目标3。

2. 面向全体幼儿，最大程度保证每个幼儿获得基本的科学知识和方法技能

由于每个幼儿的家庭环境、个性特点、兴趣偏好存在着差异，每个幼儿的科学素养及科学知识学习能力也不相同，因此仅通过幼儿的个人探索学习，很难掌握基本的科学知识。集体科学教育活动弥补了个别活动的不足，可以保证每个幼儿都能达到学前儿童科学教育的最基本要求，掌握最基础的科学知识，为之后各阶段的科学学习打下坚实的基础。

3. 有助于幼儿相互交流学习，促进社会性发展

在集体教学活动中，一般情况下由全班幼儿参与学习，幼儿可以感受到交谈的愉快情绪和氛围，体验到相互学习的乐趣。教师通常会采用提问、讨论、游戏等方式开展集体教学活动。通过这种特定的学习形式和氛围，可以使幼儿之间互相影响，促进幼儿相互交流、相互启发、互帮互助，有利于培养幼儿的集体意识和社会性发展。例如，在集体科学教育活动中，通过与同伴合作进行实验、轮流公平地使用材料，可以帮助幼儿建立合作分享与公平意识；在学习过程中为有困难的幼儿提供帮助，使幼儿变得乐于助人；在交流讨论中不断学会表达自己的观点，同时也学会倾听他人的意见，逐渐培养敢于对事情提出质疑的品质等，这些都能促进幼儿的社会性发展。

【案例4-2】　大班科学活动——多米诺骨牌①
活动目标：

（1）自主尝试摆放多米诺骨牌，能够基本学会多米诺骨牌游戏。

（2）在游戏活动中锻炼合作、抗挫、创新能力。

---

① 缪凤雅. 幼儿园科学教育实践与研究[M]. 宁波：宁波出版社，2013.

活动准备：

多米诺骨牌若干，平整的地面或桌面。

活动过程：

（1）介绍多米诺骨牌。

教师出示骨牌，"你们认识它吗？它有个好听的名字（多米诺骨牌）。今天我们来玩一玩这个特别的游戏。"

教师出示第一列骨牌，请幼儿猜测结果并当场演示。

引导幼儿讨论后发现：只要推倒第一块骨牌，它就会推倒自己前面的一块骨牌，就这样一块推一块，直到骨牌全部倒下。

（2）幼儿分组尝试多米诺骨牌。

将幼儿分组，发放骨牌，请幼儿尝试合作把骨牌摆放成直线形，尝试进行游戏。

尝试后请幼儿分享自己成功或未成功的经验，互相交流学习。

请幼儿借鉴同伴经验，并尝试合作把骨牌摆成其他图形，看看能否成功。

请成功的小组演示，并分享经验。

（3）欣赏他人的作品，教师总结。

展示多媒体课件，欣赏他人的作品，教师总结告诉幼儿：多米诺骨牌是一项既动手又动脑的运动，它考验参与者的体力、耐力和意志力，也需要参与者共同配合与鼓励。

活动分析：

教师组织开展的多米诺骨牌活动需要幼儿之间互相配合完成，培养幼儿的合作能力；幼儿之间互相分享成功与失败的经验，培养幼儿乐于分享与帮助他人的优秀品质。

（二）集体科学教育活动开展中应注意的问题

1. 尊重学前儿童身心发展特点，避免灌输与强制性学习

《幼儿园教育指导纲要（试行）》中指出"幼儿园教育应尊重幼儿的人格和权利，尊重幼儿身心发展的规律和学习特点，以游戏为基本活动，保教并重。"学前儿童注意力保持时间较短，并且活泼好动，喜欢动手探索，有其特有的身心发展规律。由于幼儿的思维局限于具体的动作，他们的科学学习也常常是通过实际操作和尝试来进行。在这个过程中幼儿的学习兴趣最容易得到满足，学习的积极性和主动性也能得到发挥。

教师在组织开展集体科学教育活动时应始终秉持尊重幼儿身心发展规律的原则，让幼儿"做科学"而不是"听科学"或"看科学"，避免对其进行强制性的和灌输性的教学。应组织开展形式多样的活动，通过科学探究的、游戏的方式，让幼儿在动手操作中进行体验学习。学前阶段只是一个人发展的初始阶段，更应该注重培养幼儿的好奇心、创造力、探索精神等，一味地追求知识的灌输反而会让学习变得枯燥乏味，打击幼儿对科学学习的热情。

【案例4-3】 大班科学活动——黄豆种子的生长过程

李老师开展了一次探究黄豆种子生长过程的大班集体科学教育活动。首先，李老师播放动画片，让幼儿观看种子的成长过程。之后提问：种子发芽需要什么条件呢？我们应该怎样照顾黄豆种子？幼儿各自提出了很多富有想法的答案，但李老师并没有展开孩

子们的回答,而是直接总结种子发芽需要一定的水分、光照、土壤,我们应该为种子提供适宜的温度、湿度和营养。

之后,李老师展示教学挂图,讲解种子成长的各个阶段。教师通过挂图讲解了黄豆在种子、发芽、长叶、开花、结豆等各个阶段的形态,直接讲授了很多关于黄豆种子生长的知识。课堂进行到一半时,很多孩子逐渐出现注意力分散的现象,觉得老师的讲解没有意思。

分析:上述案例中,教师组织的科学活动停留在让幼儿看和听的层面上,由于幼儿处于具体形象思维阶段,在这样的教学方法下幼儿对种子的生长过程只有一个浅显的认识,无法深入了解种子成长各阶段的形态和特点。

2. 注意集体科学教育活动中的师幼关系

集体科学教育活动中不良的师幼关系会影响教育的质量和效果,例如,一些教师为了追求班级活动时的良好纪律和时间要求,任何活动的环节和内容都必须在教师的严格控制下进行,幼儿变成了活动的"附属品"。在这样的师幼关系下,幼儿只是形式化地完成教师设定的环节,无法进行自主的探索,甚至不敢表达自己的观点,更无法实现预设的教育目标。

黄豆

在科学教育活动中应强调幼儿是学习的主体,幼儿需要通过自己的主动探索来建构自己的知识体系,逐渐培养科学的学习方法和情感态度。教师在集体科学教育活动中起主导作用,但不是主宰,应充分体现幼儿学习的自主性。教师应成为幼儿科学探索的支持者、引导者、观察者,为组织开展形式多样的科学活动创设丰富有趣的探究环境,提供适宜幼儿操作的活动材料,营造轻松快乐的学习氛围。坚持"以儿童为中心"的教育观,保证儿童享有充分的学习自由,而不是代替幼儿学习。

黄瓜

3. 选择适当的教学内容

在集体科学教育活动中,幼儿是带着他们原有的知识、经验与思考来参与学习,所以在选择教育内容时,教师必须关注幼儿先前这些零散的、不系统的学习经验,从整理、提升经验出发选择教学内容。教育内容的组织既要考虑幼儿的现有水平,又要具有一定的挑战性;既符合幼儿的现实需要,又利于其长远发展。应注意科学活动内容不能超载,不能为了使活动看起来丰富充实,就选择任务多、难度大的活动内容,从而超出幼儿的接受和理解范围。同时,也不能简单地照搬教材内容,忽视幼儿的已有经验和年龄特点,以免造成低水平的重复,无法使幼儿获得应有的科学知识。[①]

【案例4-4】 大班科学活动——白色污染

在一次集体活动中,李老师制定的教育目标是引导幼儿了解泡沫制品、塑料制品等在自然界不能降解,会造成白色污染,培养幼儿爱护环境的意识。

首先李老师用图片和大屏幕呈现了世界各地的污染事件,告诉幼儿现在环境污染问

---

① 赵华民. 学前儿童科学教育[M]. 郑州:郑州大学出版社,2014.

题越来越严重,请幼儿想办法来帮忙解决。于是孩子们纷纷讨论这些污染环境的行为。然后,李老师拿出了前几天埋在土中的苹果皮和泡沫盒子,请幼儿观察二者在土壤中的不同变化,学习理解"降解"这一科学概念。在观察之后有的幼儿提出"为什么苹果皮烂了?烂了就叫降解吗?什么是降解呀?"孩子们开始七嘴八舌地讨论起来。由于李老师也无法科学准确地解释"降解"这一概念,于是告诉幼儿,请大家回去问问爸爸妈妈或查一些资料。这节集体科学活动就在这样的疑问中结束了。

分析:上述案例中,关于"垃圾降解"和"白色污染"的概念都超出了大班幼儿的理解范围,选择的内容较难,教师也没有设计简单有趣的活动来帮助幼儿理解,导致该活动没有达到理想的效果。

4. 选择适宜的教学方法

在集体科学教育活动中,常用的教育方法有观察法、实验法、种植法、饲养法、测量法和游戏法等,不同的活动目标需要选择不同的活动方法。例如,了解植物的生长过程可以使用观察法或种植法,了解物体的重量可以使用测量法等。同时要考虑幼儿的实际能力,不同年龄段的幼儿适宜不同的教学方法。如测量法、分类法适合大班幼儿,游戏法、观察法则适合年龄较小的幼儿。

此外,目前幼儿园集体科学教育活动中采用较多的是科学探究法和游戏法,"在探究中学习""玩中学""做中学"的提法深受教师们的追捧。但对探究和活动的具体做法却没有较统一的规范,以至于部分教师认为让幼儿自己玩一玩,动手参与一下就是科学探究法或游戏法。甚至有的教师在教学过程中不管教学是否需要,一定要设置几个幼儿游戏或动手做的"小环节"。如在案例 4-5 中,教师让幼儿自己动手探究,但却没有设计好活动规则以及实施有效的引导,以致孩子玩得过多,把教学活动变成了游戏活动,导致幼儿在整个活动过程中并没有达到计划中的活动目标。所以选择活动方法时,不应一味追求新颖的形式,应把有效性、实用性放在第一位。

【案例 4-5】 小班科学活动——听声音

张老师设计了一节小班科学活动"听声音",目的是让孩子们学习运用自己的听觉器官去感受周围的环境,学习用语言描述各种声音。首先,张老师使用三种不同的材料使其发出声音,让幼儿辨别是什么物体发出的声音,尝试用语言描述这种声音。之后,张老师开始组织幼儿自己动手探究,说一说各种材料分别是什么声音。她为幼儿提供了小铃铛、大鼓、小鼓、石头、沙子、豆子、水瓶、报纸等。但一开始活动,幼儿就迅速被花样繁多的物品所吸引,有的使劲地敲鼓,有的开心地玩沙子……并没有进行教师安排的听声音、描述声音的活动。

5. 注意提问的有效性

在教育活动过程中,提问可以有效激发幼儿的思考,引导活动的深入进行。在实际的教育活动过程中,有些问题缺乏开放性和启发性,使幼儿无法深入思考;还有些教师提问过于随意,缺乏逻辑性和科学性;并且存在提问次数过多,浮于表面,质量较低的现象。

在设计提问时教师应该注意以下几点。

(1)以开放性问题为主,避免限制幼儿的思维。开放性问题的答案并非固定的、唯一的,而是可以引发幼儿进行思考和探索。例如,"你见过什么?""你觉得它像什么?""你有什么办法?"等问题,不同幼儿会有不同回答,从而激发幼儿思考并积极主动参与活动;同时可以活跃课堂气氛,让幼儿在交流中学习,促进社会性的发展。

(2)考虑幼儿的认知水平,避免超出其能力范围。例如,在探索宇宙的综合活动中,教师提问"什么是黑洞?""银河系离我们有多远?"这些问题由于远离幼儿的生活经验且有一定难度,幼儿无法理解问题,也就丧失了提问的意义。

(3)有逻辑性和科学性,符合教学活动的需要。有些教师没有提前对问题进行预设,而是在课堂上临时地、随机地进行提问。例如,在认识身体的活动中提问"为什么我们的皮肤是黄色的?""你喜欢自己吗?"这些问题往往让幼儿不知所云,无法回答;并且对活动主题的深入发展也没有帮助。

(4)层层深入,避免"一问到底"。有许多教师在进行集体科学教育活动时不知道如何与幼儿互动,只好通过大量的提问来烘托课堂气氛,导致整个活动过程中都是一问一答的提问方式,教学方法单一。例如,在认识蔬菜的活动中,教师提问"小朋友们都知道哪些蔬菜呀?"幼儿:"黄瓜。"教师:"还有呢?"幼儿:"白菜。"教师:"还有呢?"幼儿:"红萝卜。"教师:"红萝卜非常有营养。"然后又呈现图片,继续提问:"红萝卜是什么样子的呀?生长在哪里? 什么时候成熟呀? 有什么营养?"类似的方式使提问变得冗长累赘,逐渐对幼儿失去吸引力。教师的提问应层层深入,在基础性、综合性问题的基础上,还应设置具有挑战性和开放性的问题;同时可以针对幼儿的个体差异,对不同发展水平的幼儿选择不同水平的问题进行提问。

📋 文献学习

幼儿园集体教学中教师提问的现状及其改进[①]

教师的提问多限于低水平的认知类问题,其主要目的是传授知识和技能;教师的提问通常不能面向全体幼儿,有20%左右的幼儿从来未被教师提问,教师更倾向对能力较强、性格活泼的幼儿提问;在提出问题后,教师虽有等候意识,但实际给予幼儿思考的时间十分短暂,通常只有1秒;幼儿的回答方式以个别作答、集体齐答、自由回答为主,而少有讨论后汇报的方式;当幼儿回答正确时,教师会表层化地追问,而当幼儿回答不正确、不完整或未回答时,教师多采用重述、简单否定、自己代答等方式;教师提问的有效性普遍不高,要么不能引导幼儿思维,要么不能抓住关键问题,要么与幼儿经验不符。为改变这种低效或无效的提问现状,教师需要根据教学内容、幼儿已有经验水平、幼儿发展的兴趣与需要精心设计提问,全面考虑问题的类型与难度、给予幼儿思考的时间、改进幼儿回答的方式以及教师自己的应答方式,使提问真正发挥促进幼儿思维与发展的作用,提高整个教学活动设计与实施的水平。

6.注意集体教学活动与其他教育形式的融合

集体教学活动有统一性、指导的直接性等特点,运用这种方式便于班级管理,也可以

---

① 王春燕,林静峰.幼儿园集体教学中教师提问的现状及其改进[J].学前教育研究,2011(2):12-18.

提高幼儿的学习效率。但在集体教育活动中,幼儿需要按照教师设计的环节和方法进行学习,自主探索的机会较少。所以可以借助"区域活动"这种教育形式辅助集体教育活动的开展,为幼儿提供更多动手探究的机会。如案例4-6中,可以将区域活动作为集体教育活动的延伸,帮助幼儿学习。

【案例4-6】 大班科学活动——了解摩擦力

王老师设计了一节了解摩擦力的集体教育活动。在活动中,向幼儿出示两种不同材质的斜面,一种光滑,一种粗糙。将一辆玩具车置于斜面顶端,然后释放,让幼儿自己感受斜面有何不同。请幼儿测量车在滑下斜坡后走多远才能停下来,从而了解不同材料摩擦力的大小。在活动中王老师发现由于时间有限,无法让每个幼儿都亲自动手操作探究,并且所展示使用的材料较少。于是,王老师在科学区角内设置了五、六种不同粗糙程度的材料,让幼儿继续探索摩擦力。一段时间后,全班幼儿都在区角活动中动手操作了该实验,对摩擦力也有了更深入的了解。

二、 区域活动中的科学教育

科学区域活动是指由教师创设环境、投放材料,由幼儿自主选择活动内容、活动方式、活动材料,根据自己的兴趣与能力进行自主探索的活动。在科学区域活动中,幼儿通过亲自动手操作材料、与同伴和教师互动交流,逐步完善其科学知识的建构。由于区域活动自身的特点,它可长期成为幼儿园集体教育活动的补充与延伸,也可成为学前儿童科学教育的重要途径之一。

(一)科学区域活动的特点

1. 幼儿在科学探究活动中有很强的自主选择性

在科学区域活动中,幼儿可以完全根据自己的兴趣、意愿和需要,自主选择他们感兴趣的探究内容以及他们想使用的材料和工具,按照适合他们发展水平的方式进行探索和学习。他们可以选择与同伴合作,共同完成某项实验或进行某个游戏,也可以选择单独对材料进行操作。他们可以自己决定一次实验探究活动开始和结束的时间,还可以将本次开展的活动延续到之后的活动中。与集体教育活动相对,科学区域活动的最大特点体现在,教师在活动中的指导始终是间接性的、辅助性的。教师基本不直接干预幼儿的操作探究,教师的作用渗透在区域中科学材料的准备、科学区域环境的创设以及科学活动氛围的营造,最大限度保证幼儿在活动中的自主选择性和灵活性。

2. 幼儿的科学探究活动以材料为依托

幼儿的学习是一个与外部世界交互作用的过程,是幼儿主动建构的过程。尤其在科学区域活动中,幼儿知识体系的建构主要是通过操作和体验各种材料来实现的,材料是重要的载体。同时教师设计的教育目标也需要通过活动材料的选择和提供来实现。所以,材料的投放是区域活动质量的关键。教师选择提供的材料要从活动目标出发,符合幼儿的能力水平,满足幼儿的兴趣需要。

（二）科学区域活动的价值

1. 满足个性化科学学习的需要

每个幼儿在走进教室前都拥有自己先前的科学知识和生活经验。幼儿之间在个性特点、成长环境、兴趣爱好、认知方式等方面也都存在广泛的差异，因而每个幼儿都有适合自己的学习方式。在集体教育活动中，由于班容量较大，活动时间有限，为了实现预定的教育目标，教师选择的活动方法和活动内容无法兼顾到每个幼儿的需要。在科学区域活动中，幼儿的活动多为小组活动或个别活动，教师与每个幼儿的交流接触机会大大增加，为实施个性化教育活动提供了良好的机会。教师在指导科学区域活动时，可以根据幼儿的性格特点，在他们先前具有的科学知识的基础上，因材施教，充分尊重他们的个性特点，满足个性化科学学习的需要。

2. 让幼儿自主探索，尊重幼儿学习的主体性

科学区域活动为幼儿提供了可以自由活动的时间和场地，并赋予他们自由选择探究实验内容和材料的权利，充分尊重幼儿在学习中的主体地位，使每个幼儿都可以积极地投入自己想做的事情中，按照自己的意志进行探索和解决问题。在这个过程中，他们学习的积极性得到了极大的提升，学习能力也得到了持续的发展。

3. 让幼儿解放双手，实现"做中学"

与集体科学教育活动相比，科学区域活动更强调幼儿的"做"与"玩"。在这里没有教师对知识机械性的讲解，没有强制统一的要求，更没有标准答案。在一个轻松、开放、自由的活动空间里，幼儿可以充分解放自己的双手，像科学家一样真正地参与和体验科学活动的整个过程。通过不断地与材料进行互动，他们的动手操作能力、观察力、想象力都能得到充分的锻炼，使幼儿不断感受到科学学习的快乐和满足，真正实现在"做中学"。

4. 形成平等开放的学习氛围

在科学区域活动中，不仅包含幼儿的个别操作活动，还包含幼儿与同伴之间、教师之间多方面的交流互动。由于在活动中幼儿具有充分的自主性，教师所扮演的角色更多地为支持者、观察者、合作者，对幼儿进行的指导是间接性的、隐性的。所以在科学区域活动中，教师与幼儿之间、幼儿与同伴之间可以形成一种平等、开放、合作的关系。在这样的氛围中，创造了更多进行科学知识交流讨论和分享的机会，可以培养幼儿乐于寻求他人帮助、善于表达自己的观点、敢于提出质疑等科学学习需要具备的优秀品质。

（三）科学区域活动的组织形式

目前关于科学区域活动的命名与分类还没有统一的规定，根据科学区域活动内容性质的特点，可将科学区域活动的组织形式分为科学活动区、自然角、科学发现室。

1. 科学活动区

科学活动区，特指班级科学活动区，是指在班级的活动室内划出一定的区域和角落，利用柜子、桌子等构成活动场地，向幼儿提供操作或制作材料的环境，让幼儿在其中进行

操作、实验、探索等活动。① 科学活动区可以作为集体科学教育活动的辅助手段，在开展集体教学活动前让幼儿熟悉材料，积累经验；还可以作为集体科学教育活动的延伸，在集体活动后继续为幼儿提供探索操作的机会；科学活动区也可以作为独立的教育活动手段，通过材料和环境的创设来实现预定的教育目标。

幼儿在科学活动区进行操作探究时，教师应明确自己所扮演的角色，为幼儿提供有力的支持。首先，教师要允许幼儿犯错，理解幼儿的错误。幼儿的能力是在自己的不断尝试中逐步提高的。许多教师在区域活动中不给幼儿犯错的机会，在幼儿遇到困难时急于提供帮助，直接告诉幼儿正确的方法；或在幼儿出错时批评幼儿，导致其不敢再动手操作，失去对科学学习的热情。

其次，教师应注重让幼儿获得乐于学习的情感态度，不强求其获得知识技能。在科学区域活动中教师的重心应放在培养幼儿探究知识的态度和解决问题的能力上，而不强求在短时间内通过教师的指导掌握某一知识技能。应注重幼儿与材料之间的互动，使科学区域活动发挥自己的价值与功能。

2. 自然角

自然角是在幼儿园活动室内向阳的区域里有序地布置一些适于在室内生长的动植物，供幼儿观察的活动场所。与科学活动区相比，自然角更注重于对生命科学的探索。自然角是大自然的一个缩影，可以加强幼儿与自然的联系，使幼儿增强对大自然的了解，建立对自然科学的兴趣。自然角可以为幼儿的科学学习提供丰富的材料，让幼儿感受到大自然的生机与活力，激发幼儿的探究欲。

在选择自然角的动植物时，应考虑多方面的因素。在选择植物时，应选择无毒、无刺、安全的，适宜在室内生长，易成活的植物。适宜选择盆栽植物，具有一定的观赏性，不宜过于高大，便于幼儿观察与培养。此外，还可以选择种植各类蔬菜和水果，如西红柿、萝卜、青菜等。

蒜

选择动物时，应选择无危险、体积小、便于喂养照顾，便于幼儿观察的种类。可以选生长周期较短的、形态变化较明显的动物，方便幼儿在较短的时间内进行完整的观察，如小蝌蚪、蝴蝶、蝉等动物。

自然角的动植物还应反映和适应季节的变化，让幼儿认识、体会四季的变迁与大自然动植物的变化。

文献学习

教师在自然角中的指导策略②

幼儿的科学教育是科学启蒙教育，重在激发幼儿的认知兴趣和探索欲望。可以借助自然角让幼儿尝试探索。那么，教师怎样推动幼儿在自然角中亲身感受科学的探究过程呢？

策略一：创设情景。创设游戏化、问题化、操作化情景，激发幼儿观察的兴趣，引起幼

① 夏力. 学前儿童科学教育活动指导[M]. 上海：复旦大学出版社，2014.
② 杜波平. 教师在自然角中的指导策略[A]. 教育信息化与教育技术创新学术研讨会论文集，2019.

儿对自然角的关注,使幼儿建构经验,学会自主学习。

策略二:建立规则。教师引导幼儿建立自然角活动规则,应让每个幼儿都了解活动规则,以此规范管理活动的程序、控制活动人数和按标记取放植物等,帮助幼儿形成良好的规则意识。

策略三:引发提问。在自然角的活动中,幼儿会产生许多疑问,教师要支持和鼓励幼儿大胆提问。随着幼儿的问题越来越多,可以设置专门收集问题的记录本。对幼儿的提问,教师应持科学和诚实的态度努力按幼儿的理解方式来解释。

策略四:提供支持。首先,教师应给予幼儿精神上的支持,创设良好的心理环境。其次,教师要给幼儿材料上的支持,根据幼儿的需要及时投放材料到自然角中。最后,教师要给予幼儿充分的时间、空间和方法上的支持。

策略五:尊重理解。对于幼儿表现出的不同的观察、探究行为,教师要充分地尊重。同时,教师要正确看待并理解孩子的"破坏"行为。

策略六:生成主题。教师根据孩子的问题和兴趣,提取有价值的点,由此进行探索,引导生成新的主题活动,保证探索活动的价值和持久性。

3. 科学发现室

科学活动区按照用途、管理、空间布置的不同,可以分为班级科学活动区和全园共用的科学活动区。全园共用的科学活动区,是指幼儿园为全体幼儿建立的,专门供其进行科学探究活动的场所,一般被称为"科学发现室"或"科学探究室"。与班级科学活动区相同,幼儿在科学发现室中的活动也是自主性的,教师一般不对其探索过程进行直接指导,通过为其提供各种材料和创设轻松的氛围促进活动的开展。

由于科学发现室是全园共同使用的场所,因此它提供的仪器、工具、材料应体现出丰富性和层次性,满足不同年龄段幼儿的需要。一般需要一名专职的教师对科学发现室的设备和日常活动进行管理和组织。在面向全园幼儿开放使用时,应协调控制好同一时间段场所内的人数,可以通过划分班级的方式避免幼儿过多出现拥挤。并且由于科学发现室内的材料设备较多,有些可能为幼儿没有接触过的,教师在进行指导时应更加注意幼儿操作的安全性,避免发生意外对其造成身体伤害。

(四)科学区域活动中应注意的问题

1. 提供适宜的区域活动材料

1)提供丰富多样、更换及时的材料

在科学区域活动中幼儿有较大的自主选择性,所以区域内的材料也应该体现出可选种类的丰富性、数量的充足性,以满足不同幼儿的个性需求。就某一主题,例如探究不同材料的吸水性,教师可以在科学区投放各种不同的材料,如海绵、棉布、纸张、木块、沙子等;不仅要投放易吸水的,也要投放不易吸水的,让幼儿充分感受各种材料的特性。同时还应保证每种材料数量的充足性,一般要做到能满足6~8名幼儿同时操作的需要。

还应该根据科学探究活动主题的变化和幼儿的兴趣及时更新材料,否则区域活动将无法积极地配合集体教育活动的开展。随着幼儿的操作和使用,材料也会产生损耗,并逐渐失去对幼儿的吸引力。

2）提供多层次的材料

首先，根据维果斯基的"最近发展区理论"，教学应该着眼于幼儿的最近发展区，为幼儿提供有挑战性的内容，通过其主动探索，以达到更高的可能达到的发展水平。在选择材料时，教师应把握好本班幼儿目前在科学领域的认知发展水平，根据幼儿的最近发展区选择难度适宜的材料。材料的层次性应体现在每次投放的材料，其操作难度和复杂程度层层递进，由易到难，使幼儿逐步积累科学知识经验，不断在原有基础上获得提升，由此进入下一个发展区的发展。

例如幼儿处于小班阶段时，可为其提供生活中较为常见的、操作难度较低的材料，材料的数量不宜过多。随着幼儿的认知发展水平提升，到大班阶段时，可以增加一些科学专业性较强的材料，如量杯、胶头滴管、砝码、标有正负极的磁铁等，材料的丰富性和数量也应有相应的提高。

其次，材料的层次性还应体现在，在同一班级中，根据不同幼儿的发展差异，为其提供具有层次性的材料。《纲要》中指出："要为幼儿设置不同的活动区，提供充足的、不同类型的、不同层次的玩具和材料。"由于每个幼儿都是独立的个体，其先前的知识经验和发展水平都不相同。如在案例 4-7 中，幼儿的发展水平不同，但材料过于单一，导致他们无法找到适合自己使用的材料。在投放区域材料时，教师应该预先观察和了解每个幼儿的个性特点和兴趣需要，把握好本班幼儿在发展水平和情感态度等方面的个体差异，为其投放不同操作难度的材料，让不同水平的幼儿都能获得发展。

【案例 4-7】 不同层次的区域材料

在小班最近的科学区域活动中新设置了串珠的材料，但通过一段时间的活动后，杨老师发现有部分幼儿由于小肌肉发展水平不高，手眼协调能力较弱，很难用现有的材料进行串珠活动；有的幼儿发展水平较高，在操作了几次之后，就对现有的材料失去了兴趣。于是，杨老师开始提供孔有大有小的珠子，有粗有细、有软有硬的绳子。在之后的活动中，幼儿可以根据自己的能力来选择自己喜欢并能够操作的材料。

3）提供可操作性强的材料

在科学区域活动中，幼儿知识经验的获得是通过不断操作和摆弄材料获得的。科学区的材料在能够吸引幼儿兴趣的前提下还应具有较强的可操作性。如在案例 4-8 中，教师在科学区放置较多的汽车模型、地球仪等精美成品，刚开始可能会迅速吸引幼儿的注意力，但当其以固定的形态和功能呈现在幼儿面前时，就限制了他们的思考与操作，无法通过与材料产生更多的互动来获得经验。所以，教师应有意识地多投放半成品和自然材料，这样更能激发幼儿动手操作的积极性和探究的欲望，使幼儿在实际操作和亲身体验中获得经验和乐趣。此外，教师还可以设置一些低结构性的材料，让幼儿能够更加自由地使用材料。

【案例 4-8】 "精美的"科学区

何老师在创设科学区角时，看到其他班级里区角的材料非常丰富。但由于时间比较紧张，来不及搜集准备，于是她就在网上购买了许多精美的科学玩具，如地球仪、汽车模型、天平、不倒翁等。刚开始幼儿看到这些材料时非常喜欢，但是玩儿一阵很快就失去了兴趣，这些玩具也逐渐被遗忘在架子上。

2. 提高教师指导的科学性和有效性

1）师幼共建规则，保证区域活动质量

区域活动的顺利进行和活动开展的质量离不开规则和秩序的维护。在一定的规则下开展活动，可以培养幼儿的规则意识，帮助幼儿规范自己的行为，有利于其社会性的发展。教师应与幼儿一同制订他们可以接受的，愿意共同遵守的区域活动规则。

教师可以在活动区域入口处贴上需要共同遵守的规则，帮助幼儿形成规则意识。如做好实验记录、尝试独立操作与思考、保持工作台的干净整洁等。还可以用隐性的方式来表现规则，比如可以在柜子或架子上画上科学材料或实验器具的图画，提醒幼儿使用完要及时归位。在入口处提供防护眼罩、手套、口罩等保护用具供幼儿使用，并设置还放篮，提醒幼儿归还。通过规则的建立可以更好地保障幼儿在活动中的基本权利及活动的顺利进行。

2）细心观察，把握介入的最佳时机

在科学区域活动中，教师的指导应该是间接性的、隐性的，在适当的时机为幼儿提供支持和引导。在幼儿园的科学区域活动中常常存在两种较为典型的现象：一种为教师全程"监督"幼儿开展活动，要求幼儿完全按照自己的想法或计划进行探究活动。当幼儿出现困难或错误时，教师就立刻提供帮助，剥夺了幼儿自己解决问题的权利。另一种为教师在科学区域活动中成了纯粹的旁观者，把科学区域活动看作幼儿玩游戏消磨时间，自己进行休息的机会，完全背离了教师在科学区域活动中的指导要求。

所以在幼儿进行科学区域活动时，教师应细心观察，把握介入的最佳时机。例如，当幼儿在进行某一探究活动时，在同一环节进行多次尝试后依然存在问题，无法继续开展时，教师可以介入活动，帮助幼儿理解和操作实验。同时还应根据幼儿自身的个性特点把握介入时机。面对习惯依赖他人的帮助，独立性较差的幼儿，教师应给其更多的自主探索机会，减少对其直接的帮助，不断鼓励他，并培养其独立解决问题的能力。面对胆小，容易放弃，不敢寻求帮助的幼儿，教师应及时发现其遇到的困难，与幼儿一起进行操作，增强其自信心。当幼儿表现出色时要及时给予表扬，不断对其进行强化。

【案例 4-9】 被帮助的涛涛

涛涛和几名幼儿在科学区域内进行拼七巧板的活动。经过一段时间的操作，其他几名幼儿都完成了七巧板，开始进入下一项活动，涛涛还在不紧不慢地探索着。这时王老师对他说：都这么半天了怎么还没拼好，这样下去什么都玩不了了。过来我给你看看怎么拼。于是帮助涛涛拼好了七巧板，让涛涛继续选择下一项活动进行操作。

分析：当幼儿动手操作时遇到困难，教师不应立即告诉幼儿正确的操作方式，应给予其充分的耐心和时间，让幼儿自主探索。在幼儿操作多次之后，逐渐表现出失去耐心且依然无法解决问题时，教师可以通过提问、示范等方式引导幼儿解决困难。

3）充分尊重幼儿的自主性

教师应该树立科学的教育观、儿童观，始终坚持"以儿童为本"的教育理念。应该明确无论是集体活动、区域活动还是个别活动，都只是促进儿童发展的教育组织形式。在科学区域活动的开展中，尤其还应注意到活动本身灵活性、开放性的特点。开展的活动只有适应了它自身的特点,才能发挥出它应有的价值。在案例 4-10 中,教师为乐乐安排了活动的区域,还替他选择了在科学区域内进行的活动。这一现象在幼儿园中时常会发生,从根本上讲是教师完全忽视了幼儿在区域活动中的自主选择权。

在科学区域活动中应尊重幼儿自己选择活动内容、活动材料、活动伙伴、活动时间的权利,把活动的权利真正还给幼儿,让其意识到他们是可以自己决定自己的发展方向和速度的,可以做自己发展的主人。如果实在协调不开,教师应对其进行引导,帮助幼儿选择同样感兴趣的活动,而不是替幼儿做主。只有这样的氛围,才能充分激发幼儿学习的主动性和积极性,并使其产生内在的驱动力,从而更大程度地激发幼儿科学探究的兴趣和欲望,促使其科学经验的不断建构与完善。

【案例 4-10】 我不想玩这个

在科学区域活动中,乐乐想去手工区,但手工区的孩子已经满了。李老师便对乐乐说:你去科学区玩吧,咱们上课刚讲过垃圾分类的知识,老师刚刚设置好可以进行垃圾分类的材料,你赶快去试试吧。于是,乐乐被老师安排到了科学区。在科学区里乐乐对之前活动中的磁铁产生了兴趣,开始探究磁铁的磁力。过了一会儿李老师发现乐乐没有进行垃圾分类的操作,走过去对他说:你怎么这么不听话呢,不是跟你说了可以进行垃圾分类的游戏吗?乐乐只好不情愿地开始进行垃圾分类。

第二节 学前儿童科学教育的方法

学前儿童科学教育的方法,是指为完成学前儿童科学教育的目标和任务所采用的理论方法和途径。它既包括教师教的方法,也包括指导学前儿童学的方法,两者是统一的。随着我国学前教育改革的不断深入,学前儿童的科学教育越来越受到重视,只有选择适合学前儿童发展的科学教育方法,才能有效地激发学前儿童学科学的兴趣,促进学前儿童更好地发展。学前儿童探索科学的方法有很多,本节主要从理论方法和实践方法两方面进行阐述。理论方法包括讲解法、指导探究法、自由探究法。实践方法包括科学观察与记录、科学实验、分类、测量、科学游戏、科学制作、学前儿童劳动、户外科学活动、科学信息交流。

一、 学前儿童科学教育理论方法

《3—6 岁儿童学习与发展指南》中关于科学领域的要求是"引导幼儿通过观察、比较、操作、实验等方法,学会发现问题、分析问题和解决问题,帮助幼儿不断积累经验,并运用于新的学习活动,形成受益终身的学习方法和能力。"[①]由于学前儿童受身心特点和认知能力发展水平的制约,要求教师必须在教育中更好地引导幼儿。鉴于此要求,本节重点阐述以下三种方法。

---

① 中华人民共和国教育部. 3—6 岁儿童学习与发展指南[M]. 北京:首都师范大学出版社,2012.

（一）讲解法

讲解法通常是指教师通过语言向学前儿童讲述和解释某种事物的一种方法。

那么什么时候需要教师运用讲解法呢？一方面，当教师放映科学视频或幼儿做科学实验活动时、读书时或观看电视时，都需要教师的讲解或教师根据活动进行配合性的讲解。[①] 例如在科学活动中，由于受多种因素的影响，学前儿童对科学活动的理解是片面的、不深刻的，此时离不开教师的讲解。另一方面，学前儿童对部分科学专有名词不理解时，如火山、地震、丘陵、盆地等，更离不开教师的解释说明。通过讲解，能激发学前儿童学习科学的兴趣，不断促进学前儿童对科学的探索与学习。

1. 讲解法要点

对于学前儿童来说，教师的讲解是否有效，不仅取决于教师本身的科学素质，更取决于学前儿童的自我建构及自我接受力。只有当学前儿童对教师的讲解感兴趣，注意力才会集中，才会不断地思考。因此，为了激发学前儿童的兴趣，教师在讲解时需要做到以下两点。

（1）教师的讲解应通俗易懂，准确清晰，语言生动，富有感染性。

（2）教师的讲解与演示或提供的范例相结合，符合学前儿童的心理特点和接受能力。

2. 讲解法的不足

在科学教育活动中讲解法不是唯一的方法，不是完美无缺的方法，它也有不足之处。

（1）不能使所有学前儿童按照同样的步调跟随课程的进展。教师的讲解是统一的，但是学前儿童的接受力是不同的，因此教师的讲解并不能照顾到所有学前儿童。

（2）导致学前儿童过分地依赖教师，将教师当作知识的资源。过多的讲解容易使学前儿童形成接受性思维，不利于培养学前儿童主动探究的意识。

因此，需要注意的是，科学方法也有自身的局限性，有时单纯使用一种方法，并不能支撑整个活动，需要教师具体问题具体分析。

【案例 4-11】　大班教育活动——神奇的火山

活动目标：

（1）幼儿能了解火山喷发这一自然现象及火山的种类。

（2）通过形象直观的实验，幼儿能充分体验火山喷发时的情景，从而培养幼儿动手操作的能力。

（3）培养幼儿的探索精神和求知欲。

活动准备：

材料准备：课件（活火山图片、死火山图片、休眠火山图片、长白山天池图片、火山喷发科教片）、挂图、面团若干、米醋、托盘、毛巾、生鸡蛋、杯子、磨脚石。

活动过程：

1. 谈话导入

师：今天老师带来了一张非常漂亮的图片，小朋友想不想看一看？（想）出示长白山

---

① 夏力. 学前儿童科学教育活动指导［M］. 上海：复旦大学出版社，2014.

天池图片供幼儿观察。

师：这是什么地方？（长白山天池）

师：谁去过长白山？那里有什么神奇的地方吗？（那里有温泉能洗澡，山可高啦，还能煮鸡蛋呢）

师：这么厉害呀！那是谁生的火？还是那里有煤气呀？（没有看见火，它就是自己热的）

师：你们想知道温泉为什么会那么热吗？下面就和老师一起走进"神奇的火山"吧！

2. 火山的形成

师：长白山天池的温泉可以煮鸡蛋，因为它是一座火山。那么火山是怎样形成的呢？这和地球的结构有关系。你们猜地球是由什么组成的呢？（水、土）

出示地球内部的结构图让幼儿认识：地壳、地幔、地核。棕色的是地壳，就像衣服一样保护地球；中间橘色的是地幔，这部分是一些像胶水的黏稠物质，是流动的，也就是岩浆；最里面的是红色的地核，这里非常热，达到几千度，也就是产生热量的地方。

幼儿随教师指读地球内部各部分的名称。

教师出示生鸡蛋，把鸡蛋打破，蛋清从蛋液里流出，向幼儿讲解：当地幔中的黏稠物质遇到地壳薄弱的地带或是有裂缝的地方，就会猛烈喷发出来，形成火山爆发，这样的山称为火山。

思考：火山天天都喷发吗？（引出下面的内容）

3. 火山的种类

（播放图片，教师讲解火山的种类和它们的特点）

活火山、死火山、休眠火山。

4. 火山喷发实验

师：火山爆发是一件很可怕的事情。当火山爆发时，会发出巨大的响声，石块翻滚，温度极高的岩浆像一条条火蛇一样从地下喷出，瞬间将村庄和农田毁灭。小朋友们，你们说危险吗？（危险）

师：所以你们不能近距离观看。下面我们就通过实验来看看火山是怎样喷发的。

将幼儿分成四个小组，每组一块面团，并在面团上弄一个洞。

将小苏打放入洞里，然后把米醋倒进去。

让幼儿说一说，你看到了什么？（洞里冒出像泡沫一样的东西，速度可快了）

观看火山爆发的科教片，让幼儿进一步体验火山爆发时的壮烈景观。

5. 火山给人们带来的益处

师：火山爆发是一种自然现象，我们无法阻止它。虽然它给人们带来了巨大的灾难，但也会给我们带来好处。例如，火山灰是很好的肥料，火山爆发还会产生大量的矿物质。

教师出示磨脚石：小朋友，你们知道这是什么吗？（磨脚石）

师：对了，它就是用火山喷发后的石头做的。今天我们学了火山的有关知识，你们觉得火山神奇吗？（神奇）

师：这种石头就是火山喷发留下的。如果把它放到水里会怎样呢？你们会有新的发现。今天小朋友回家就和爸爸、妈妈一起试试吧！

活动评析：

在介绍"火山的形成"时，教师运用生动的比喻讲解地球内部的结构。对于幼儿来说，一些名词术语可能生涩难懂，通俗的讲解不仅起不到好的效果，反而会打击幼儿的求知兴趣。而教师适时地运用形象生动的语句来讲，会起到事半功倍的效果。在介绍"火山的种类"时，教师一边播放图片，一边讲解，这属于配合性讲解。如果只看不讲，幼儿掌握不到应有的知识；图文结合，更能吸引幼儿。以上两部分运用讲解法能让幼儿了解一些事实性知识，从而丰富幼儿的见识。

针对案例中涉及的讲解法做以上评析，目的是让同学们体会如何运用讲解法，并在何种情况下运用讲解法。

（资料来源：全国优秀幼儿科学教育活动课例评析）

（二）指导探究法

指导探究法是指由教师确定科学活动的主题、内容，提供活动所需要的材料，学前儿童在教师的指导下进行探究的一种方法。[①]

指导探究法可以应用于探究具体事物和解决实际问题。该方法可以激发学前儿童的探究兴趣，让学前儿童体验探究过程，发展学前儿童初步的探究能力。那么在科学教育中，怎样才能有效地对学前儿童进行指导呢？

1. 做好指导探究前的准备工作

为了在探究活动中对学前儿童进行更好的指导，教师需要做大量的准备工作。

1）确定探究活动的主题与内容

教师根据学前儿童心理发展和认知发展特点以及学前儿童实际发展情况为其确定恰当的活动主题和内容。同一活动主题，小、中、大班的活动内容难易程度也是不同的。例如，可以为小班幼儿提供预测活动"什么东西会发芽和生长"；为中班幼儿提供分类"种子分类"、提供交流活动"让蛋壳变软"；为大班幼儿提供推断活动"在水中依然干燥的纸巾"。

2）准备探究活动所需的材料

教师根据活动主题和内容为学前儿童准备探究活动的材料。例如，让学前儿童探究种子分类活动时，要为学前儿童提供不同类型的种子；让学前儿童探究种子成长过程时，要为学前儿童提供种子、养料、观察记录表等。充足的活动材料，是学前儿童进行活动探究的物质基础。

3）制订探究活动的计划

探究活动的计划是保证活动顺利进行的重要因素之一，活动计划应该包括探究活动的目标、准备工作、活动步骤以及活动总结等。

2. 指导探究活动

探究活动的指导主要包括活动时间的把控、探究时人员的分配和材料的使用以及探究活动开始和过程的引导等。不同的科学活动具体操作不同，因此需要教师根据实际来把握。在指导过程中，教师是活动的引导者、组织者，学前儿童是活动的主体，活动应以学

[①] 李维金. 学前儿童科学教育[M]. 2 版. 北京：科学教育出版社，2012.

前儿童为中心。

在指导探究法中,教师扮演着不同的角色。因为教师为学前儿童提供了探索的材料、环境,所以说教师的第一种角色是资源提供者;在学前儿童探索时教师还可以与学前儿童共同探讨、共同研究,所以教师的第二种角色是幼儿的合作探究者;在活动中,教师不是明确地告诉学前儿童应该怎么去做,不应该怎么去做,而是给学前儿童提供探究的方向,所以教师是一名积极的引导者。可见,教师在探究活动中是学前儿童学科学的良好助手。

指导探究法能有效地帮助学前儿童学科学、进行科学探索活动,但教师要时刻注意把握指导的尺度,否则易牵制学前儿童的探索,不利于学前儿童探究的展开。

【案例 4-12】 大班教育活动——怎样把瓶子装满

活动目标:

(1) 观察并感知在同一容器内的物体与物体之间是有空隙的。

(2) 探索怎样有序合理地安排瓶子空间,将瓶子装满。

(3) 能够大胆地设计实验,按照计划进行操作活动并获得成功。

活动准备:

1. 实验材料

(1) 每组一个大托盘、一个小托盘、一个篮筐。

(2) 每人一个广口瓶、一杯小橘子(6 个)、一杯白果(30 颗)、一杯米。

2. 幼儿实验记录表、教师实验记录表

活动过程:

1. 熟悉实验材料

(1) 了解材料特征:看一看、摸一摸、抓一抓,它们有什么不同。

(2) 观察形状、大小,排列顺序:已经有小朋友发现它们的大小不同,哪个最大?哪个最小?来帮它们排排队吧。

2. 出示教具并讲述实验要求

(1) 出示教具、引入主题:把瓶子装满。

(2) 提出实验要求:设计实验步骤→按照设计步骤实验→将以上三个杯子中的东西依次装瓶→觉得装满后即停下来。

3. 设计并进行实验活动

(1) 幼儿设计实验步骤:先放哪种东西,然后放哪种,最后放哪种。

(2) 幼儿按照自己的步骤实验:教师指导、观察幼儿的实验情况和技能发展。

(3) 观察交流实验结果:按什么顺序放东西?结果怎样?东西全放进去了吗?最后要做好记录。

4. 师幼共同讨论成败原因

幼儿操作的结果可能有两种:成功和失败。

(1) 幼儿交流:设计的步骤及实验结果。

(2) 提问:东西一样多,为什么有的小组可以全部放进去,有的小组还有东西留在外面呢?我们一起找找原因吧。

（3）幼儿探索发现问题：①放东西的顺序；②瓶中的空隙有大有小。

5. 幼儿再次实验，探索验证

（1）教师再次提醒幼儿实验规则：按顺序放，轻轻地摇晃。

（2）统计实验结果：按照什么顺序放东西？结果怎样？同时要做好记录。

（3）幼儿按教师的方法操作，实验成功：将6个橘子、30颗白果、一杯米全部装入瓶中。教师与幼儿共享成功的快乐。

（资料来源：南京河海大学幼儿园）

活动分析：

在这个案例中，教师主要运用了指导探究法。首先确定指导探究的主题是如何装满瓶子。其次准备探究活动所需的材料。另外在活动过程中也计划了探究步骤：熟悉实验材料→出示教具并讲述实验要求→设计并进行实验活动→师幼共同讨论成败原因→幼儿再次实验，探索验证。这些过程环环相扣，紧密衔接。在探究中，教师设计好问题，也提前预测会出现什么问题。例如，观察形状的时候，问幼儿哪个大，哪个小，提前对幼儿的操作结果进行预测。在活动中，幼儿是主体，教师起指导作用。

当然在活动中，也用到了其他方法，在这里主要分析的是指导探究法。教师正确的引导能让活动顺利地进行，最关键的是能让幼儿更好地发挥主体作用。需要指出的是，所谓指导探究法并不是单纯的教师指导，而是要根据幼儿的表现做出相应的指导。

（三）自由探究法

自由探究法是指在教师的指导下，由学前儿童自己确立活动的内容并进行探究的一种方法。[1] 教师在活动中只是材料的提供者、合作探究者，学前儿童需要自己确定活动的内容，自己选择探究的材料，自己决定探究方式。活动结果是儿童自己探究来的，而非教师预设的。

此方法的运用能更好地满足每个儿童自身探索和游戏的兴趣，使个别化学习活动能够充分体现儿童个体建构与发展的需要，儿童探索学习活动的效益更优化，每个儿童的自主性、主动性和创造性将获得更好的发展。

下面是一个中班的科学教育活动过程。

将幼儿分成几组，每组4个无色、透明的有盖的瓶子，瓶内分别装有牛奶、清水、白酒、雪碧，并拧紧瓶盖。活动的目标是在教师的引导下，让幼儿找出哪一瓶是清水。幼儿通过看（视觉）、闻（嗅觉）、尝（味觉），将4种液体加以比较、辨别；幼儿通过自己的眼、鼻、舌等感官，感知水是无颜色、无气味、无味道的液体。首先通过眼睛看，知道乳白色的牛奶不是清水；通过鼻子闻，知道有气味的白酒也不是清水；通过舌头尝，发现有甜味的是雪碧饮料，最后剩下的一瓶液体就是清水。

以上活动过程就是幼儿自主探究的过程。这个活动看似简单，其实在整个活动过程中幼儿需要解决的问题还是有一定难度的。教师为幼儿提供了操作、探究的条件，幼儿在教师的指导下自主探究，不断有新发现，使幼儿学习兴趣不断提升。这样的活动，除了让

---

① 李维金. 学前儿童科学教育[M]. 2版. 北京：科学教育出版社，2012.

幼儿获取有关水的科学知识外,还发展了幼儿用感官感知事物的能力,同时还训练了幼儿的思维能力和解决问题的能力。

自主探究法有利于充分发挥学前儿童的自主性、主动性和创造性。但是此方法也存在弊端:在探究过程中缺少教师的指导,儿童有时会混乱,不知如何入手;当遇到困难和挫折时,若不及时引导,儿童可能会放弃,进而注意力被其他事物转移。一旦学前儿童在活动时有特定选择就可能导致材料资源的浪费,或者是活动材料不能满足学前儿童的需求。

昆虫

二、学前儿童科学教育实践方法

对学前儿童进行科学教育是至关重要的,从学前儿童自身发展来说,有利于促进其想象力和创造力的发展;从社会发展来说,科学与社会生活密切相关,能够促进人类发展进程。对学前儿童进行科学教育,不仅能让学前儿童学会科学知识,体验过程,还能让学前儿童学会学习科学的方法,从而促进学前儿童的全面发展。本节将介绍几种学前儿童学习科学的实践方法。

(一)科学观察与记录

观察法是指有目的、有意识地引导学前儿童用多种感官去感知事物和现象,使之获得具体印象,并在此基础上逐步掌握科学知识的一种有效方法。记录法是指观察基础上的记录,记录能使观察条理化、系统化。[①] 科学观察与记录在学前儿童科学教育中的作用主要有以下几点。

课程故事:让孩子们研究调料

(1)观察是学前儿童认识事物,取得直接经验的重要途径。

学前儿童认识世界从具体的感知活动开始,他们观察具体事物,区别事物的特征及其变化,从而发现事物之间简单明显的联系与因果关系,并在此基础上形成概念。因此,有人把观察比喻为"知识的门户",它可以使学前儿童获得第一手的科学经验。

(2)观察能有效地促进学前儿童智力与语言的发展。

作为一种复杂的心理活动过程,观察不仅能提高感觉器官的机能,还可以锻炼大脑的信息加工能力。学前儿童通过观察,能有效促进其智力的发展。丰富的感性认识是学前儿童语言发展的源泉,学前儿童在运用观察的方法感知事物的同时词汇数量不断增加,丰富多彩的事物也能激发学前儿童用语言表达的愿望。

(3)观察记录可以培养学前儿童尊重事实的科学态度与科学精神,使之逐步形成对周围事物的正确态度。

通过观察,学前儿童可以亲自感知事物的形态,感受到人与自然的亲密关系,探索世界存在的多种奥秘。学前儿童如实地将观察的过程记录下来,并以此为依据进行交流,得

---

① 王冬兰.学前儿童科学教育[M].上海:华东师范大学出版社,2009.

出结论,有助于学前儿童养成尊重事实、实事求是的科学态度和科学精神。

(4)观察记录有助于学前儿童自我建构科学知识和经验。

引导学前儿童把所观察、探索的经验用不同的方式记录下来,能促进学前儿童更细致地观察与更认真地思考,使他们将零散的知识经验系统化,从而在一次次的记录与实验的对比中调整自己的认识,为最终形成科学的概念奠定坚实的基础。

1. 观察法的基本类型

1)个别物体和现象的观察

个别物体和现象的观察是指学前儿童为某一特定活动而进行的观察。例如观察某一特定的自然物体和自然现象。通过观察,学前儿童能够获得有关物体的以下信息:物体的外形特征、物体的外部结构和功能、物体的生活与生长习性和特点等。

个别物体和现象的观察在各年龄班均可进行。

植物

2)比较观察

比较观察是指学前儿童对两种或两种以上的自然物或自然现象、科技产品进行的观察比较。

比较观察要求在对事物观察的同时进行比较,例如观察菊花和兰花的生长过程,会比较两种花在生长过程中有何异同。观察比较是一个较为复杂的认知过程,所以一般在中班和大班进行。

3)长期的系统性观察

长期的系统性观察是指学前儿童为观察某种现象而进行的持久的、系统的观察。例如,观察植物的生长变化过程,观察蚕的生长过程或者四季的变化等。与比较观察相似,适合在中大班进行。

知识链接

典型特征观察法

典型特征观察法是从物体的明显特征入手开始观察,然后再引导幼儿对事物的全部进行观察的一种方法。有些物体具备一些明显的外形特征,这些明显的典型特征在幼儿的观察过程中首先作用于他们的感官,例如,物体的鲜艳色彩、特殊的气味、某一部分的奇异的样子,或者不常见的声音等,都非常容易吸引幼儿的观察兴趣和注意力。

因此,在观察过程中,可以首先引导幼儿从这些典型的特征开始观察,然后展开全面的观察,以提高辨认物体的能力。例如,在对"马"的认识中,抓住马的典型特征——奔跑,从马的四肢、鬃毛等开始进行观察,让幼儿比较准确地感知"马"这种动物的外形特征。

2. 科学观察与记录的步骤

(1)确定观察的目的和选定观察的对象。

(2)做好观察前的准备工作,如准备观察工具,设计、印刷观察记录表等。

(3)进入观察场所,获得被观察对象的信赖(用于观察有生命物体)。

（4）进行观察并作记录。

（5）依据观察记录进行交流。①

【案例 4-13】　用听觉进行观察记录的活动（比较观察）②

年龄：3～5 岁。

目的：倾听不同物体落到桌面时发出的声音。

观察对象：不同的物体。

材料准备：收集落到桌面发出不同声音的物体若干。这些物体可以包括：硬币、棍子、钥匙、书、铃铛、塑料杯等，准备记录表若干份。

活动过程：让幼儿依次拿起每一个物体，保持距离桌面 5 厘米左右的高度，然后落下该物体，并用一个或更多的词汇描述物体落在桌面时发出的声音（叮当作响、砰的一声、轰的一声、撞击声等）。

听见一种声音就做一次记录。由于幼儿还不会写字，可以让老师代写。还可以换一种形式，不让幼儿看到物体，只让幼儿听声音，看看幼儿能否依据声音判断出对应的物体。当幼儿听出是什么物体时，让幼儿记录下来，记录的方式是把物体简单画出来。

以上是一次完整的观察记录过程。记录表如下。

物体	硬币	铃铛	书	棍子	塑料杯	钥匙
声音						
声音	叮零零	砰的一声	当的一声	咚的一声	蹬蹬噔	哗啦哗啦
画出物体						

（二）科学实验

科学实验法是指人们根据一定的科学研究目的，利用科学仪器设备，在人为控制或模拟的特定条件下，排除各种干扰，对研究对象进行观察的方法。

1. 科学实验在学前儿童科学教育中的作用

科学实验活动能调动学前儿童学习科学的积极性与主动性，激发幼儿学科学的兴趣；能让学前儿童体验科学实验的过程，有利于学前儿童形成对科学的整体认识；还能培养学前儿童的动手操作能力，提高其逻辑思维能力。

2. 科学实验的基本类型

学前儿童的科学实验一般分为两种：教师演示实验和学前儿童操作实验。

随着学前教育的不断改革，越来越提倡学前儿童科学探究的自主性，所以前者一般不提倡，只是在实验难度较大的情况下使用。学前儿童操作实验，是学前儿童亲手操作实验，体验实验过程，能够发挥学前儿童的自主性与主动性，因此在幼儿园使用得较多。

①② 王冬兰. 学前儿童科学教育[M]. 上海：华东师范大学出版社，2009.

3. 科学实验的指导要点

提供充足、多样的实验材料和充足的时间,以保证学前儿童能反复操作、与客体相互作用,在实验过程中去探索、发现、判断、自己找出问题的答案。

积极引导学前儿童主动参与,使实验活动成为学前儿童主动的探索活动。鼓励学前儿童大胆尝试,激发其探索欲望。

引导学前儿童通过观察,注意实验材料在操作过程中的变化,认真观察和记录实验过程和结果。必要时,对学前儿童的实验操作方法给予适当指导。[①]

中班科学小实验

【案例 4-14】　鸡蛋能浮起来吗?（幼儿操作实验）[②]

活动目标:

了解物体在水中浮或沉的现象。

活动准备:

透明玻璃杯或大口瓶、鸡蛋、盐。

活动过程:

将一枚鸡蛋放入玻璃杯内的水中,可见鸡蛋沉于水中。

向水中逐渐加入盐（一边加一边搅拌,使其成为盐溶液）,直至鸡蛋浮出水面。在加盐时,有的幼儿一点一点地加,有的幼儿一次加很多,这时候要给幼儿一定的指导,一边加一边观察与讨论,充分利用好实验的过程。

（三）分类

分类是指按照种类、等级或性质分别归类。分类是学前儿童在科学活动中常用的一种方法。具体是指学前儿童把具有某一个或几个共同特征的物体聚集在一起,借以学习科学的一种方法。许多情况下,学前儿童都会用到分类,如整理玩具、物体大小分类、颜色分类等。

1. 分类在学前儿童科学教育中的作用

分类在学前儿童科学教育中具有以下作用。

（1）加深、巩固学前儿童对各类物品特征的认识。

对自然界的分类是根据事物的自然属性和特征进行的,分类是观察过程的延伸和应用;通过对自然物品分门别类的组合,可使观察趋于精细。例如,在"食草动物、食肉动物和杂食动物分类"的活动中,学前儿童在原有观察认识的基础上,将动物加以整理归类,可进一步加深、巩固儿童对各种动物生活习性的认识。

（2）培养学前儿童善于探索的兴趣和习惯。

分类是要求人们从错综复杂的事物中找出共性的东西,并进行归类,使人们更概括地认知客观事物。学前儿童通过分类的方法学习整理自己所观察到的东西,初步懂得许多物体的特性,并初步学会把周围所感、所见、所闻的事物进行抽象与概括,从而培养学前儿

① 王冬兰. 学前儿童科学教育[M]. 上海:华东师范大学出版社,2009.
② 李维金. 学前儿童科学教育[M]. 2版. 北京:科学教育出版社,2012.

童善于探索事物之间联系的兴趣和习惯。

（3）促进学前儿童思维能力的发展。

学前儿童进行分类时，要经过观察、比较、分析、综合等过程。分类首先是根据一定的要求，对物体逐一进行观察和比较。例如，在一堆积木中，要求按颜色的差异进行分类，学前儿童就必须在这一堆积木中看看有哪些颜色，哪些是红色，哪些是绿色，而这一过程同时也是对物体的分析过程。在分析的基础上再把红色的积木归并在一起，或把绿色的归并在一起，这就是综合过程。观察、比较、分析、综合等都是思维的基本过程，所以分类能促进学前儿童思维能力的发展。[①]

2. 分类的基本类型

分类主要分为按特定的标准分类和按自己确定的标准分类两种类型。

（1）按特定的标准分类是指学前儿童根据活动要求或科学常识分类。例如，根据物体的功能、用途、内外部特征分类。

（2）按自己确定的标准分类是指学前儿童根据自己的理解和自己的意愿进行分类。例如，对树叶的分类，学前儿童可能会根据树叶的大小分类，也可能根据树叶的形状分类。

3. 应用分类方法的注意事项

应用分类方法时需注意以下几点。

1）分类教学中，首先要启发学前儿童仔细观察

首先要明确分类对象的名称，注意观察分类对象的特征及分类对象之间的各种差异。当教师提出分类的要求后，要启发儿童仔细观察，根据教师的要求区分开分类对象，以便正确地进行分类。这样就为学前儿童进行分类提供了多种信息，为学前儿童从各个角度确定分类标准打下基础。

2）帮助学前儿童学习不同的分类活动类型

整个学前儿童阶段的科学分类教育，主要是指导学前儿童学习二元分类法，即要求学前儿童在感知水平上把物体分为两类。具体还要根据学前儿童的不同年龄段，选择不同的分类类型：小班多采用挑选分类类型，小班末期可开始学习二元分类类型。中、大班以学习运用二元分类为主，在教师有计划的指导下，还可借助三元分类以便更为系统地认识客观物体。

3）启发学前儿童思考分类的形式

可针对全体学前儿童启发，也可进行个别启发。目的是让学前儿童懂得，不仅可以根据事物的各种特征进行分类，还可以自己选择某个特征来分类，鼓励学前儿童分得与别人不一样，逐步培养儿童养成善于独立思考的习惯，并发展其发散思维。

4）组织学前儿童交流分类的过程

学前儿童对现有物品进行多种分类后，应组织他们进行交流。这是分类教学的重要一环，是学前儿童相互学习的好方法，同时又可发展学前儿童的语言表达能力。

例如，可以让学前儿童把自己分类后的物品展示给大家看，并注重讲解自己是按什么分类的，分为哪几类等。也可以把每个儿童的分类结果放在桌上，组织孩子们互相观看，

---

① 李维金. 学前儿童科学教育[M]. 2版. 北京：科学教育出版社，2012.

最后把看到的情况进行交流,请学前儿童回答:哪些小朋友分得与自己的不一样,自己是怎么分的,别人是怎么分的,哪些地方不一样等。这样既能起到相互学习、共同提高的作用,又发展了学前儿童的语言表达能力。

【案例 4-15】　水果蔬菜大集合(按特定的标准分类)

活动目标:

学前儿童可以按照特定的分类标准分类,培养其归类意识。

活动准备:

塑料玩具:苹果、香蕉、梨、菠萝、葡萄、西瓜、西红柿、青椒、黄瓜、土豆、茄子等。

活动过程:

首先请幼儿一一认识这些水果和蔬菜(包括名称、颜色等)。

然后提出要求,先按颜色分类。分类过程中教师可以提示:请幼儿把所有红色的归为一类,把所有绿色的分为一类。

接着打乱分类,用另一种标准分类。例如,找出所有的水果,找出所有的蔬菜。在分类中,幼儿可能会遇到困难,这时需要教师引导,可以问幼儿生活中的问题,让幼儿思考应该把该事物归到哪类;切勿直接告诉幼儿答案。

(四)测量

测量是按照某种规律,用数据描述观察到的现象。在科学教育活动中,测量是指学前儿童运用目测或简单的工具对物体进行简单的、初级的测定活动。

1. 测量在学前儿童科学教育中的作用

测量能帮助学前儿童认识事物的大小、重量、冷热和长度等;通过测量可以认识物体和事件的量化信息;通过测量能够对不同物体或事件进行比较。

2. 测量的基本类型

在学前儿童科学教育活动中,测量一般包括观察测量、正式量具的测量和非正式量具的测量三种基本类型。

(1)观察测量是指通过手、眼等感觉测量物体的方法,一般用于测量特征比较明显的物体。

(2)正式量具的测量是指以通用的标准量具对物体进行测量的方法。例如,运用尺子、天平、温度计等测量工具。

(3)非正式量具的测量是指不采用通用、标准的量具,而是运用一些自然物进行直接测量的方法。例如,运用绳子、木棍、线等自然物。

3. 应用测量方法的注意事项

应用测量方法时需注意以下几点。

1)重在培养学前儿童的测量意识

学前儿童已经有了通过测量来认识周围事物的需要,因此,应该让学前儿童从小树立应有的测量意识。鼓励学前儿童测量许多事物,鼓励他们创造出自己的"非标准化"的测量系统,促使他们理解测量的本质。

2）帮助学前儿童学习使用量具进行测量的方法

学前儿童运用测量的方法稍晚于分类的方法。中班以前,学前儿童的测量只是通过感知来比较量具的差异;中班以后,学前儿童才有可能学习使用测量工具。教师应帮助学前儿童学习使用测量长度、体积、重量、温度和时间的正式量具及非正式量具。

3）教会学前儿童记录测量结果的常用方法

记录测量结果的形式有图画记录或表格记录等,学前儿童运用这些方式记录测量的结果,既生动形象,又便于交流。①

【案例 4-16】 长度测量活动(非正式量具的测量)

活动目标:

学前儿童学会用不同的方式测量物体,体验测量的乐趣。

活动准备:

幼儿园吃饭的桌子、坐的椅子、绘本、尺子等。

活动过程:

首先请幼儿测量桌子的长度,测量前告诉幼儿椅子、绘本、尺子都可以利用。

请幼儿自主选择测量工具,如果幼儿只用尺子测量桌子,可以给幼儿一些引导,试试能不能用绘本测量桌子,怎么测量。

然后请幼儿测量椅子、绘本等,引导幼儿发现:一件东西不仅可以做测量工具,也可以被测量。另外引导幼儿,如果没有测量工具,单靠自己应该怎么测量?可以给幼儿提示,例如,用手和脚测量,请幼儿大胆想象。

(五) 科学游戏

科学游戏是指学前儿童在教师创设的环境下进行的有关科学学习经验的趣味性较强的科学活动。它能够满足学前儿童好奇、好动、好探索的天性。该方法可以在科学教育活动过程中穿插游戏,也可以整个活动过程以游戏为主线,特别是小班的活动以游戏的方式较合适。

1. 科学游戏在学前儿童科学教育中的作用

科学游戏使学前儿童在自由、愉悦的心态下学习科学。游戏是学前儿童生活中重要的一部分,科学游戏能让学前儿童在学中玩、玩中学,能在很大程度上保证学前儿童学习的自主性。科学游戏是学前儿童认识世界的方式。学前儿童非常喜欢做游戏,在游戏中,学前儿童会体验不同角色、社会分工等,在认识自己的同时,也认识了世界。科学游戏使学前儿童懂得规则的意义,规则是科学游戏的支柱,学前儿童在游戏中不是绝对自由的,必须遵守游戏规则,遵守游戏规则方能发现和领悟事物的特性以及事物之间的关系。

2. 科学游戏的基本类型

按活动类型划分,可以将科学游戏分为以下两种类型。

(1)感知游戏。感知游戏是指学前儿童运用各种感觉器官,感知、辨别自然物体的属

---

① 王冬兰. 学前儿童科学教育[M]. 上海:华东师范大学出版社,2009.

性和功能。感知游戏包括视觉游戏、听觉游戏、嗅觉游戏、触觉游戏等。

（2）操作性游戏。操作性游戏是指学前儿童通过操作玩具或实物材料，并借助一定的活动规则，获得科学经验与技能。操作游戏包括分类、排序、配对等游戏。[①]

3. 进行科学游戏需注意的事项

进行科学游戏时需注意以下几点。

（1）集中学前儿童的注意力，调动学前儿童参与游戏的热情。教师需要用多种方式导入游戏，或用丰富多彩的材料吸引学前儿童，使学前儿童以期待的心理来接受游戏。

（2）帮助学前儿童理解游戏的规则。教师在游戏之前需要为学前儿童讲清楚规则；在游戏过程中，也要强化规则意识。

（3）关注游戏的进展和学前儿童在游戏中的反应。必要时可对个别学前儿童提供一些帮助，如提示下一步可进行的操作。

制作感官册

【案例 4-17】　摸箱（感知游戏）[②]

适用班龄：

小、中班均可。

游戏目标：

锻炼幼儿的触觉与感知觉，体验探索的乐趣。

游戏准备：

一个布制口袋，或纸箱（上面开一个洞），里面放有不同材料的物品，包括积木、布料、棉花、塑料、海绵等。

游戏规则：

不用眼睛看，只将手伸进袋或箱中，反复触摸，并用语言描述其外形特征，说出名称。

活动过程：

请幼儿排队来摸箱子里的东西，一次只能摸一个，摸到以后不要拿出，先猜是什么，然后拿出看是否猜对了。

在这个过程中，幼儿会显得极其兴奋。有的幼儿可能迫切想知道答案，还没有说答案，就会拿出来，容易被其他幼儿效仿。所以，教师需要注意这一点，提前讲好规则，培养幼儿的规则意识，同时也能锻炼幼儿的反应能力。

（六）科学制作

科学制作是指幼儿通过学习使用某些简单工具进行科学小制作，从而了解技术、体验技术，并思考、探索其中蕴含的科学原理（见图 4-1）。

制作小火箭

1. 科学制作在学前儿童科学教育中的作用

通过科学制作活动让学前儿童认识生活中常用工具的作用，并学习使用简单的工具；

---

①　王冬兰. 学前儿童科学教育[M]. 上海：华东师范大学出版社，2009.

②　郦燕君. 学前儿童科学教育[M]. 上海：华东师范大学出版社，2006.

图 4-1 幼儿制作的坦克和天平

有利于提高学前儿童参加活动的兴趣,增强自信心,提高活动的有效性;有利于发展学前儿童的动手操作能力,培养学前儿童的创造性,使儿童懂得实践的重要性。

2. 科学制作的基本类型

科学制作的基本类型有以下两种。

(1) 运用科技产品或活动。这种活动是引导学前儿童学习现代科技产品的操作方法或日常生活用品、常见工具的使用方法。

(2) 科学制作活动。这种活动的目的主要是通过学前儿童的制作活动使其进一步发现科学现象,体验其中蕴含的道理,同时掌握制作的技巧。

知识链接

科学制作活动材料的来源

用来制作科技产品的材料很多,日常生活中到处可见,只要平时注意收集,制作时就非常方便。收集的方法,一是靠教师平时随时注意收集,二是发动学前儿童在家里和爸爸、妈妈一起收集。

可以以下几类物料作为学前科学教育活动的常用材料。

(1) 包装盒、硬纸板、泡沫板、瓦楞纸、挂历纸、包装纸等。

(2) 旧毛线、旧海绵、碎布等。

(3) 废旧玩具,如积木、塑料拼插粒等;坏玩具中的零件,如轮子、轴、弹簧、小发动机等。

(4) 小木板、小木块、小瓶子、坏乒乓球、旧牙刷柄、塑料板等。

(5) 羽毛、贝壳、瓜子壳、花生壳、麦秸等。

(6) 面、泥土、石头、沙子、橡皮泥等。

3. 进行科学制作需注意的事项

进行科学制作时需要注意以下几点。

(1) 做好活动前的准备工作。活动前,教师首先要准备好活动材料,需要给学前儿童大致讲解活动目的、过程等,不至于学前儿童感到陌生而产生畏难情绪。

（2）让学前儿童自己探索制作方法。科学制作的其中一个目的是培养学前儿童的主动性和创造性,教师不能过分干涉学前儿童的探索过程,给学前儿童充分的时间和空间。

（3）教师应该是学前儿童活动中的引导者。教师不是向学前儿童灌输技能技巧,而是学会观察学前儿童,在恰当的时间给学前儿童一些引导。

【案例 4-18】 大班教学活动——动力橡皮筋船（科学制作活动）[①]

活动目标：

（1）锻炼幼儿科学制作的能力。

（2）了解橡皮筋的韧性及用途。

活动准备：

厚纸片、泡沫塑料、图钉、橡皮筋、脸盆、水、红纸、牙签。

活动过程：

用 12 厘米×8 厘米的泡沫塑料做轮船,将船的尾部中间切下 5 厘米见方的缺口。幼儿切得可能不太整齐,教师要注意观察,必要的时候给予幼儿帮助。

用厚纸片做轮船叶片,用图钉固定在泡沫塑料上,用橡皮筋绷紧。这一步骤要使用图钉,因此要注意安全。由于幼儿的灵活度不够,可能制作起来不会很顺利,为了避免幼儿出现畏难情绪,一定要给幼儿充足的时间和适当的鼓励。

轮船上插一面红纸做成的红旗,事先转动小船后面的轮桨叶,放在水面上。小船不用风吹就能航行(见图 4-2)。

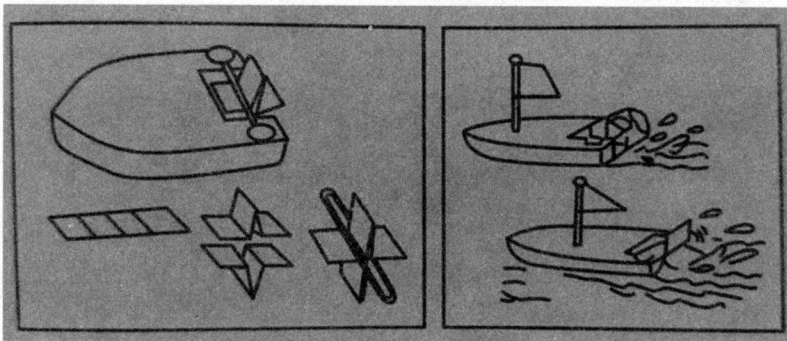

图 4-2 轮船造型

（七）学前儿童劳动

人类的发展离不开劳动。这里所说的劳动是指与科学教育有关的学前儿童种植、栽培和饲养类劳动。

1. 种植、栽培和饲养在学前儿童科学教育中的作用

1）丰富知识

在种植、栽培和饲养过程中,学前儿童可观察动植物的生长、发育、死亡等生命现象,

---

① 郦燕君. 学前儿童科学教育[M]. 上海：华东师范大学出版社,2006.

了解生物与非生物的关系。人与自然的关系，以获取生命科学的经验，进而理解有关生物科学的简单的概念。

2）促进良好情感的形成

在种植、栽培和饲养过程中，学前儿童能发现动、植物是如何在自己的管理和照料下逐渐变化和成长的，由此而产生愉快的情绪体验。在长时间的动物饲养和植物管理中，学前儿童逐渐对动、植物产生积极的情感，从而出现爱护、保护所有动、植物的情感和行为。

3）学习简单的劳动技能

学前儿童通过种植、栽培和饲养劳动，还能学习简单的种植和饲养技能，培养动手动脑的习惯。例如，学前儿童通过种植可学会使用简单的、专用的劳动工具以及如何整地、浇水、播种、管理、收获等技能；学前儿童在饲养过程中同样可以学习简单的饲养技能等。

4）培养良好的品德

学前儿童通过参与活动可以更好地培养热爱劳动、尊重别人的劳动成果、爱护劳动工具等品质，还能够养成爱劳动的好习惯，同时有利于激发学前儿童热爱科学的兴趣与情感，促进其认知能力的发展。

2. 学前儿童劳动的基本类型

1）常见植物的种植栽培

常见植物的种植栽培管理是指学前儿童通过在园地、自然角种植花卉、蔬菜和农作物等活动，借以认识大自然的方法。[①] 主要种植内容包括常见植物的播种、管理、收获等。例如，教师带领幼儿参加选种、浸种、移栽、浇水、松土、除草、追肥、收获、留种等工作。

2）常见动物的饲养管理

常见动物的饲养管理是指学前儿童通过在饲养角喂养和照管习性温驯的动物，从而认识大自然的方法。例如，在饲养乌龟、小猫、金鱼等活动中，学前儿童主要的饲养管理工作包括：收集饲料、喂养、管理和掌握简单的饲养技能等。通过饲养活动，更有利于幼儿观察小动物的外形特征和动作特点，了解其生活习性，进而培养幼儿爱护小动物的情感意识。

知识链接

金鱼的饲养方法

金鱼是杂食性动物，以浮游动物（俗称鱼虫）喂养最好，鱼粉，猪、羊、牛的粗肉，及金鱼商店出售的鱼虫干饲料等也是金鱼的好饲料。金鱼饲养方便，每次投放饲料不宜过多，以5分钟吃完饲料为宜（过多的饲料在水中腐烂可能造成水质变坏，导致鱼死亡）。饲料宜在每天上午定时投放。如果金鱼浮头（不断浮到水面，大口大口地呼吸），说明水质恶化，水中缺氧，应及时换水。为了保证水中氧气充足，可用加氧泵加氧。

金鱼的繁殖季节是春季，此时金鱼身体虚弱，应少换水，每2～3天换一次，每次换水量为总量的1/10～1/5。夏季，金鱼身体健壮，气温较高，要勤换水，每1～2天换一次，每

① 李维金. 学前儿童科学教育[M]. 2版. 北京：科学教育出版社，2012.

次换水量为总量的 2/5;在换水的同时,要注意勤吸污(用虹吸管吸出水底污物),少捕捞,多晒太阳。冬季,金鱼进入半休眠状态,应少换水,多晒太阳,注意保暖。

3. 种植、栽培和饲养时需注意的事项

种植、栽培和饲养时需要注意以下几点。

1) 选择合适的内容

学前儿童年龄小,种植、栽培和饲养的技能差,因此在选择内容时,要根据学前儿童年龄特征,选择一些易生长、易照顾的植物。选择饲养动物的种类时,应根据各园的实际情况,并考虑到学前儿童的兴趣以及教学的需要。

2) 管理过程要结合学前儿童的观察和探索活动

教师要利用管理过程中的各种机会,因势利导,帮助学前儿童扩大知识面,满足其好奇心,鼓励其善于思考,激发其兴趣。

3) 以学前儿童参加劳动为主,教师重在帮助、引导

劳动过程中,应当在教师的辅助、引导下,坚持以学前儿童劳动为主,放手让他们充当小园艺师、小科学家等角色。学前儿童在劳动过程中难免会遇到一些困难,教师不应包办代替,而应鼓励、帮助幼儿克服困难,完成任务。

4) 不追求劳动结果,重在有针对性地指导劳动过程

教师应结合种植、栽培和饲养活动,运用教育机制,因势利导幼儿进一步探索,帮助学前儿童学习种植、栽培和饲养及使用工具等技能。这样,不仅能扩展学前儿童的知识面,还能满足学前儿童的好奇心,促进智力的发展和技能的提高。

【案例 4-19】 咱们一起来种植(常见的种植、栽培,大班)

活动目标:

(1) 了解种植的过程与种子生长所需要的基本条件。

(2) 能独自种植,掌握正确的种植方法。

(3) 感受种植劳动带来的快乐。

活动准备:

(1) 幼儿每人一个空的容器(瓶子、花盆、饮料瓶等),做好标签;各种农作物(小麦、大豆、花生、玉米)种子若干。

(2) 活动前准备大盆的细碎土壤。

种植过程:

首先在容器里放入 2/3 的细碎土壤,将种子均匀地撒在土壤表面(种子不能放得太多)。

然后用细土将种子完全覆盖。由于幼儿有天然的好奇心,可能变成了只是玩土,这时需要教师及时关注幼儿的表现,请幼儿回归到劳动中。用土覆盖的时候,也要给幼儿介绍什么是"细土"。

最后给种子浇适量的水(水要将容器内的土壤全部润透),将种植好的植物放在窗台上或植物角(这些地方空气流通好,阳光充足,浇水方便)。

（八）户外科学活动

学前儿童的户外科学活动是指幼儿园及家庭带领学前儿童参加的各种外出活动。对于天性爱动的孩子来说，他们最乐于参与户外活动，同时户外科学活动也是科学教育中富有特色的学习活动。

1. 户外科学活动在学前儿童科学教育中的作用

户外科学活动在学前儿童科学教育中具有以下作用。

1）户外科学活动是学前儿童接触社会、感受自然的大好时机

户外科学活动可拓宽学前儿童的活动空间和范围，开阔儿童的视野，是学前儿童接触社会、感受自然的有利时机。在大自然中，学前儿童受到周围环境的许多新异刺激，其好奇心进一步发展，并且锻炼了感知和观察力。

2）户外科学活动有利于学前儿童的身心健康

户外科学活动需要学前儿童付出一定的体力，既可观赏大自然，又使学前儿童得到全身运动，还能使其呼吸到新鲜空气，从而促进机体的新陈代谢，甚至可以使他们的生命产生奇妙的变化，因而有益于学前儿童的身心健康和谐发展。

3）散步与采集等活动可以陶冶学前儿童对大自然的情感

学前儿童通过外出散步和采集，与大自然产生亲密的接触，在教师的细心引导下，每个孩子都能亲身体验大自然的和谐与美丽，既发展了观察力和思维力，又感受到大自然的美，汲取了丰富的物质和精神营养，陶冶了对大自然的情感。[①]

2. 户外科学活动的基本类型

1）社会调查类

让学前儿童就自己关心的问题，结合散步和采集等活动去调查自己周围的生活环境。如小河的水是怎么变脏的？学前儿童提出问题后，先带幼儿进行实地考察，然后回来进行讨论，最后得出结论，并为保护河水提出建议。

2）实践行动类

实践行动类是指教师带领学前儿童用自己力所能及的方法，参与社会的行动。例如，在公园里，有些人乱扔垃圾，教师可以组织幼儿去公园做"环保小卫士"。

3）外出参观类

教师可以带领学前儿童外出参观，以了解科学技术在社会中的应用，亲自感受科学技术对生活的影响。

3. 进行户外科学活动时需注意的事项

进行户外科学活动时需要注意以下几点。在户外科学活动时，首先要保证学前儿童的安全，不去危险的地方，学前儿童的安全是第一位的；要做好户外科学活动前的准备工作，例如充足的水、食物、书包等，夏天需要戴遮阳帽、花露水等。在活动过程中，教师要及时引导学前儿童。

---

① 李维金. 学前儿童科学教育［M］. 2 版. 北京：科学教育出版社，2012.

【案例 4-20】　公益捡垃圾活动（实践行动类）

活动目标：

幼儿能够简单地学会垃圾分类，培养幼儿保护环境的意识。

活动准备：

教师事先准备好活动场地（幼儿园附近的一个社区）、手套，贴有标识的垃圾袋等。

活动过程：

首先教师给幼儿讲解一些垃圾分类的知识，目的是让幼儿在捡垃圾的时候知道把垃圾放在哪个垃圾袋里。

然后给幼儿分发垃圾袋和手套，幼儿开始在社区捡垃圾。在幼儿放垃圾的过程中，教师要提醒幼儿如何放，必要的时候讲一讲理由，或进行知识延伸，目的是让幼儿在这种氛围和环境中学会垃圾分类，同时体验户外活动的乐趣（见图4-3）。

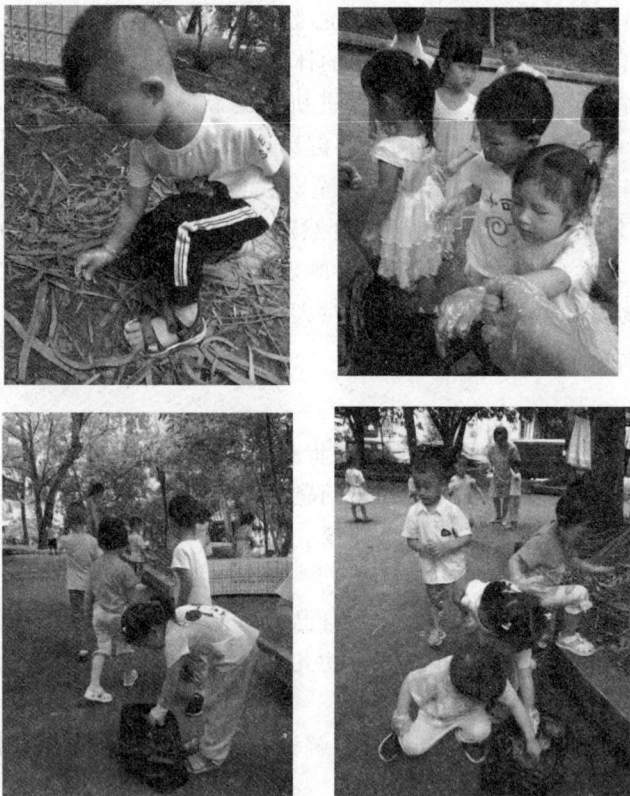

图 4-3　重庆市万州七彩幼儿园公益捡垃圾活动

（九）科学信息交流

科学信息交流是指学前儿童将所获得的有关周围环境的信息，以语言的或非语言的形式进行表达和交流。

1. 科学信息交流在学前儿童科学教育中的作用

科学信息交流使每个学前儿童都有机会表达自己的观点，都可以向老师或同伴质疑。

通过科学信息交流,使学前儿童感知周围世界的第一印象在脑中形成的表象。同时也有助于学前儿童语言的发展,促进学前儿童之间的交往,也使学前儿童和教师之间得到有效的沟通。

2. 科学信息交流的基本类型

1)语言方式

科学信息交流中的语言方式包括描述和讨论。描述是指在教师的指导下,学前儿童用语言向同伴或成人讲述自己在科学探索中的发现、质疑等。讨论是指学前儿童之间、学前儿童与成人之间通过口头语言,表达、交流自己在科学探索中的发现。

2)非语言方式

科学信息交流中的非语言方式包括图像记录、手势、动作、表情等。

3. 进行科学信息交流时需注意的事项

进行科学信息交流时需要注意以下几点:给予学前儿童充分的描述和讨论的机会,及时鼓励学前儿童用语言表达所获得的信息;指导学前儿童用简单明确的语言表达、描述有关的科学发现;图像记录要在学前儿童获得大量感性经验的基础上进行。

【案例 4-21】 大班科学信息交流类活动——各种各样的风(语言方式)[①]

活动目标:

(1)通过玩、讨论、感知等形式,帮助学前儿童了解风的成因及其与人类生活的关系,发展学前儿童的思维能力。

(2)激发学前儿童探索自然现象的兴趣。

活动准备:

每人自制风车 1 个;长彩条 1 串;纸筒;有关风的图片;吹风机 1 个;小旗若干。

活动过程:

(1)请学前儿童分组玩玩具:风车、纸筒、碎纸片、小旗。

(2)请学前儿童回答问题:①你是怎样玩的?②它们为什么动?

通过学前儿童的回答,进一步引出课题——因为有风,玩具才动。

(3)引导学前儿童讨论:不用手动,怎样才能让彩条动起来?让学前儿童按自己的想法试一试(教师可以示范:①用嘴巴吹;②用扇子扇;③用吹风机吹等)。引导学前儿童讨论:彩条纸为什么动?风是怎样形成的?

教师小结:地球周围的空气是一直在流动的,这种流动的空气就形成了风。空气流动得快,风就大;空气流动得慢,风就小。当我们扇扇子的时候,就使扇子周围的空气流动起来,这样就产生了风。

(4)进一步引导学前儿童讨论:风在哪里?你是怎样感觉到的?你知道有什么样的风?可以结合季节讨论:①春、夏、秋、冬各吹什么风?②什么东西吹热风,什么东西吹凉风?教师可以打开吹风机让学前儿童感受一下。

小结:大风、小风、东风、西风、南风、北风、温暖的风、凉爽的风、寒冷的风、刺骨的风、

---

① 李维金. 学前儿童科学教育[M]. 北京:科学出版社,2007.

台风、龙卷风等(观看录像《可怕的风》)。

(5)利用图片与学前儿童一起讨论:风对人们的好处和坏处。

风的好处:风与人类有很大的关系,风有许多好处。例如,天气热时,有风吹在脸上,人们会感觉很舒服;风能把湿的衣服吹干;风能吹动船帆,推动船前进;有些庄稼和果树开花时,需要风帮助传播花粉,它们才结出果实;风还能发电等。

风的害处:特别强大的风能吹翻海上的船,吹倒大树、房屋和庄稼;大风还能吹起沙尘,形成风沙天气等。

(6)拓展谈话主题:怎样预防风沙?

经常收听天气预报,对大风早做准备;多种树,广造防风林,减少风对人类的危害。

活动延伸:

师生一起到户外玩风车,进一步感受风。

✦ 案例实践

1.请你选择一所幼儿园,观摩一次集体教学活动,并做记录,分析其存在的问题并提出对策。

2.尝试运用所学理论进行一次幼儿园科学区角设计。

3.选择一所幼儿园,观摩其科学区域活动,分析教师指导中存在的问题并提出对策。

第五章
学前儿童科学教育活动的设计与指导

章节思维导图

```
                                                    ┌─ 含义
                                    ┌─ 观察类科学教育活动 ─┤─ 观察类科学教育活动的设计方法 ─┬─ 设计原则
                                    │                 │                          └─ 设计步骤
                                    │                 └─ 观察类科学教育活动的组织指导
                                    │
                                    │                 ┌─ 含义
                                    ├─ 实验类科学教育活动 ─┤─ 实验类科学教育活动的设计
                                    │                 └─ 实验类科学教育活动的组织指导
学前儿童科学教育活动的设计与指导 ─────┤
                                    │                 ┌─ 含义
                                    ├─ 制作类科学教育活动 ─┤─ 制作类科学教育活动的设计 ─┬─ 设计原则
                                    │                 │                        └─ 活动的设计
                                    │                 └─ 制作类科学教育活动的组织指导
                                    │
                                    │                 ┌─ 含义
                                    │                 ├─ 特点
                                    └─ 游戏类科学教育活动 ─┤─ 游戏类科学教育活动的设计与指导 ─┬─ 设计原则
                                                      │                          └─ 活动的设计
                                                      └─ 游戏类科学教育活动的组织与指导
```

思政教育目标

　　学习如何设计与组织教育活动是学前教育专业学生成为幼儿教师不可或缺的重要环节。在设计及组织活动时，应该以准教师标准要求自己，在活动的各个环节中体现师德、专业水平及政治觉悟。通过对教学活动的打磨，做到为人师时严于律己，依法执教，增强自身社会责任感，早日成为合格的幼儿园教师。

学习目标

　　1. 掌握观察类、实验类、制作类、游戏类科学教育活动的设计方法和技能。

　　2. 掌握观察类、实验类、制作类、游戏类科学教育活动的组织指导原则。

幼儿园集体科学教
学活动设计中存在
的问题与对策

3. 能够设计具有科学性、适宜性、规范性、可操作性的各类幼儿园科学教育活动计划。

4. 具备组织和指导观察类、实验类、制作类、游戏类科学教育活动的能力。

第一节　观察类科学教育活动的设计与组织指导

一、 观察类科学教育活动的含义

观察是"知识的门户",它可以使幼儿获得第一手的科学经验。在幼儿园实践中,观察法既可以单独作为科学教育活动的探究手段,也常与实验、制作等各种活动结合,共同构成完整的科学探究活动。可以说,在学前儿童科学教育中,观察法是最为重要,也是运用最为普遍的方法。

本章讨论的观察类科学教育活动,指的是专门性的观察活动,即以观察为主要认知手段,让学前儿童探索客观事物、现象的特征,发展儿童的科学认知、培养科学情感、形成科学态度、训练科学方法的一种科学启蒙教育活动。[①] 它是幼儿园科学教育活动的一种常见类型,是科学教育的基本形式之一。

二、 观察类科学教育活动的设计方法

（一）观察类科学教育活动的设计原则

1. 整体性原则

对于观察活动而言,前期的准备工作充分与否直接影响观察的效果,甚至决定观察的成败。因此,教师在开展观察类科学教育活动前应整体统筹各方面因素,确保观察活动的顺利展开。教师应整体考虑本地区、本园具体条件,结合科学教育活动的计划及本班幼儿的发展水平,确定观察的内容、地点、要求与形式,提前拟定观察计划。此外,教师还需考虑如何引起幼儿观察的兴趣,如何通过观察活动发展幼儿初步的探究能力。

2. 结合实际原则

教师在选择观察内容时,要特别考虑幼儿的年龄特点,选择特征典型、明显,贴近生活并力求美观的观察对象。教师要掌握有关知识,熟悉观察对象的特征、习性等,以便引导儿童正确认识。观察对象的数量,应根据具体情况和观察的要求而定。可以是全班儿童共同观察一个对象,也可以每个儿童观察一个或一个小组观察一个对象。观察对象所在的位置与儿童的座位要作适当的安排,以保证全体儿童都能顺利地进行观察。[②]

3. 系统性原则

观察活动的有效开展有赖于系统的观察方法。在开展观察类科学教育活动前,教师应指导幼儿学习基本的观察方法,如从上到下或从下到上,从右向左或从左向右,从整体

---

① 夏力. 学前儿童科学教育活动指导[M]. 上海：复旦大学出版社,2017.
② 袁宗金. 幼儿园科学教育与活动设计[M]. 长春：长春出版社,2013.

到局部或从局部到整体,从明显特征到不明显特征,从外到里等。① 观察应有顺序地、系统性开展,幼儿运用各种感官进行观察、比较,运用语言大胆讲述自己在观察中的发现,用图画、数字等多种形式记录自己观察的发现。

(二)观察类科学教育活动的设计

1. 选定活动课题

1) 观察内容应贴近幼儿的实际生活

《纲要》要求:"科学教育应密切联系幼儿的实际生活进行,利用身边的事物和现象作为科学探索的对象。"选择观察类科学教育活动的教学内容,应从幼儿的实际生活着手,选择幼儿熟悉及感兴趣的对象进行观察。当幼儿面对自己熟悉的事物和现象时,能更好地提取自己头脑中相关的已有经验,在新的观察探究中,将已有经验与新的知识经验建立联结,有所发现。例如,树叶是幼儿生活中随处可见的事物,在已有生活经验中,幼儿已经见过各式各样、各种颜色的树叶。在"找叶子"的观察活动中,教师可引导幼儿观察树叶的微小细节。这样的观察内容既贴近幼儿实际生活,对幼儿来说又有挑战性。

二十四节气
探究活动

【案例5-1】 找叶子②

活动以叶子为焦点,通过简单的识别游戏鼓励儿童仔细观察细节,加深与自然的联系。只要天气允许,在户外很容易开展这个活动。

活动目标:

观察微小细节。

材料和工具:

各种叶子,数量要保证每个儿童至少一片。

活动过程:

(1)给每个儿童分发一片叶子,或者让儿童自己选择一片。

(2)把儿童聚集在一起,让他们向其他人展示自己的叶子,说明叶子的特别之处。

(3)请儿童说一说叶子的颜色、形状,以及裂缝、褶皱等他们注意到的细节。

(4)每个儿童完成描述之后,让他/她把叶子放到叶子堆里。

(5)所有人描述完后,可让儿童在叶子堆里寻找自己的那片叶子。

提示:

尽量使用真实的叶子。

开展活动之前,引导儿童在散步时收集叶子。

活动延伸:

(1)给儿童看一些常见叶子的轮廓图,帮助他们认识一些树。儿童可以带上自己的叶子并在图上寻找与之最匹配的叶子。

---

① 施燕. 学前儿童科学教育与活动指导[M]. 上海:华东师范大学出版社,2015.
② 帕蒂·博恩·塞利. 儿童自然体验活动指南[M]. 肖凤秋,等译. 北京:教育科学出版社,2017.

（2）提供彩色铅笔、蜡笔或水彩笔，留出时间让儿童画叶子，或者让他们共同创作叶子画。

2）观察形式应符合幼儿的认知发展水平

根据不同年龄段幼儿认知发展的不同水平，选择合适的观察形式。学前儿童的观察活动通常分为个别物体和现象的观察、比较观察、长期系统性观察三种类型。对个别物体和现象的观察是最基本的观察技能，它是其他各种观察的基础，在各年龄班均可进行。一般来说，小班幼儿以观察个别物体和现象为主，学习运用各种感官观察物体的外部特征和简单现象，以获取感性经验。比较观察相较于个别物体和现象的观察，对幼儿的认知要求更高，它要求幼儿能够通过比较、分析、判断和思考对两种或两种以上的物体和现象进行观察、比较。因此，它一般在中、大班进行。长期系统性观察由于时间持续较久，要求比较高，且常常需要进行记录、操作等活动，因此在大班开展此类活动比较合适。

3）选择观察的对象应考虑适时性

选定活动课题时，观察对象的适时性也是开展科学教育活动必须要考虑的因素。即在合适的季节和时间选择合适的观察对象，特别是以一些生物节律比较明显的动植物、自然现象作为观察课题时。例如，大班"认识蚯蚓"的科学活动应选择在"十一"之前，认识"冬眠的动物""有趣的雪花"的科学活动应选择在冬天等。

知识链接

选 题 举 例[①]

小班观察类科学教育活动选题举例：观察西红柿、认识五官、好玩的石头。

中班观察类科学教育活动选题举例：各种各样的纸制品、沙子和泥土、走进"仿生王国"。

大班观察类科学教育活动选题举例：蚂蚁喜欢的味道、蝌蚪变青蛙、有趣的指纹。

二十四节气
探究活动

2. 活动目标设计

活动目标是整个教学活动的起点，也是归宿。活动目标决定活动过程，活动过程指向活动目标，教学活动的各个环节都是为了落实活动目标而设计的。

观察类科学教育活动的目的主要是让幼儿在科学教育活动中，有目的地运用多种感官对周围的事物或现象进行观察，从而了解客观事物的外部特征；在此基础上，通过比较、分析，掌握观察对象的变化规律、与其他事物的相互关系，辨别不同事物或现象间的异同。此外，通过对观察对象的观察、比较也可以掌握观察方法，提高观察能力，为其他类型的科学活动，乃至其他学科的学习奠定必要的基础。

观察类科学教育活动的目标应包括情感态度目标、科学探究能力目标、知识经验目标三个方面，其中须突出感知观察能力的发展。

---

① 郦燕君. 学前儿童科学教育[M]. 2版. 北京：高等教育出版社,2014.

（1）观察能力：运用多种感官感知（比较或有顺序地观察）物体的特征。

（2）表达能力：运用（完整的或连贯的）语言讲述自己在观察中的发现。

（3）科学认识经验：认识事物的明显特征（多样性、异同）。

观察类科学教育活动更为具体的目标可以参考表 5-1 的思路设计。

表 5-1 观察类科学教育活动目标的设计[①]

教学目标		适用学龄段	举例
观察能力	运用多种感官感知事物特征	小班或以上	运用多种感官——看、摸、听、闻、尝等感知西瓜的特征（小班"认识西瓜"）
	比较观察不同的对象	中班或以上	通过观察，比较自行车和摩托车的不同（中班"认识自行车和摩托车"）
	有顺序地观察事物的特征	中班或以上	观察梧桐树的各个部分及其特征（中班"观察梧桐树"）
	长期系统地观察事物	中班或以上	学习观察并记录小蝌蚪身体的变化（大班"观察小蝌蚪"）
	观察事物的变化和现象的发生	小班或以上	观察糖放入水中的变化（小班"糖怎么不见了"）观察并比较不同的纸船放入水中后发生的变化（中班"纸船会沉吗？"）
表达能力	运用语言大胆讲述自己在观察中的发现	小班	
	运用完整的语言讲述并交流自己在观察中的发现	中班或以上	
	用图画、数字等多种方式记录自己观察的结果	中班或以上	学习用图画表现种植园地中蚕豆的生长变化（大班"种植蚕豆"）
有关观察对象的科学认识经验	认识观察对象的显著特征	小班	观察迎春花的颜色、花瓣、枝条等显著特征（小班"观察迎春花"）
	认识观察对象的多样性	小班或以上	在观察的基础上知道水果是各种各样的（中班"各种各样的水果"）
	认识各种观察对象的不同和相同	中班或以上	观察各种水生动物的特点，知道它们都是生活在水里的（大班"各种各样的水生动物"）
	探寻观察对象的变化规律	大班	在观察的基础上探寻种子发芽和水分的关系（大班"种子发芽的条件"）

3. 活动过程设计

活动过程是整个活动的核心部分。观察类科学教育活动过程的设计，根据观察对象具体特点的不同，设计思路也有所不同。幼儿园集体科学教育活动中通常开展的观察活

---

① 郦燕君.学前儿童科学教育［M］.2 版.北京：高等教育出版社,2014.

动有三类,即物体或现象观察活动、比较观察活动和系统观察活动。下面呈现的设计思路范式,仅是为设计观察类活动提供参考,并不是标准化模板。在幼儿园教育教学实践中,教师不要被"模式化"所束缚,要根据观察的目标、内容、具体条件等实际情况灵活调整活动思路与环节。

1) 物体或现象观察活动

物体或现象观察活动是指对某一自然物或自然现象进行特定的观察。

物体观察既包括对物体某些典型特征的观察,也包括对物体整体全面的观察。通过观察,幼儿可以了解某些物体的外形特征、生活习性、用途等,使幼儿对某些自然物有较为全面、完整的认识。教师可引导幼儿在观察的基础上进行表达和交流,并通过指向性问题引导其认识物体的显著特征,或总结同类物体的共同特征。例如,小班活动"橘子"、中班活动"叶子的秘密"、大班活动"泥土里有什么"都属于该类活动。

"野外科考活动"幼儿园科学教育活动新途径

现象观察活动是以发现现象,特别是自然现象本身为目的的活动,如观察雨雪等天气现象、植物向光生长等生物现象。现象观察活动的重点在于引导幼儿观察现象本身及发生的变化。因此,教师在组织幼儿进行观察之后,引导幼儿对观察到的现象进行交流、讨论,特别是引导幼儿观察所发生的变化。小班活动"下雨了"、中班活动"秋天的树叶"等都属于该类活动。

在设计该类型观察活动时,可参考以下思路:出示观察对象/引出观察对象或问题→幼儿观察事物或现象→表达交流→教师引导观察→表达交流→结束或延伸。

【案例 5-2】 大班科学活动——认识花生[①]

活动目标:

(1) 了解花生的内部结构,认识花生。

(2) 学习从外向内有序地观察。

(3) 敢于在集体面前表达自己的观点。

活动准备:

(1) 每组准备一筐花生。

(2) 投影仪。

(3) 花生的生长过程图片(发芽、长大、开花、结果)。

(4) 铅笔、记录纸(每人一份)。

(5) 各类花生制成的食品。

活动过程:

1. 导入活动,激发幼儿兴趣

(1) 师(出示布袋):布袋中有一种东西,我要让你们来摸一摸,看看你们能不能猜出

① 教育部教育管理信息中心. 全国优秀幼儿科学教育活动课例评析[M]. 重庆:西南师范大学出版社,2013;首届全国幼儿教师集体教育活动设计大赛优秀幼儿科学教育活动三等奖,樊静.

是什么。

（2）个别幼儿上台隔着布袋摸一摸，并说出自己的猜测。教师引导幼儿说出自己的猜测及理由。

（3）教师倒出布袋中的东西，证实幼儿的猜测。

2．幼儿探索

1）探索花生的外部特征

（1）每桌发放一筐花生。

（2）师：每人拿出一颗花生看一看、摸一摸、闻一闻。

（3）引导幼儿说一说自己拿到的花生的外形特征。

（4）师：看上去是什么样子？摸上去有什么感觉？

（5）教师把幼儿对花生外形的感知进行总结。

（6）利用投影仪集体观察，把幼儿的观察结果对照投影仪上的实物说一遍。同时，告诉幼儿：刚才我们看到的、摸到的都是花生最外面的样子。

2）探索花生的内部特征

（1）师：花生里面是什么样子呢？（幼儿回答）

“是你猜的，还是你看到的？”

“怎样打开花生？”（幼儿说出自己的方法）

师：“用自己的方法打开花生，并把你的发现记录在纸上。”

（2）幼儿剥花生并观察记录。

（3）教师巡视幼儿活动的情况，并给予适当指导。

（4）教师把幼儿的观察记录放在投影仪上，让幼儿对照自己的记录向大家介绍自己的观察结果。

（5）幼儿在记录方法上会有所不同，教师在引导幼儿介绍观察结果时，可顺便引导幼儿说一说自己的记录方法。

3．利用投影仪集体观察花生剥开后的各部分

（1）教师对照花生的实物从外向内介绍花生。

（2）师：“花生是生长在哪里的？”（幼儿回答）

（3）教师把花生的生长过程的图片利用投影仪向幼儿呈现。

（4）教师对照图片向幼儿介绍花生的生长过程。根据花生结果实时的特点，向幼儿介绍花生又叫“落花生”。

4．讨论了解花生的用途

（1）师：“花生可以做什么呢？”

引导幼儿说出生活中看到的、吃到的花生制品。

（2）教师可以向幼儿介绍花生红皮可治疗贫血。

5．品尝花生制品

幼儿边品尝边说出所品尝食品的味道。

【案例 5-3】 小班科学活动——下雨了[①]

活动目标：

(1) 通过观察下雨时的现象,了解雨和雨水的特征。

(2) 能用语言表达下雨前后自然界的某些变化。

(3) 关注天气的变化,激发幼儿探索气象的兴趣。

活动准备：

选择即将下雨的时间,带好雨具。

活动过程：

(1) 组织幼儿在室外观察下雨前的天空。

① 师:现在的天空是什么样子的?

② 师:听听风声是怎样的?看看鸟、云怎样了?你还看见了什么?(如蜻蜓低飞、蚂蚁搬家)你知道天空要怎样了?下雨了,我们怎么办?在哪里躲雨?

(2) 组织幼儿观察雨落下时的情景。

① 师:雨从哪里来?雨点落下来时是什么样子的?

② 师:小雨下在哪些地方,变成什么样子了?(如地上湿了、屋顶上流下水来)和晴天时有什么不一样?

(3) 引导幼儿聆听雨点落在地上的声音。

① 师:下雨时,你听到什么了?

② 师:大雨是什么声音?小雨是什么声音?鼓励幼儿学一学大雨"哗啦哗啦"、小雨"滴答滴答"的声音。

(4) 带领幼儿穿上雨衣到雨中走一走。

① 师:请你用小手接一接,接到什么了?

② 师:看看天空是什么样子?小花小草怎么样了?

(5) 雨停后引导幼儿观察雨后的情景。

① 师:现在天空怎么样了?地上有没有变化?

② 组织幼儿到户外场地感受一下雨前雨后有什么不同。如下雨后比下雨前凉快了,地上的尘土没有了,空气清新了。

2) 比较观察活动

比较观察活动的重点在于引导幼儿观察事物的异同点。一般是从事物的不同点开始进行观察、比较,然后再分析事物之间的相同点。因为事物之间的差异较为显著,而相同点有时需要经过比较、分析、概括才能获得。因此,教师在组织活动时,引导幼儿根据观察对象外部结构的特点,有顺序地进行观察,并对观察到的异同点加以讨论、交流。同时,活动结束前,教师对事物之间异同点的总结也很重要。小班活动"小鸡小鸭"、中班活动"常绿树和落叶树"等都属于该类活动。

在设计该类型观察活动时,可参考以下思路:引出观察对象→进行观察→比较异同→教师组织讨论和交流→教师总结异同点。

---

① 张俊. 幼儿园科学领域教育精要——关键经验与活动指导[M]. 北京:教育科学出版社,2017.

【案例5-4】 中班科学活动——常绿树和落叶树①

活动目标：

(1) 认识落叶树和常绿树，知道在秋季，有的树会落叶，有的树是常绿的。

(2) 在观察、操作的基础上，初步发现落叶树和常绿树两种树叶间的差异。

(3) 能主动表达自己的发现。

活动准备：

(1) 经验准备：日常在幼儿园内散步时，教师有意识地引导幼儿观察落叶树与常绿树的变化。

(2) 物质准备：各种落叶树、常绿树的图片。

活动过程：

(1) 通过谈话了解幼儿对树的已有经验。

① 师：现在是什么季节？你们在幼儿园散步的时候，发现树叶都有哪些变化呢？

② 师：所有树的叶子都像你们所说的那样，从树上落下来了吗？我们到幼儿园里去找一找，看一看。

(2) 提出观察要求。

师：要观察大树，不能跑到离老师很远的地方。

(3) 幼儿结伴自由观察，教师个别询问幼儿的发现。

师：这是什么树？（如果幼儿不知道，教师直接告知）你发现它的树叶怎么了？是不是所有的树都落叶？有没有不落叶的树？它叫什么树？它的树叶是什么颜色的？摸起来有什么感觉？

(4) 教师组织幼儿集中交流。

师：你们找到了哪些树？这些树都落叶了吗？它们有什么不同？

教师引导幼儿每人捡一片落叶和常绿树（小叶黄杨）的叶子进行对比，感受两种树叶的差异。

教师小结：树叶是各种各样的。在秋天，有的树会落叶，而有的树的叶子是一直常绿的。

(5) 教师播放图片，进一步丰富幼儿关于落叶树和常绿树的经验。

师：老师准备了一些图片，看看这些树，你们还认识哪些？

(6) 教师提出问题，引导幼儿大胆表述自己的想法，并鼓励幼儿持续观察、寻找。

师：为什么有的树会落叶？而有的树是常绿的呢？还有哪些树会落叶，哪些树是常绿的？请你们自己在周围的公园里、小区里找一找，看谁的发现最多。

活动延伸：

(1) 引导幼儿持续观察落叶树的变化，观察树叶由多变少的现象，初步感受大树生长变化的过程。

(2) 请家长在日常生活中注意引导幼儿发现各种常见的落叶树和常绿树，丰富幼儿的相关经验。

---

① 袁宗金. 幼儿园科学教育与活动设计[M]. 长春：长春出版社，2013.

102

（3）教师可定期组织幼儿交流有关树的新发现，激发幼儿持续关注树的变化的兴趣。

3）系统观察活动

系统观察活动一般用于观察动植物的生长发育过程，以及气象的变化，以直观地了解自然界各种因素间的相互关系、因果关系和自然界的发展规律。因此这种观察活动的观察周期较长、环节较多，需在教师的指导下按要求、有步骤地观察。长期系统观察活动是大班不可缺少的观察活动类型，由于周期较长，它通常不能仅仅通过一次集体教学活动来实现，常常与区域活动、生活活动等相结合，对观察对象的发展变化进行记录、管理等。中班活动"蚕豆发芽"、大班活动"四季的变化"等属于该类活动。

在设计该类型观察活动时，可参考以下思路：提出要求→熟悉观察对象→教师与幼儿共同观察→做好观察记录→交流新发现→展示结果。

【案例 5-5】 蝌蚪和青蛙[①]
活动目标：
（1）在观察、饲养中发现蝌蚪不同成长阶段的明显变化。
（2）知道从蝌蚪到青蛙的成长变化是一种特殊的变态现象。
（3）对常见的动物成长变化产生兴趣，能尝试解答或提出自己的问题。

活动准备：
（1）自然角里有养了一段时间的小蝌蚪及记录表。
（2）自制"蝌蚪变成青蛙"的生长过程教学挂图（见活动材料）。

活动过程：
（1）观察蝌蚪，介绍自己的新发现。
① 师：小蝌蚪到我们班已经有一段时间了，谁来说一说小蝌蚪长得什么样？
② 师：你们发现小蝌蚪有变化吗？鼓励幼儿大胆交流自己的发现。
③ 师：你们猜猜小蝌蚪再长大些会变成什么样呢？
（2）出示青蛙图片，观察青蛙的外形特征。
① 师：青蛙是什么样的？
② 鼓励幼儿用声音和动作表现青蛙的特点，如叫声、跳跃的动作。
（3）观察挂图，比较观察小蝌蚪和青蛙的异同。
① 师：小蝌蚪是怎么长成青蛙的？小蝌蚪一开始有腿吗？先长出的两条腿是在后面还是前面？有尾巴吗？
② 师：接着长出哪两条腿？还有尾巴吗？小蝌蚪的颜色有什么变化？
③ 师：小蝌蚪长大变成青蛙后它们有什么相同？有什么不同？
④ 师：请你们将图中的小蝌蚪生长过程按照顺序用数字表示出来。鼓励幼儿独立完成青蛙生长的排序图。

① 张俊.幼儿园科学领域教育精要——关键经验与活动指导[M].北京：教育科学出版社,2017

三、 观察类科学教育活动的组织指导

（一）创设能够激发幼儿观察兴趣的情境

通过创设幼儿感兴趣的情境激发幼儿学习和探究的热情，是幼儿园活动设计中常见的方法。创设情境的作用主要有两个：一是调动幼儿的学习兴趣，激发幼儿的求知欲；二是唤起幼儿对原有知识的回忆，同时产生新的问题，为观察学习做好铺垫。① 教师应根据幼儿的年龄特点从他们已有的知识和生活经验出发，创设幼儿感兴趣的、与观察内容密切相关的情境，激发幼儿观察的热情。小班幼儿年龄较小，可创设游戏化的情境；中大班幼儿抽象思维能力已有发展，教师可创设简单的问题情境或任务情境，激发幼儿观察探究的兴趣和热情。

（二）尽可能为幼儿提供实物、实景

实物、实景是指真实的事物与景象。提供实物、实景是保证幼儿观察活动成功的前提，可以使幼儿的观察得到最真实的效果。② 幼儿更易通过直接经验获得对事物的认识和感知。当幼儿面对实物、实景时，既可以用眼睛看，也可以用耳朵听、用鼻子闻、用嘴巴尝、用手摸等，多感官参与感受观察对象的颜色、大小、冷热、气味、味道等特征。当幼儿面对的观察对象是图片或模型时，会减少幼儿感官的参与，容易造成感性经验不真实，甚至出现错误。因此，教师在组织观察活动时，应尽可能为幼儿提供真实的物体、将幼儿带到真实的场景中进行观察，使幼儿的所见所感更清晰、准确。例如，上文提到的"下雨了"活动案例，教师在下雨的时候将幼儿带到室外，让幼儿观雨、听雨、感受雨，就是为幼儿提供了实景。

（三）通过启发性提问引导幼儿观察

在观察活动中，教师根据观察对象的特点及观察的目的，对幼儿进行有效提问，能够帮助幼儿明确观察方向、明晰观察内容。提"是什么""什么样"一类的问题，可使幼儿将观察到的和记忆中的事物描述出来。提"为什么""怎么样"一类的问题，可促使幼儿通过观察去发现事物、现象之间的关系，动脑筋思考问题，这些开放性问题是具有启发性的。③ 教师应避免提问"是不是""对不对"这类带有暗示性且易造成幼儿不假思索的封闭性问题，也应避免一次提出多个问题或是一个问题中包含多项观察内容。

（四）指导幼儿做好个性化观察记录

观察记录是幼儿借助形象化的绘画、图表、剪贴、泥工等形式，记录对自然物、科学现象的观察结果。例如，观察大树后，有的幼儿用线条勾勒出树干上的纹路，有的用橡皮泥制作了大树，有的则用积木拼搭了大树等。形象生动的记录形式不仅能再现幼儿观察探

①③ 袁宗金.幼儿园科学教育与活动设计[M].长春：长春出版社，2013.
② 施燕.学前儿童科学教育与活动指导[M].上海：华东师范大学出版社，2015.

究的过程,还能引导幼儿多感官体验观察活动,积累丰富的科学经验,促进幼儿观察能力、记录能力的发展。

幼儿的记录形式是多种多样的,教师应允许并鼓励幼儿选择个性化的表征形式,而非拘泥于单一的绘画记录。借助幼儿的观察记录,教师能够对幼儿的观察水平及对观察对象认识正确与否,有更为清晰的把握,因此也是重要的评价资料。

(五) 鼓励幼儿交流、分享观察中的发现

幼儿通过观察探究,有了自己的感受、体验和发现,需要通过思考以适当的方式表达出来。语言可以帮助幼儿整理自己的观察结果,并使之系统化,从而明晰所观察事物和现象的特征与关系。因此,教师既要鼓励幼儿做好个性化观察记录,同时也要鼓励幼儿用语言表达、分享自己观察中的发现。

轻松、愉悦的交流氛围是幼儿敢于交流、分享的首要条件。同时,教师还需为幼儿提供必要的物质条件,如利用相机、摄像机、投影仪及展板等工具展示幼儿的观察记录。在幼儿描述、分享自己的观察发现的过程中,教师应为幼儿提供充分的时间和机会,引导幼儿用准确、连贯的语言讲述记录的内容,提高幼儿总结、概括科学现象的能力。例如,在"油和水"活动中,教师为幼儿提供展板,鼓励幼儿展示记录表,与同伴交流自己的观察发现。在同伴的带动下,一些平时较少主动分享的幼儿也开始积极主动地交流。在集体讨论时,教师通过投影仪,引导幼儿结合各自的记录表大胆表述记录过程中的发现,扩大交流面,使幼儿更加大胆地分享和交流。

【案例 5-6】

一天下过雨后,幼儿发现活动室的地板上有许多小脚印。教师没有擦掉脚印,而是带领幼儿观察脚印。大家发现每一个脚印都是不同的,皮鞋底的花纹很相似,运动鞋底的花纹很深。连续几天幼儿都在收集鞋子的花纹,他们渐渐发现,有的花纹是为了美观,有的是为了防滑,每种鞋子的花纹都不同。通过观察花纹,他们认识了各种各样的鞋子,有雨鞋、冰鞋、减肥鞋等。活动一般也就到此为止了,但教师继续将幼儿的兴趣引向纵深,引导幼儿观察生活中还有什么地方有花纹。幼儿又发现,鼠标垫下面有花纹,汽车轮胎有花纹等等,于是幼儿探究花纹的兴趣又被点燃了。他们观察幼儿园的车、小区的车后发现,越是拉货物重的大车,轮胎越多,花纹越深。有的幼儿还从网上查到,下雪时人们为了防滑还将汽车轮胎装上铁链子,防止汽车打滑,大家都很感慨,原来花纹的作用这么大。

生成性科学活动的特点是抓住幼儿即时产生的兴趣,引发幼儿的探究活动,对教师的观察与判断能力要求较高。什么样的兴趣是个别幼儿感兴趣的,需要个别指导;什么样的兴趣是群体幼儿都感兴趣的,需要引起大家的关注,教师要迅速建立一个可能的主题网,这样才能有效地拓展幼儿的认识,发展幼儿的探究能力。如:鞋印(个别人的兴趣)——鞋印都有什么样的?(引导部分幼儿观察)——花纹有什么作用?(群体幼儿收集资料,共同研究)——还有什么地方有花纹?(扩大认识范围)——花纹和我们的生活有什么关系?(拓展思维)。教师要有目的地将幼儿的认识升华,逐步加深认识的内容。[1]

---

① 袁宗金. 幼儿园科学教育与活动设计[M]. 长春:长春出版社,2013.

第二节　实验类科学教育活动的设计与组织指导

一、 实验类科学教育活动的含义

实验类科学教育活动是指在人为控制的条件下,在教师指导下的幼儿通过简单演示或自己动手操作仪器、设备和材料,探究周围常见的科学现象或客观事物变化及相互关系的科学活动。科学教育应使幼儿通过主动的探索过程获得深层价值,实现有利于幼儿终身发展的长远目标。学前儿童实验类科学教育活动符合"做中学"的教育理念,已逐渐成为幼儿园集体科学教育活动的主要形式之一。

实验类科学教育活动常采用游戏的形式,让幼儿在富有趣味性的实验活动中进行科学探究,充分调动幼儿学习科学的积极性、主动性,满足幼儿的探究欲望。在实验中幼儿发现问题、提出问题、解决问题,体验科学探究的本质。

二、 实验类科学教育活动的设计

(一) 选定活动课题

选定适合幼儿的活动课题是有效组织实验类科学教育活动的第一步,也是至关重要的一步,直接关系到教学目标是否能够实现。实验类科学教育活动重点在幼儿的操作,而操作的对象是材料,材料的选择对幼儿实验操作活动能否成功开展意义重大。因此,在选择实验类科学教育活动课题时应特别注意以下两点。

(1) 充分考虑幼儿的理解水平和接受能力。实验类科学教育活动是以幼儿在教师指导下通过对材料和仪器的操作来发现客观事物的变化及其关系为目的的[1]。因此,教师在选择科学实验操作内容时首先要考虑幼儿的经验水平、智力发展水平及心理发展水平,所选课题应贴近幼儿的生活,有利于幼儿亲身经历探究过程。生活中随处可见的高科技产品,如手机、遥控器等,其科学原理比较复杂,对于成人而言都较难进行实验探究,更不适合幼儿。因此,在选择实验类科学教育活动课题时应以科学原理和因果关系比较简单明了、幼儿易操作、实验过程中现象明显且幼儿易观察的活动为主。

(2) 考虑实验材料的易获得程度。丰富的材料是幼儿进行实验活动的基本保障,幼儿的思维特点决定了其认知发展需要建立在与客体材料相互作用的基础上。实验类科学教育活动的选择在一定程度上受制于材料和仪器,在幼儿实验过程中应为幼儿提供丰富的、可操作的材料。教师可从幼儿的生活中取材,多利用自然物(如沙、土、石)、废旧物品(如饮料瓶、吸管)等幼儿常见、常接触的材料,使幼儿体会到科学就在身边。例如,在探究物体滚动方向的活动中,教师可以在纯净水瓶子的基础上制作出一头粗一头细的锥形物体。

---

① 郦燕君.学前儿童科学教育[M].2版.北京:高等教育出版社,2014.

知识链接

选题举例

小班实验类科学教育活动选题举例：吹泡泡、有趣的海绵宝宝、圆形宝宝滑得快。

中班实验类科学教育活动选题举例：奇妙的小水滴、找影子藏影子、沉与浮。

大班实验类科学教育活动选题举例：纸的力量、神奇的蜡、彩虹的秘密。

（二）活动目标设计

21世纪的学前儿童科学教育是以探究为核心的科学教育，探究既是科学学习的重要目标，也是科学学习的重要方法。[①] 实验类科学教育活动强调幼儿亲自动手，在摆弄、操作实验对象的过程中积累科学知识经验、掌握科学方法、形成科学态度。研究表明，影响幼儿科学素养的关键在于教师是否注重幼儿科学精神与态度的培养、是否关注幼儿科学探究方法的获得。因此，教师在制订实验类科学教育活动目标时，应将幼儿"科学精神"及"科学方法"的获得放在更为重要的位置，在此基础上再重视积累科学知识经验。

实验类科学教育活动目标依然应包括情感态度目标、科学探究能力目标、知识经验目标三个方面，在该类活动中更加强调科学情感、科学方法及能力的获得。具体而言主要涉及以下两方面。

（1）科学好奇心：激发幼儿的好奇心及探究欲望。

（2）科学探究能力：具有初步的探究能力。

在进行活动设计时，可参考南京师范大学张俊老师提出的更为具体的目标（见表5-2）。

表5-2　实验类科学教育活动目标的设计[②]

教 学 目 标		适用学龄段	举　　　例
科学好奇心	注意到新异的事物或现象	小班或以上	注意到有些东西放在水里总是会浮起来（小班："沉与浮"）
	愿意探究新异的事物或现象	中班或以上	发现物体在水里会出现沉浮现象，愿意用不同的物体来做实验（中班："沉与浮"）
	对新异的事物或现象提出问题并进行探究	大班	提出有关沉浮现象的问题或自己尝试解决有关沉浮的问题，如"怎样改变物体的沉浮状态"等（大班："沉与浮"）
	长期系统地观察事物	中班或以上	学习观察并记录小蝌蚪身体的变化（大班："观察小蝌蚪"）

---

① 刘占兰. 学前儿童科学教育[M]. 北京：北京师范大学出版社，2013.

② 张俊. 幼儿园科学领域教育精要——关键经验与活动指导[M]. 北京：教育科学出版社，2017.

续表

	教学目标	适用学龄段	举 例
科学探究能力	能通过自己的观察操作获得发现	小班或以上	通过观察发现不同物体在水中的沉浮状况（小班："沉与浮"）
	能对问题做出假设并用自己的经验来加以检验	中班或以上	能根据自己的经验预测不同物体在水中的沉浮变化，并通过实验加以检验（中班："沉与浮"）
	能根据已获得的资料合理推断、得出结论	中班或以上	在实验的基础上总结哪些物体在水里是沉下去的、哪些是浮起来的（中班："沉与浮"）
	能根据过去的经验或逻辑推断对现象进行解释和推测	大班	能根据已有的经验来解释小"潜水艇"的沉浮变化（大班："潜水艇的秘密"）

（三）活动过程设计

根据幼儿年龄及实验内容上的差异，实验类科学教育活动通常有"演示—操作"及"猜想—验证"两种。

"演示—操作"活动，即先由教师演示实验全过程，幼儿观察实验的方法、过程及结果。之后教师提出需要幼儿思考的问题，幼儿按照教师演示的过程重复实验操作，并进一步观察，有所发现。"猜想—验证"活动，即教师选择幼儿具备相关生活经验的内容作为探究问题，教师并不是让幼儿直接进行实验探究，而是在实验前先猜测一下实验可能获得的结果。之后通过实验来验证自己的猜想是否正确。

幼儿园集中教学活动中导入方法的观察研究

由于"演示—操作"活动幼儿只是在重复教师的实验过程，较难体现幼儿独立思考、自主探究，因此一般用于幼儿年龄较小无法独立探究或实验过程对幼儿有一定的难度等情况，并不适宜在实验类科学教育活动中大范围使用。"猜想—验证"活动中，教师为幼儿创造一定条件，幼儿在已有生活经验基础上进行猜测并探究自己未知的事物或现象，既能满足孩子的好奇心，又能激发幼儿的探究欲望，提升其探究能力，是目前比较提倡和受追捧的一种科学活动方式。在本书中，实验类科学教育活动的过程重点是阐述"猜想—验证"活动的具体环节。

1. 提出问题

教育心理学研究表明，幼儿学习的思维过程往往是从问题开始的，学习过程就是一个不断发现问题、分析问题、解决问题，再形成更高层次的问题的过程。[1] 考虑幼儿现有生活经验，适宜于幼儿心理特征、智力水平的开放性问题，能引起幼儿的探究兴趣、引发幼儿的探究欲望，起到引导幼儿主动探索的作用。可以说，问题承载着科学探究活动的全部过程，一切科学探究活动必然是围绕着如何解决问题展开的。

---

[1] 袁宗金. 幼儿园科学教育与活动设计[M]. 长春：长春出版社，2013.

2. 猜想与讨论

在确定了要探究的问题后,教师应积极调动幼儿的已有经验,鼓励他们运用已有经验对问题的答案进行充分的猜测和假设,提出自己如何开展实验验证猜想的想法和做法。例如,在中班活动"吹泡泡"中,教师提取幼儿已有经验"如何吹泡泡"之后提出问题:"钥匙、刷子、苍蝇拍、漏勺这四种物品哪些可以吹出泡泡?"教师鼓励幼儿大胆进行猜测。同时,教师还可以引导师幼之间、幼幼之间展开讨论,进一步激发对问题的思考,从而得出自己或小组有依据的猜测。

【案例 5-7】

在"小汽车爬坡"的活动中,教师为幼儿准备了光滑的塑料坡、粗糙的泡沫斜坡和革基布面的斜坡,让幼儿预测:哪种斜坡车的速度快,哪种斜坡车的速度慢,并把预测的结果写下来,接着进行试验,把汽车在不同斜坡上的速度记录下来;在试验中验证自己的假设,获得科学事实和科学数据的"证据"。[①]

3. 实验与观察

实验环节是整个活动过程最核心的部分,教师要为幼儿提供充分的材料、充足的时间和空间,以保证幼儿能够进行自由的、充分的探索活动。在实验过程中,要尽可能引导幼儿运用多种感官与材料、设备进行互动,还可以反复操作、多次尝试,充分观察实验过程中的现象和变化。观察了在整个实验探究中会经常使用,教师要注意引导幼儿围绕某个核心的内容或概念作深入的观察,而不要做分散的、目的不明确的、表面化的观察,强调深入和仔细的观察。

4. 记录和处理数据

记录活动能够帮助幼儿理清思路,对实验获得的感性材料进行加工、整理,获得实验结论,有助于幼儿自我建构科学知识和经验。同时,客观记录自己所见所得,也有助于培养幼儿尊重事实的科学态度和精神。因此,在实验过程中,教师要鼓励和指导幼儿在观察的基础上采用适宜的方式记录观察到的内容。对于学龄前幼儿而言,根据实验内容的不同,可采用图画、表格、照片、实物分类等不同形式记录活动的主要过程、关键步骤和实验结果。记录既可以以个人为单位,也可以以小组或集体为单位。教师要指导幼儿把握好记录的时机和内容,以免错过重要信息,同时注意不要让记录成为幼儿的负担,影响实验探究活动的开展。

中班科学活动:
会隐身的宝藏

5. 讨论和交流

讨论和交流是实验探究过程中必不可少的环节。幼儿探究结束后分享自己做实验的过程及实验结果,也是幼儿以表象形式重现实验操作的过程。重现过程中,幼儿能够整理、综合自己的思路,将实验结果与预先猜想进行比较,深化原有的经验和认识或调整原来的认识,建立新的经验。[②] 此外,与同伴间的讨论、交流能够帮助幼儿了解多种实验操

---

①　袁宗金.幼儿园科学教育与活动设计[M].长春:长春出版社,2013.
②　夏力.学前儿童科学教育活动指导[M].上海:复旦大学出版社,2017.

作方法、感受多种实验现象或变化,从而拓展幼儿的知识经验和思维空间。

"猜想—验证"活动遵循"提出问题→做出假设→检验假设→形成结论"的环节,符合真正的科学探究的过程。这种先动脑、后动手操作、再动脑的科学探究模式,凸显出科学内涵的三个要素,即科学不仅是知识,更是获取知识的过程和态度。

【案例5-8】

在冬天开展的室内种蒜比赛活动中,幼儿自愿结组。有的幼儿认为应该用水泡,有的认为应该将整头蒜直接种在土里,有的认为一瓣一瓣种在土里有利于蒜苗的生长,还有的幼儿认为室内温度高,不用水不用土,蒜也能发芽。幼儿各自按自己商讨的方法种植。为了便于测量蒜苗的生长速度,他们在吸管上做一些小标记以示刻度。幼儿每天都去浇水,观察自己小组的蒜苗长了多少,并进行记录。每到一个阶段便进行一次小结;幼儿根据各自的记录方式相互交流经验。每天都给大蒜浇水的幼儿发生了分歧,一名幼儿说:"我也天天浇水,可是没有第一组的蒜苗长得快。"于是教师请第一组的幼儿发表看法。他拿着自己的记录本说:"你们浇的水太多,都快把蒜淹死了。我们每天只浇一点儿水;如果土是湿的,我们就不浇水了。"他边翻记录边说:"周一浇水了;周二观察时土还是湿的,因为是阴天,我们小组经过商量就没浇水。"把蒜种在水里的幼儿也发现不给蒜换水,蒜会发出臭味。[1]

(四)实验记录的设计

1. 实验记录的种类

(1)猜想记录:在幼儿探究前引导幼儿对探究结果进行猜测。如:在"比较几个质地不同的物体轻重"时,教师引导幼儿在操作前对教师提供的材料进行猜想,哪个轻?哪个重?

(2)实验设计记录:探究前引导幼儿设计自己的探究方法和步骤,以便幼儿有目的地进行探究。如在引导幼儿探究"让沉入水中的物体浮上来"时,教师引导幼儿先设计自己的探究方法和步骤,再进行有目的的探究。

(3)实验过程记录:引导幼儿记录自己的探究过程和探究方法。如:在"小灯泡儿亮了"的科学实验中,幼儿详细记录自己如何在电路板上进行操作,通过电路图呈现自己的实验过程。

(4)探究结果记录:引导幼儿记录自己的探究结果。如:在"沉与浮"的科学探究活动中,幼儿边实验边根据观察到的实验现象在记录表上标记出哪些物体会沉入水中,哪些物体会浮上水面。

2. 幼儿记录的形式

1)实物呈现记录

实物呈现记录即教师引导幼儿用实物来展现自己的探究过程和结果。例如,在"如何让小球不滚动"的活动中,幼儿采用了多种方式:用积木或书把小球围起来、把小球装到不同的容器中、在小球下面铺上东西等。考虑到其他记录方式较难客观、写实地反映出幼

---

① 袁宗金.幼儿园科学教育与活动设计[M].长春:长春出版社,2013.

儿的探究过程,教师可以让幼儿把自己的操作方式直接展示给其他幼儿看。在幼儿园实验类探究活动中,小班幼儿由于受年龄特点的影响,采用图表、绘画或手工的方式进行过程记录往往存在难度,教师可以引导幼儿采用实物呈现的记录方式。

2)动作呈现记录

动作呈现记录即把自己观察到的现象用动作表现出来,是最简单、最明了的一种记录方法。这种形式比较适合小班幼儿。在小班的科学活动"掉下来了"中,幼儿用动作来表现不同事物落下来的不同样子。在表现羽毛落下来的样子时,有的幼儿张开手臂转着圈,表现羽毛从高到低慢慢飘落;有的幼儿就用小手来回轻轻摆动着,表现羽毛边摆动边往下落。在表现纸条落下来的样子时,幼儿飞跑,最后停下。在表现积木落下来的样子时,幼儿则跳起来,一下子落下,表示落得很快。

3)情景照片记录

情景照片记录是指教师用拍照的形式记录幼儿的探究过程、方式和结果。例如:在"物体转动"活动中,幼儿发现物体转动时,表面颜色发生了变化,而且随着转动的快慢发生的变化也不同。当幼儿不能用绘画或手工的方式记录自己的发现时,教师就可以用情景照片记录幼儿的发现。

4)图像记录

简单的图像记录可以把幼儿观察到的现象直观地重现,既形象又便于操作。大班科学活动"弹性的秘密"中,幼儿在表现球落地又弹起的现象时,图像记录更易于理解,对感知其中的科学原理具有重要的意义。

幼儿以形象思维为主,他们的抽象思维正处于初步发展状态。因此,教师在设计记录单时要根据幼儿的年龄特征,尽量做到简单、形象、直观,记录单中的材料图像应尽量和提供的实物相近,使幼儿一看就懂,尽量少出现文字符号。如猜想可用"?",动手操作可用"小手"符号,用"小眼睛"符号表示幼儿的发现等。对于小班幼儿的科学活动,教师设计的记录单越简单越便于幼儿记录,对于中、大班幼儿来说,教师可根据需要设计一些较为简单的表格式记录单。尤其是大班幼儿,适宜的简单的表格式记录单不但有利于清楚、明了地表现记录结果,还便于幼儿比较探索结果,便于幼儿交流和展示。

利用"沙水世界"
开展项目化学习
的实践探索

【案例 5-9】 大班科学活动——气球的力量[①]

学情分析:

最近,孩子们经常在科学区三五成群地把气球放在头上摩擦,然后吸在墙上摆出造型。在系气球的过程中,有的孩子会不小心松手,使气球到处乱飞,这个"游戏"被很多孩子效仿。看到孩子们对"气球游戏"这样爱不释手,我突然想到:这不正是来源于孩子身边的科学活动吗?于是我设计了本次教育活动。希望孩子通过实验发现反作用力的原理,了解空气从气球里泄出所产生的反冲力会使气球朝前飞出的现象,并根据这一原理探究让"小火箭"跑起来的方法。

---

① 教育部教育管理信息中心. 全国优秀幼儿科学教育活动课例评析[M]. 重庆:西南师范大学出版社,2013.

活动目标：

(1) 通过实验验证空气从气球里泄出时会产生反冲力，能使气球朝前飞出。

(2) 探索让小火箭动起来的方法，发现气球粘的位置与火箭运动距离的远近之间的关系。

(3) 乐意交流实验中的发现与结果。

(4) 尝试分工合作。

活动准备：

(1) 材料准备：充满气的气球一个；自制小火箭、气球、小记录表、铅笔、胶带人手一份；两张大记录表；一红一蓝两个气球用吸管分别固定在两根细绳上(细绳两端系在两把椅子上)，气球方向相反。

(2) 场地准备：两把椅子中间用 4~5 米长的线绳固定；火箭发射场地约 6 米×6 米，起点至红线 0.5 米、起点至蓝线 1 米、起点至绿线 3 米。

(3) 经验准备：幼儿有玩气球的经验，会用打气筒打气；使用过双面胶或胶带粘贴固定物品；会用笔记录姓名、日期与发现。

活动过程：

1. 通过提问，让幼儿回忆以往玩气球的经验

师：你们玩过气球吗？都是怎么玩的？

2. 探索气球会怎样运动

(1) 教师引导幼儿发现：松开气球，气球会飞。

教师手持气球并提问：把气球的嘴松开，气球会怎样？

师：我们看一看把气球的嘴松开，气球会怎样？

(2) 教师引导幼儿描述观察到的现象：放开气球，气球会飞，而且是转着飞。

3. 气球会朝什么方向跑

(1) 创设情境：将一红一蓝两个气球分别用吸管固定在两根系在椅子上的绳子上(两个气球方向相反，一个朝左，一个朝右)，带幼儿仔细看一看。

师：松开气球的嘴，气球会朝哪个方向跑？

(2) 出示记录表一，记录幼儿的猜想。

	我猜想	我验证
红气球		
蓝气球		

分析：幼儿的记录可以使用小箭头或请幼儿用自己喜欢的方式记录。

(3) 幼儿交流观察到的现象，(气球都朝前跑了)教师记录幼儿观察到的现象。

同样方法，让幼儿猜想并观察松开蓝气球的嘴，蓝气球会朝哪个方向跑。

师：(小结)松开气球的嘴，气球会朝头的位置跑。

4. 怎样让小火箭动起来

(1) 出示自制小火箭，让幼儿思考：用什么方法不用手推就可以让火箭动起来？

幼：把一个气球放在火箭上，然后放手就可以。

师：如果给每组一个小火箭和一个气球，你想怎样做？

师：粘在火箭的什么位置火箭会动起来？（引导幼儿思考粘贴位置）

（2）出示记录表，记录幼儿不同的想法。

	我猜想	我验证
前		
后		
中间		

（3）幼儿分组按自己的想法进行"让火箭动起来"的实验。教师提出实验要求：两人一组，实验三次；两人商量好分工再实验；实验时观察火箭是怎样动的。

（4）分组交流实验情况。引导幼儿发现气球粘的位置不同，火箭的运动情况也不一样：粘在火箭后面，火箭向前发射。

师：你把气球粘在什么位置？火箭是怎样运动的？

5. 怎样让小火箭跑得更远

（1）幼儿把气球粘在火箭后面，实验三次（教师给幼儿提供大小不一样的气球），边实验，边记录火箭到达的位置。（参照红线、蓝线、绿线）

（2）交流实验结果。引导幼儿发现气球大小不一样，火箭跑得远近也不一样。气球越大，火箭跑得越远。

（3）引导幼儿利用已有经验，想办法使火箭发射得更远，进行发射火箭的比赛，激发幼儿进一步探究的兴趣。

让幼儿拓展思维。

活动延伸：

师：老师在科学区里放了三辆小车，请你们想办法不用手推，就让小车跑起来。

让幼儿拓展思维。

教师自评：

本次活动是一节大班幼儿的科学探索活动，主要目的是通过实验让幼儿发现空气从气球里泄出所产生的反冲力会使气球朝前飞的现象；进一步让幼儿探究让火箭动起来的方法，发现气球粘贴位置及气球大小与火箭运动情况之间的关系。

本活动有以下特点。

（1）内容选择恰当：明显的科学现象，易于让幼儿理解反作用力的原理。选取的问题适合幼儿动手操作，幼儿易取得成功。

（2）步骤清晰：由回忆玩气球的原有经验，到观察松开气球时气球会朝前跑的现象，再到运用这一原理解决问题，体现了活动逐层深入的特点。另外，由提出问题到引导幼儿猜想，再进行验证，得出结论，清晰地展现了科学活动的几个步骤。

（3）教师设问准确，通过提问能引导幼儿深入思考，使探究逐层深入。问题情境创设巧妙，始终以发射小火箭为任务，充分调动了幼儿探究的兴趣，幼儿从始至终热情不减。

（4）活动中注重对幼儿进行观察、语言表达、分工合作等方面能力的培养，体现了素质整合的思想。

专家评析：

本活动选材既有连续性又有新颖性，而且贴近幼儿日常生活，十分符合大班幼儿爱探索、爱尝试的特点。教师的设计层层深入,有利于幼儿建构新经验,促进幼儿主动学习、主动思考,符合科学探究的理念。最后,活动通过小实验证实或否定了孩子们的猜想。教师在活动中除提供必要的实验材料外,还予以一定的指导,这种适时适当的介入也是活动取得成功的关键。

(资料来源:首届全国幼儿教师集体教育活动设计大赛优秀幼儿科学教育活动三等奖,郝继红,略有改动)

三、 实验类科学教育活动的组织指导

(一)为幼儿创设宽松、愉悦的探究环境

在实验探究中,教师对幼儿行为的理解、认可和尊重能够使幼儿在活动中始终保持浓厚的探究兴趣,积极、主动地进行探索。相反,教师只关注幼儿实验的"对错",过多干涉幼儿的自主探究,不断对幼儿的探究横加干预、批评或是不适当的评价会造成幼儿心理紧张、情绪不安。当幼儿过于关注教师的态度,害怕自己做得不好时,操作活动本身变得不再重要,严重影响幼儿对实验过程和现象的兴趣与积极性。因此,要使幼儿的探究活动获得预期的效果,教师要为幼儿提供一个宽松和谐的探究氛围:允许幼儿的想法和做法与成人不同,允许幼儿犯错误,支持和接纳幼儿的想法和做法,让幼儿在轻松愉悦的氛围下大胆探究;欣赏他们独特的发现,采用具体的激励、引导、评价方式来激发他们内在的探究动机。

(二)为幼儿实验操作提供必要的、充足的材料

实验类科学教育活动是幼儿与材料的相互作用过程,幼儿是在与材料的互动中获得认知的发展。因此,是否为幼儿提供材料,提供什么材料,提供多少材料,以什么方式提供材料,直接影响幼儿实验探究的效果。

首先,在实验类科学教育活动中,教师要为幼儿提供实验材料是毋庸置疑的。其次,教师所提供的材料应是与实验操作密切相关且不可或缺的。例如在以"磁铁"为主题的活动中,磁铁就是该活动必不可少的材料。教师可根据活动的具体目标,或是提供大小不同、形状各异的磁铁供幼儿探究磁铁磁力,或是在准备了磁铁后,准备不同性质的物体供幼儿探究哪些物体能够被磁铁吸引。再次,教师要根据实验内容为幼儿提供相应数量的活动材料,保证人手一份或每组一份,保证每个幼儿都能够参与实验探究。例如,在中班科学活动"水油分离"中,教师为每个幼儿提供了三个杯子,一个空杯、一个盛有水的杯子、一个盛有油的杯子,以保证每个幼儿都能及时观察水和油混合在一起后的变化。最后,教师在呈现材料时,可以采用分层投放的方式,即教师根据幼儿在操作活动中探究的不断深入或扩展,适时地分批分层地投放新的操作材料,这些材料把幼儿的活动一步一步地引向深入。例如,在"小电珠亮起来"的实验操作活动中可以这样投放材料:第一次,一节电池、一根导线、一颗小电珠;第二次,增加一节电池;第三次,增加一根导线;第四次,增加胶线、小铁片、小硬纸片、小木片。依次投放材料,教师的导向性很明确,活动层次很清楚。用第一次投放的材料怎么接亮小电珠,增加一节电池后,又怎么接?小灯的亮度有什么变化?导线变成两根后又该如何接亮小电珠?用胶线代替导线灯还会亮吗?在导线和小灯

间（或两节电池间）垫上小铁片小灯亮不亮？换上小木片呢？换上硬纸片呢？

（三）给予幼儿充分的实验时间

在活动环节的安排上，实验环节应该是实验类科学教育活动中最主要的环节，因为幼儿需要在实验中操作、观察、理解和建构、学习。教师在组织活动时，导入过程不宜过长、除安全方面的考虑外限制不宜过多，不宜机械地限制实验时间，而要让幼儿有充足的时间采用自己的方式对材料进行反复实验和操作，以达到实验效果，自己发现问题、提出问题，并在实验中找出问题的答案。教师的任务不是把现成的科学知识和概念传递给幼儿，也不是让幼儿单纯地重复教师的演示实验，而是引导和支持幼儿通过自己动手动脑，自主地进行科学实验活动，积极主动、愉快地体验活动过程。①

中班《轮子为什么是圆的》

（四）明确实验规则，保证幼儿安全

在实验开始前，教师要交代清楚实验规则；在实验过程中，教师要及时巡回指导，提醒幼儿遵守规则，以保证幼儿的安全及实验的成功。例如，在"吹泡泡"活动中，教师提醒幼儿吹泡泡是"吹"而不是"吸"、吹泡泡时要注意避开其他小朋友的眼睛。实验初期，教师应经常给幼儿提示实验的过程以及实验操作应注意的事项；一段时间后，可逐渐放手让幼儿实验。②

知识链接

验证性实验与探索性实验的差异③

验证性实验	探索性实验
告诉儿童如何进行实验（实验步骤）	告诉儿童如何进行探索（探索步骤）
告诉儿童答案（事先已知答案）	不告诉儿童答案（事先未知答案）
努力获取预定答案（重在结果）	努力探索答案（重在过程）
依据儿童的实验结果接近预定答案的程度予以评价	依据儿童本人收集的信息（数据）和解释的程度予以评价

第三节　制作类科学教育活动的设计与组织指导

在高速发展的信息时代，科学和技术的联系越来越紧密，人们无时无刻不再受到科学技术的影响，享受着科学技术成果带来的便利，学前儿童也不例外。学前儿童作为科技社

---

① 夏力. 学前儿童科学教育活动指导［M］. 上海：复旦大学出版社，2017.
② 施燕. 学前儿童科学教育与活动指导［M］. 上海：华东师范大学出版社，2015.
③ 余自强. 科学课程论［M］. 北京：教育科学出版社，2002.

会的"原著居民",有意识地引导其加入对科学技术产品的探索认识及制作使用,是学前儿童科学技术教育的重要活动内容,也是幼儿"做科学"的体现。

一、 制作类科学教育活动的含义

制作类科学教育活动是幼儿了解科学技术、体验科学技术的重要途径,是幼儿学习使用科技产品,设计、制作科技产品或是掌握制作工具使用方法的科学活动。具体而言,学前儿童制作类科学教育主要包含两方面内容:一是引导幼儿认识生活中常用或常见的科学技术和科技产品;二是幼儿亲身经历和体验科技制作的过程,掌握工具使用及产品制作的技术。

知识链接

严格地说,设计和制作不属于科学探究的范畴,而是工程与技术的范畴。设计制作能力是一种技术能力,而不是科学探究能力。正如美国国家科学教育标准中的界定:科学是探究,技术是设计。科学的本质在于认识事物、探究规律,而技术的本质则是解决问题、设计产品,它们是不同的。但考虑到科学与技术活动也不是截然分开的,并且在我国当前的话语体系中也没有将两者做严格区分,我们就不再单独提出来,而将设计制作笼统地作为科学探究的一部分。设计制作能力有探究的成分,但更强调的是通过设计和制作解决问题。[①]

二、 制作类科学教育活动的设计

(一)制作类科学教育活动的设计原则

1. 科学精神和人文精神相结合的原则

制作类科学教育活动,强调幼儿在实践与探索中增强科学探究精神,强调自主制作完成作品,增强科学操作能力;同时,还强调活动中的小组学习、合作与交流,让每一个幼儿都加入探索和研究中,充分体现科学精神与人文精神的完美结合。

科学类自制学
前教育玩具电
路迷宫宝盒

2. 探究性原则

制作类科学教育活动中,幼儿作为研究者和探索者,需要发挥想象,提出自己大胆的猜测;需要设计制作的步骤;需要亲自动手使用工具、制作物品并尽可能在实践中通过不断思考、交流,丰富和完善自己的想法,实现探究性学习的价值之所在。

3. 支架原则

制作类科学教育活动的过程是教师或家长对学前儿童施加教育影响的过程,但不是

---

① 张俊.幼儿园科学领域教育精要——关键经验与活动指导[M].北京:教育科学出版社,2017.

简单的"教"和被动的"学",幼儿的学习是在教师或家长的指导帮助下,通过动手动脑去验证他们的设计的过程。它既强调学习者的主体作用,又强调教育者的主导作用,这样的教育才能在真正意义上让幼儿学会解决问题。因此教育者要尊重、相信幼儿,理解他们的思维,指导帮助他们反省自己的学习过程。同时,还要为幼儿创设真实的问题情景,以激发他们主动解决问题。教育者应始终和幼儿共同探究问题解决的方案,尽可能地组织协作学习,以合作者的身份同孩子们一起开展讨论和交流,并对学习过程进行引导。

4. 整合性原则

制作类科学教育活动的材料、资源是多样化的,其中有许多是利用日常生活用品、废旧物品或市场上可以购买到的材料物品等。因此,家长和社区的支持在制作类科学教育活动中尤为重要。动员和组织家长参与制作类科学教育活动,可为活动提供大量的可用资源和智力支持,能促进活动的顺利开展并提高活动的质量。

(二)制作类科学教育活动的设计方法

1. 选定活动课题

在为幼儿园制作类科学教育活动选定课题时,主要从两方面着手:一是使用科技或科技产品;二是设计及制作科技产品。

(1)使用。教师为幼儿选择贴近生活的科学技术及科技产品,幼儿通过认识和使用科技产品,逐渐获得关于科技的基础认识,了解科技对人类、对社会的促进作用。同时,幼儿在学习使用简单工具的活动中掌握基本的操作技巧,其解决生活中各种实际问题的能力也得以发展。

(2)设计及制作。设计就是幼儿通过科技小制作,实现自己的造型构想,是一种创造性的活动。科技制作的内容很广泛,选择时应考虑到:幼儿是否感兴趣、幼儿是否有能力完成、制作材料是否容易收集等方面的问题。

2. 活动目标的设计

制作类科学教育活动是让幼儿在亲身设计、制作的过程中掌握科技产品的用途,感知制作材料的特性,熟悉产品制作的过程及步骤,探究制作产品所蕴含的科学原理。在设计、制作的过程中动手动脑,逐步形成尊重事实的科学态度和强烈的探究欲望以及较强的实践操作能力。

制作类科学教育活动在追求情感态度目标、科学探究能力目标、知识经验目标三维目标时,更加侧重于科学方法能力方面。涉及的主要能力目标有如下几种。

(1)设计制作能力:能利用身边的材料借助图像、图样、模型等按步骤设计并制作简单产品。

(2)使用工具的技能:认识日常生活中常见的工具,能正确使用简单的测量工具、生活工具和自制工具。

(3)展示分享能力:愿意将自己的作品与同伴共享,体会操作的乐趣。

在进行活动设计时,具体的目标如表5-3所示。

3. 活动过程的设计

在制作类科学教育活动过程中,幼儿能够获得对技术的直接体验,还能获得一些具体

表 5-3 制作类科学教育活动目标的设计①

教 学 目 标		适用学龄段	举 例
设计制作能力	设计构思简单的物品,自己确定制作方法	中班或以上	根据生活经验,通过观察,设计壶嘴的位置和长度(大班:"壶嘴上的科学")
	理解设计要求,按顺序操作和制作	中班或以上	在教师的指导下,边思考边动手制作,并按顺序制作完成作品(大班"可爱的不倒翁")
使用工具的技能	掌握使用简单工具的方法	中班或以上	大胆尝试使用多功能刨子、榨汁机、削皮器,探索它们的结构、功能和使用方法(中班:"厨房小用具")
	认识日常生活中的常用工具并知道其用途	小班或以上	知道电池有什么用处,在教师的帮助下将电池装入电动玩具(小班:"电池用处大")
展示分享能力	对制作活动感兴趣,并乐于与同伴交流	中班或以上	
	愿意将自己的作品与同伴共享,热情参与展览、陈列等集体活动	中班或以上	在教师的组织下,全班幼儿共同布置展览(中班、大班:"用废旧物品制作玩具")

的制作和操作技术,加深幼儿对有关科学现象的理解。活动目标及形式不同,具体的设计思路也有所不同。

(1) 使用科技产品或工具的活动。该类活动重点在于引导幼儿充分接触科技产品,学习科技产品的使用方法,掌握常见工具的操作方法。

活动通常先由教师展示产品并讲解产品用途,根据产品操作难易程度决定是否演示产品或工具使用步骤。幼儿在观察的基础上尝试操作,不断思考、不断总结,及时与同伴及教师交流讨论,共同探讨正确的操作方式,最终掌握正确的使用方法。具体可归纳为:教师展示呈现→幼儿观察→幼儿尝试操作→讨论交流→掌握正确的操作方法。

【案例 5-10】 小班教学活动——电池宝宝②

活动目标:

(1) 在动手操作中对电动玩具产生探究兴趣。

(2) 尝试安装电池,体验成功的喜悦。

活动准备:

1. 材料准备

(1) 教具:电池安装处图片。

(2) 学具:装有两种常见电池(1 号电池和 5 号电池)的电动玩具。

2. 经验准备

幼儿对电动玩具有初步的了解,知道电动玩具里安装了电池。

① 郦燕君. 学前儿童科学教育[M]. 2 版. 北京:高等教育出版社,2014.
② 张卫萍,金妹芳. 玩中学 科学[M]. 南京:江苏科学技术出版社,2013.

活动过程：

1. 活动导入，发现问题（目的：引发幼儿对电池的关注）

（1）设疑激趣

师：小朋友，你们看，这是什么呀？

师：今天老师带来了许多好玩的电动玩具给你们玩。（打开玩具）好玩吗？

师：这儿还有许多好玩的电动玩具，你们可以去找你们喜欢的，让它们动起来。

（2）幼儿动手操作

师：咦？为什么你们的电动玩具不会动？（幼儿回答）

师：为什么老师的电动玩具会动？你们来找找看，里面是不是真的有电池。

小结：原来玩具宝宝的身体里都安装了电池，玩具宝宝是靠电池启动的。

2. 自主探索，安装电池（目的：进一步认识和了解电池）

（1）认识电池

① 教师请一名幼儿寻找电池，找到后请幼儿观察电池。

师：电池宝宝长什么样呢？（幼儿回答）

师：我们一起来给电池宝宝排排队吧，看看你的电池宝宝应该排在哪里。

② 小结：你们看，这个电池宝宝更高更大，叫1号电池；而这个要比它瘦一点、矮一点，叫5号电池，我们把这个5号电池放在1号电池的前面。电池宝宝有头和身体，突起的是它的头，圆圆的是它的身体。

（2）自主探索，安装电池

① 原来只有安装好电池，电动玩具才会动。那么你们想不想让自己的电动玩具也动起来呢？（幼儿操作）

② 教师提供的电池有大有小，幼儿在安装时需要一个选择考虑的过程，同时这也是一次探索。

（3）交流安装电池的经验

师：现在你们的电动玩具会动了吗？

可能会出现两种情况。

① 一部分幼儿的电动玩具动了，一部分幼儿的电动玩具没有动。

师：咦？为什么玩具有的会动，有的不会动呢？

师：我们请一个小朋友来讲讲看，为什么他的玩具会动，他是怎么安装电池的？

（教师请一名幼儿介绍安装电池的方法，同时教师出示图片，帮助幼儿看清电池安装的方法）

幼儿再次安装电池，允许幼儿相互帮助，幼儿可交换电动玩具进行电池安装。

② 幼儿都会安装电池了。

师：我们小朋友真聪明，你们的电动玩具都会动了。那么谁来告诉老师，你们是怎么让自己的电动玩具动起来的，是怎么安装电池的？

（教师请一名幼儿介绍经验，同时教师出示图片，帮助幼儿巩固复习电池安装的方法。）

幼儿再次安装电池，允许幼儿相互帮助，幼儿可相互交换电动玩具进行电池安装。

（4）小结：电动玩具的秘密

师：现在你们发现电动玩具的秘密了吗？（幼儿小结）

小结：原来电动玩具一定要装上电池才会动；在装电池时，一定要让电池宝宝的身体靠在弹簧上，如果装反了，电动玩具是不会动的。

3. 延伸

师：电池宝宝可以让我们的玩具宝宝动起来。想想看，我们的生活中还有哪些地方也会用到电池呢？（播放 PPT）

（2）设计及制作科技产品的活动。这类活动强调幼儿在科技小制作的过程中进一步发现科学现象，体验科技的魅力。一般有两种设计思路。

一种是"演示制作"，即幼儿按照一定的程序或步骤学习制作简单的科技产品，教师通常需要采用分步骤演示讲解的方法展现整个操作过程，幼儿在模仿的基础上动手制作完成产品。例如，制作降落伞、潜望镜、电话筒等。活动过程中，教师可采用个别指导或集体指导的方式化解幼儿在制作过程中遇到的困难或存在的问题。具体可归纳为：教师展示作品→教师演示制作过程→幼儿动手制作→讨论交流→完成作品→作品展示分享。

另一种是"设计制作"，更加强调幼儿在已有经验基础上的创新。教师不需要进行分步骤的演示讲解，而是给幼儿更多的探索机会，幼儿根据自己的想法，自主设计，动手制作完成富有个性的产品。教师应注重创作后的交流分享，拓宽幼儿的思路。具体可归纳为：引出产品→自主设计→自主制作→作品展示→交流分享。

三、 制作类科学教育活动的组织指导

（一）为幼儿提供丰富的制作材料

在制作类科学教育活动中，材料是开展活动的关键。在活动前，教师应做好充分准备，为幼儿提供丰富的材料。这里的材料既可以是制作的原材料，也可以是制作过程中所需的工具。日常生活中随处可见的可乐罐、牛奶箱、奶粉罐等都可以成为制作的原材料。教师可以根据具体活动内容，寻找丰富多样的原材料进行收集、整理、加工，使其更符合幼儿的年龄特点。一般来说，考虑到学前儿童的能力水平，教师应尽量提供半成品材料，既保证幼儿能成功制作出成品，又使幼儿体验到制作的过程。

（二）鼓励幼儿自主设计，探索制作的方法和技巧

在制作类科学教育活动中，允许教师向幼儿讲解或演示制作的步骤和方法，帮助幼儿了解应该如何制作。但是要把握好教师指导和幼儿操作的尺度，不能以教师的演示代替幼儿的操作，制作过程还是要以幼儿自己的操作为主，否则幼儿的学习容易变成机械的训练。尤其在设计制作活动中，教师应给予幼儿足够的自由探索时间和空间，允许幼儿按照自己的想法设计、制作，尊重幼儿与成人、幼儿与幼儿间的差异，使设计过程"百家争鸣"、制作成果"百花齐放"。

（三）引导、帮助幼儿顺利完成作品

教师应关注幼儿在制作过程中的表现，引导幼儿按操作步骤完成作品。当他们在操

作中遇到困难或问题时,应及时给予恰当的帮助,促使幼儿主动想办法解决问题并完成作品;对动手能力较弱的幼儿应给予更多的帮助。同时,在日常的学习生活中,教师还应引导幼儿学习和使用简单的工具。设计制作作品离不开工具的帮助,教师可以引导幼儿尝试使用生活中常用的工具,如小剪刀、小锤子,以帮助幼儿掌握设计制作的基本技能,为幼儿顺利完成作品奠定技术基础。

(四)引导幼儿积极开展交流和分享

在幼儿完成作品后,教师应组织幼儿相互交流和讨论。这种讨论一方面可以帮助幼儿呈现和解决在制作过程中遇到的问题,另一方面幼儿在分享想法和做法的过程中也在梳理自己的思路,强化自己所获得的新经验。此外,同伴间的分享和交流,还能让幼儿看到不同的设计思路和制作成果,帮助幼儿进一步思考自己作品的不足,进而更好地完善、调整自己的作品。通过交流和分享,幼儿能更好地建构自己的知识体系,这是纯粹的手工制作无法实现的。

教师在组织指导这类活动时还要注意以下几点。[①]

(1)可将科技制作活动与区域活动结合起来开展。如果集体活动时间不够,可延伸到区角活动中继续进行。

(2)制作类科学教育活动最好结合展示活动开展,使幼儿的每项制作活动都有始有终,并能在与同伴的交流中提高制作技能。

(3)还可以请家长参与制作类科学教育活动,特别是年龄较小的幼儿可以请家长带着一起做,效果会更好。

做柿干

【案例 5-11】 大班教学活动——不倒的奥秘[②]

学情分析:

一天早晨,一名幼儿带来了一个不倒娃娃。孩子们立刻对这个倒不了的娃娃产生了浓厚的兴趣,他们围在娃娃的周围观察着、议论着。有的小朋友不相信娃娃会不倒,故意把娃娃推倒,结果娃娃又重新站了起来。孩子们百思不得其解,脸上写满了好奇和疑问。我及时抓住幼儿的好奇心,组织幼儿进行了这次科学探索活动。

活动目标:

(1)引导幼儿通过观察、比较、尝试、交流等多种活动,寻找不倒娃娃不倒的原因,激发幼儿进行科学探索的兴趣。

(2)通过操作活动,培养幼儿的动手能力。

(3)引导幼儿体验不倒玩具带来的乐趣。

活动准备:

(1)各种不倒娃娃和不倒娃娃的外壳若干,沙子、棉花、木块、橡皮泥、圆形金属块、胶带、剪刀若干。

(2)底部是平的不倒娃娃外壳一个。

---

① 郦燕君. 学前儿童科学教育[M]. 2 版. 北京: 高等教育出版社, 2014.
② 教育部教育管理信息中心. 全国优秀幼儿科学教育活动课例评析[M]. 重庆: 西南师范大学出版社, 2013.

活动过程：

1. 发现问题

（1）师：今天老师请小朋友来玩不倒娃娃。

（2）孩子们饶有兴趣地玩了起来，一会儿向不同的方向把不倒娃娃推倒，一会儿把不倒娃娃拿在手里摸来摸去，一会儿在手里掂来掂去……

（3）师：谁能告诉老师你发现了什么？

2. 进行比较

（把肚子里没有东西的不倒娃娃的外壳发给幼儿）

（1）师：小朋友再来玩一玩老师刚才发给你的不倒娃娃。（幼儿自由地玩）

（2）师：你现在发现了什么？

有的小朋友发现两个娃娃长得一模一样；有的小朋友发现一个娃娃永远也推不倒，另一个娃娃却站都站不住；还有的小朋友发现一个娃娃很重，另一个娃娃很轻。

3. 开动脑筋

（1）师：两个娃娃看起来一样，为什么一个不倒娃娃能不倒，而另一个不倒娃娃却站不住呢？

（2）小朋友们再次讨论起来。有的小朋友说不倒娃娃不倒是因为肚子里有东西，有的小朋友说不倒娃娃不倒是因为它很重……我及时肯定了幼儿的一些想法。

4. 动手尝试

（1）师：给站不住的娃娃肚子里放什么东西才能让娃娃不倒呢？请用老师给你准备的东西试一试吧。

（2）幼儿打开不倒娃娃外壳的底座，有的先把沙子放到娃娃的肚子里，发现娃娃倒了还是起不来；有的小朋友把木块放到娃娃的底部也不行。有的小朋友先用橡皮泥团成一个圆球放到娃娃的底部，发现娃娃倒了站不起来；他又取了一大块橡皮泥团圆、压扁，固定在娃娃的底部，这次他发现娃娃不容易倒了。他高兴地让周围的小朋友看。有的小朋友试用了几种材料后发现，用比较重的金属材料能使娃娃不容易倒；更有的小朋友发现放在底部的东西必须在中间不动，娃娃才会倒了再站起来。

（3）活动进行一段时间后，我鼓励幼儿互相交流、探讨，并进行再次尝试。

5. 交流结果

（1）师：现在请你告诉老师，你是怎样让不倒娃娃不倒的？

小朋友争先恐后地向我讲述他们的实验过程。有的小朋友告诉我，他先用棉花和木块，发现这些东西太轻了，娃娃倒下去照样起不来；他又把沙子放在里面，沙子在娃娃肚子里动来动去，娃娃倒了还是站不起来；最后他把圆形金属块放在娃娃的底部，娃娃能站起来却是倾斜的。

（2）师：谁发现了能帮他解决这个问题的方法？（让大家讨论）

6. 看看构造

（1）打开不倒娃娃的肚子，幼儿观察内部结构。

（2）师：小朋友，不倒娃娃的肚子里到底有什么呢？通过观察，幼儿发现不倒娃娃的底部有一块面积较大的圆形金属。

（3）师：小朋友试一试圆形金属能不能从娃娃的肚子里拿出来？幼儿试着去取圆形金属,发现圆形金属是固定在娃娃的底部的。

（4）师：现在请小朋友仔细看一看圆形金属放在娃娃底部的什么位置？

（5）通过教师的引导,幼儿发现圆形金属块是固定在娃娃底部的正中间的。

7. 发现秘密

（1）师：现在小朋友们发现娃娃不倒的秘密了吗？

（2）师：如果娃娃的底部不是圆的,倒了还会站起来吗？（幼儿根据经验进行回答）

师：让我们一起来看一看到底谁的说法正确。

（3）幼儿实验发现底部是平的娃娃,即使用比较重的金属固定在底部中间,倒了之后也不会站起来。

（4）幼儿再次总结：底部是圆的娃娃,在它肚子的底部中间固定上重一点的东西,娃娃才会倒了再站起来。

8. 延伸活动

（1）让幼儿修一修坏了的不倒娃娃。

（2）把不同形象的不倒玩具放在科学角,让幼儿继续探索。

（3）在手工区为幼儿准备蛋壳、橡皮泥、胶水、彩笔、彩纸供幼儿自制不倒翁。

教师自评：

《纲要》要求教师要"善于发现幼儿感兴趣的事物、游戏和偶发事件中所含的教育价值,把握时机,积极引导",科学探索活动"不倒的奥秘"即源于此。活动中幼儿表现出极大的兴趣和探究欲望,并大胆尝试、乐于交流。本次活动,在大量操作材料的辅助下,在教师语言的引导下,幼儿通过发现问题、进行比较、开动脑筋、动手尝试、交流结果、看看构造、发现秘密 7 个环节不断探索、验证,发现了不倒娃娃不倒的秘密。在整个教育活动中教师把时间交给幼儿,让他们在动手操作、动手尝试中提高发现问题、解决问题的能力,真正体现了幼儿在教育活动中的主体地位。

专家评析：

本活动设计来源于生活,体现了教师敏锐的观察力和善于挖掘科学活动题材的能力；活动过程能够充分调动幼儿的主动性、积极性,培养了幼儿的动手操作能力。在"动手尝试"环节中,幼儿第一次操作后的讨论把整个活动推向了高潮,提高了幼儿学习的积极性,拓宽了幼儿的思路,使幼儿感受到了尝试的乐趣、发现的喜悦。教师通过对新《纲要》的深入学习,领悟到了它的精髓,并付诸大胆的教学实践,取得了令人满意的结果。

（资料来源：首届全国幼儿教师集体教育活动设计大赛优秀幼儿科学教育活动一等奖　祝欣雯）

第四节　游戏类科学教育活动的设计与组织指导

游戏是幼儿最喜爱的活动形式,通过游戏,幼儿能够探究和认识世界,促进身心全面发展。谢尔曼认为科学是有规则的游戏,可以把科学变成好玩的游戏；霍金斯认为儿童科学学习的阶段之一,就是"任意摆弄科学器材"。把科学变成好玩的游戏,让幼儿在富含科学内容的游戏中学习科学,能够使幼儿更多地感受到科学的乐趣,保持和激发幼儿对科学的强烈好奇心。幼儿像"玩游戏"一样"做科学",不仅有利于幼儿理解内化于游戏中的科学知识经验,还能在游戏中发展幼儿科学的思维方式、科学的态度和精神。

一、 游戏类科学教育活动的含义

游戏类科学教育活动是科学教育的途径之一,它是指运用自然物质材料和有关的图片、玩具等物品,进行带有游戏性质的操作活动,是对幼儿进行科学教育的一种有效方法。例如"奇妙的口袋""接龙游戏"等。科学游戏主要是将科学教育目标寓于游戏之中,幼儿通过参与有一定规则的、有趣的玩耍和操作活动,获得相关的科学经验,复习巩固所学的科学知识,激发好奇心和探究欲望,发展观察力和思维能力等。

二、 游戏类科学教育活动的特点

游戏类科学教育活动与教学活动在幼儿科学实践中往往是相互结合、相互渗透的,但二者又有所不同。幼儿科学游戏具有以下五个特点。

(一)科学游戏具有科学性

教师在选择游戏内容时一定要选择严谨、科学、可实现的游戏。科学游戏首要的特征就是具有科学性,在科学的基础上开展的科学游戏才能取得相应的教育效果;如果游戏的设置不具有科学性和严谨性,科学游戏的真正意义也就不存在了。

(二)科学游戏具有趣味性

让孩子带着兴趣去学习、去游戏,将取得更好的效果。"兴趣是一个人最好的老师。"所以,教师在设计游戏之前,一定要了解幼儿的兴趣,结合幼儿的兴趣点去设计游戏,选择材料,激发幼儿的好奇心,让孩子在好奇心的驱使下参与游戏,使孩子热爱学习、热爱科学。

(三)科学游戏具有自发性

游戏开始的动机是幼儿的内部动机,即是幼儿主动地、自发地开展和进行游戏,幼儿进行科学游戏完全是出自自己的兴趣和愿望,无论是结伴还是独自开展游戏,都是由幼儿自己决定的。因此,科学游戏完全是幼儿自主选择参与的游戏活动。

(四)科学游戏具有自主性

在游戏过程中,幼儿是完全自主的,他们可以选择使用的材料,决定游戏开始和结束的时间,选择游戏进行的方式。并且,由于科学游戏是幼儿自发开展的,在游戏的开展上也没有什么限制,可以充分按照自己的意愿、时间来进行游戏。例如在玩沙游戏中,幼儿可以自由探索喜爱的方法进行游戏,用脚踩、用手堆、用放大镜去观察……[①]因此,科学游戏具有自主性。

（五）科学游戏具有具体性

科学知识是对科学事物现象的高度概括,[②]教师只有提供能够直观反映科学现象的玩教具和材料,才能让幼儿通过游戏直接理解科学现象、掌握科学知识、获得直接经验。因此在选择游戏材料时一定要考虑其具体性。另外,教师所选择的游戏内容也应该是能被幼儿具体感知的。儿童的认识发展依据具体性、形象性的规律,在初期教师应选择一些幼儿可通过眼睛、鼻子、耳朵或手的触摸感知到的科学现象,使抽象的科学概念变成直观的经验。

科学游戏更加强调在幼儿自主活动中,最大限度地顺应幼儿发展的规律,潜移默化地提升幼儿的科学素养。科学游戏的五个特点决定了幼儿在科学游戏中的学习完全不同于在教学活动中的学习,两者不可相互替代。

三、 游戏类科学教育活动的设计与指导

（一）游戏类科学教育活动的设计原则

1. 科学性原则

科学的游戏内容与游戏方式有助于幼儿形成对科学领域内容学习的正确态度,在组织幼儿进行科学游戏时要遵循科学性原则。首先要保证蕴含于游戏中的科学内容的正确性,内容的正确与否直接关系到幼儿对科学这一领域学习的态度。其次,为幼儿设计的科学游戏要适宜幼儿身心发展的特点。不同年龄班的幼儿其认知存在一定的认知差异,为其设计科学游戏应考虑到幼儿之间的这种差异。如小班幼儿对颜色鲜艳的物体较为感兴趣,而随着幼儿求知与探索欲望的加深,大班幼儿则对能引发其思考的物体较为感兴趣。最后,为幼儿设计的科学游戏应有规范、科学的游戏规则。制定游戏的规则是为了让幼儿有目的地、规范地参与;科学游戏并不仅仅是让幼儿进行一次单纯的游戏,而是蕴含着科学经验。

2. 趣味性原则

游戏总能为孩子带来快乐,我们就是要让幼儿在玩的过程中获得科学经验,也就是寓教于乐,将教学内容渗透于游戏中,使幼儿在轻松的氛围中获得发展,激发其求知欲与探索的欲望。

根据幼儿的年龄特点,要为幼儿提供具有趣味性的科学游戏。

首先,要考虑游戏内容的趣味性。简单来说,有趣的游戏幼儿才愿意参加。根据幼儿兴趣广泛、具有较强的好奇心这一特点,可以提供一些幼儿有一定的认知但并没有深入了解的知识,如季节的更替、雷电的形成、小蝌蚪的演变过程、植物的生长过程等;涉及的内

---

① 夏力. 学前儿童科学教育活动指导[M]. 上海：复旦大学出版社,2009.

② 黄晓芸. 浅析科学游戏中的三性[J]. 学前教育研究,1999(2)：49-50.

容既要广泛,又要激发幼儿的好奇心。

其次,要保证科学游戏组织形式的趣味性。游戏过程中教师应尽量鼓励幼儿自主活动,教师只是适时介入,可以利用集体、小组、个别等多种组织形式完成科学游戏;当然也可以采用与其他领域内容相结合的形式进行,如音乐科学游戏。

最后,应设计具有趣味性的教师指导语言。在游戏过程中,教师可以以幼儿的身份使用"宝宝用语";也可以使游戏材料拟人化,例如,"花仙子想了几天,终于羞答答地露出小脑袋,看看这美丽的世界"。

3. 活动性原则

活动是人心理发展的基础与源泉。幼儿的科学学习主要通过自己动手操作的活动,而不是仅仅依靠他人语言的讲解或观看他人的操作。此外,幼儿天性活泼好动,对周围事物总是充满好奇,自我控制能力却不强。游戏活动是协调幼儿充分动手操作和满足幼儿好奇好动的特点的最好活动。

科学游戏符合幼儿的年龄特点,又能达到游戏的目的。在科学游戏中,既要有幼儿动手操作的机会,也要引导幼儿在具备操作经验的基础上进行思考,通过内部的智力活动理解游戏中所蕴含的科学经验和科学知识。例如,"玩水"游戏深受孩子们的喜爱。在游戏中,幼儿既需要动手操作各种玩水材料,又需要积极动脑,思考各种玩水的方法,从中亲身体验水的性质和用途;幼儿在玩中获得了丰富的科学经验,促进了智力发展,培养了对科学探索的浓厚兴趣。

4. 发展性原则

科学游戏的发展性原则既要考虑游戏材料及内容的发展性,又要考虑促进幼儿多方面的发展。

(1)游戏材料的选择要具有发展性。游戏材料是活动中幼儿直接感知并引起其兴趣的元素,为幼儿提供的游戏材料提倡是具有多重功能、值得幼儿探索的材料。

(2)游戏内容的设计与组织要有发展性。游戏内容的设计在考虑适宜的科学内容之外,还应考虑幼儿的身心发展特点,依据幼儿的"最近发展区",为幼儿设计"跳一跳,够得着"的游戏内容,以达到"力所能及"的效果。

(3)应促进幼儿多方面的发展。好的科学游戏既能促进幼儿身体的发展,又能促进幼儿心理的发展。对于幼儿的身体来说,如放风筝,幼儿在奔跑的过程中能感受风速的变化;拍球计数,幼儿在练习拍的动作时能学习巩固数数,此类游戏均能促进幼儿大动作的发展。对于幼儿的心理来说,进行科学游戏的过程中多为幼儿提供操作的机会,使幼儿获得成功的体验,以此来增进幼儿的自信心。

5. 安全性原则

在进行游戏的过程中除了让幼儿体验游戏的快乐与成就感之外,还应特别注意幼儿的安全问题。首先,开展运动类游戏的过程中注意防护,提醒幼儿注意安全。其次,保证操作类游戏材料的安全性。工具的使用说明要提前告知幼儿,教师做好监督工作,避免幼儿误伤、误食等情况的发生。最后,可适当设置规则,如游戏范围、操作工具的使用等,防止幼儿在游戏的过程中出现意外。

6. 差异性原则

每个幼儿都是独立的个体,其身体、认知等发展都具有一定的差异,因此,在设计、组织幼儿的科学游戏时应遵循差异性原则。

首先,同一游戏在不同的年龄班要求不同。如在一次玩沙和土的游戏中,小班幼儿只需了解沙和土的基本特征,中班则需要了解沙和土的类型与特点,大班幼儿则需要达到更高的要求,要求了解沙和土之间的差异。

其次,不同的年龄班可以选择不同类型的游戏。例如小班幼儿可以选择感知类游戏,中、大班则可以选择智力或竞赛类游戏。

最后,应尊重幼儿个体的差异。每个幼儿的发展速度是不一样的,应在尊重幼儿个别发展的基础上进行科学游戏,允许幼儿获得的知识经验存在差异。

(二)游戏类科学教育活动的设计方法

教师在设计科学游戏时,除充分注重游戏设计原则外,还应考虑以下三个方面的问题。

(1)游戏目标。专门的游戏活动不同于集体的教学活动,教师不需要订立"游戏目标",但在设计游戏时,教师应该明确幼儿在这个游戏活动过程中可能会获得什么样的科学经验或概念,也就是说要分析清楚游戏中所蕴含的科学内容以及游戏活动的教育价值。

(2)游戏材料。在科学游戏中,游戏材料可以满足幼儿不断操作、摆弄的需要,同时也蕴含了教师设计游戏的初衷。材料应具有激发幼儿探究兴趣的作用,同时又要使教师易于准备、收集及整理,并可以反复使用。

(3)游戏规则。游戏规则是游戏顺利进行的前提条件。游戏设计的一个重要方面就是要详细说明怎么玩,以及适合什么年龄对象的幼儿玩,适合几个人玩,等等。游戏规则应该简便易行,教师要交代清楚,用语要简洁明了,保证所有的幼儿熟知规则。

例如,"摸箱"游戏中,幼儿只借助触觉去感受箱中的物体是什么,该游戏的目标就在于发展幼儿的触觉以及对事物基本属性的了解。为了实现这一目标,教师需要提供幼儿可以把手放进去的非透明箱子、属性存在差异的各种物体供幼儿触摸。在幼儿触摸物体时,必须闭上眼睛,直到讲出所摸物体的名称。"闭上眼睛",就是要求幼儿必须执行的规则。

四、 游戏类科学教育活动的组织与指导

在游戏类科学教育活动中,教师既是游戏的设计者,也是游戏的组织者、参与者、支持者及引导者。教师要从本区域、本园的条件出发,结合本班幼儿的实际及兴趣,组织开展游戏类科学教育活动。在集体性的科学游戏活动中,教师可以参考如下四个步骤进行组织。

(一)创设良好的游戏环境

首先,创设适宜的心理环境。在游戏开始之前,教师可以与小朋友们拉近距离。如在

开始科学游戏"气体举重机"前，老师可以用比较神秘的语气和幼儿进行谈话，以此导入："小朋友们，你们认为自己能举起来多重的东西呢？一袋大米可以吗？今天我们就来测一测到底你有多大的力气！"这种和谐的氛围会让幼儿觉得亲切、好奇，也愿意积极参与这个游戏。

其次，创设合理的物质环境。环境对儿童的发展起着重要作用。第一，可以在游戏开始前的一段时间内布置好教室环境，外在的新奇事物会引起幼儿的兴趣。比如可以在教室四周先放置各种镜子，如凸面镜、凹面镜、平面镜、立体镜等，让孩子们自由观察和使用；当幼儿互相介绍自己的玩法时，教师可以借助这个机会开始"奇妙的镜子"这一活动。[①] 第二，在材料区投放充足、多样的材料。可以利用园内现有的玩具与材料，但一定要保证数量充足，保证参加游戏的每位幼儿都能进行操作。如"变色陀螺""你能制造云雾吗"等游戏需要足够数量的"纸陀螺"、大小铁罐，可以发动幼儿和家长收集家中不用的材料，加以利用。第三，要注意材料的组成，可以多投放一些半结构化、低结构化材料，减少高结构化材料的投放，给幼儿以充足的机会亲自动手制作。

（二）引导幼儿理解游戏规则

游戏规则是发挥游戏最大作用的基础，幼儿必须明白游戏规则才能有秩序地参与游戏，如果没有规则，那么游戏将无法进行下去。教师可以在游戏开始前，根据游戏的难易程度和幼儿的发展水平，对游戏的玩法进行示范，让幼儿明白自己需要做什么、如何做。例如，"看谁滚得快"活动中，幼儿须选择自己的"选手"，并让其从斜坡上向下滚动，看谁先到终点。[②] 幼儿只能松手让自己的"选手"自由滚动，不能使劲往下推"选手"，这就是规则。明确游戏规则是保证游戏具有良好秩序的基础。

（三）正式开展游戏活动

教师不仅仅是游戏的组织者，而且是游戏的参与者、观察者、支持者和引导者。在游戏活动中，教师要明确自身角色定位。

在正式开展科学游戏活动时，教师首先是游戏的组织者，应根据幼儿的身心发展水平组织幼儿开展适宜的科学游戏，选择符合幼儿"最近发展区"的游戏，并根据游戏的难易程度决定开展集体游戏、小组游戏还是个人游戏。游戏过程中教师以观察者、参与者、指导者的身份调控幼儿的行为，发挥显性教育影响的作用。教师是游戏的观察者，应随时观察每个小朋友的表现以及游戏进度，教师不要自己玩得不亦乐乎，而忽略了幼儿的情绪与体验。教师是游戏的参与者，教师可以选择在游戏开始后，以大朋友的身份参与游戏，与儿童共同进行游戏，进而提高儿童参与游戏的热情及科学探索的兴趣。教师是游戏的引导者，在游戏过程中，教师既要关注游戏的进展，激励幼儿积极参与，给予启发性的提问或建议，推动游戏的发展，又要关注幼儿在游戏中的表现，根据幼儿的不同需要给予适当的帮助，从而激发幼儿进行科学游戏的积极性、提高科学游戏活动的质量。

① 杨丽丽. 科学游戏的指导[J]. 教育导刊(幼儿教育)，2000(S3)：36-37.
② 60个科学小游戏[R/OL]. https://wenku.baidu.com/view/5ccda4dcad51f01dc281f1b4.html，2018-06-27.

（四）对游戏活动进行评价

游戏结束时，教师要对游戏进行总结与评价。可以对游戏中幼儿的表现进行评价，如在游戏中幼儿积极参与、团结合作、认真思考等；可以对游戏结果进行评价，如游戏结束后儿童是否对这一科学现象有了更深的印象，儿童能否用自己的语言讲述游戏中蕴含的科学道理等；可以对后续的游戏提出要求，在以后的游戏中希望小朋友们发散思维、探索新的玩法；等等。

另外，除了教师的总结与评价外，还应该有幼儿个体之间、小组之间的互评。在互相评价的过程中，教师可以发现幼儿在游戏中仍存在的疑惑、个体交往中存在的问题等。多主体、多样化的评价能对幼儿起到更全面的影响作用。

科学游戏除集体性游戏活动外，还有幼儿自发的个别游戏活动和小组游戏活动，教师应支持和引导这些活动。集体性游戏活动也可以在此基础上扩展和生成。此外，在教学实践中，科学游戏往往融合在科学教学活动当中，成为教学活动的一部分，使教学活动更加生动有趣，对幼儿更有吸引力。

科学活动应是幼儿的探究之旅——优质幼儿科学活动的特征分析

【案例5-12】 听声音

适用班龄：大班

游戏准备：大自然中幼儿熟悉的各种声音，如鸟鸣、风吹树叶的声音、车辆驰过的声音、人走路的声音等。

参加人数：不限，活动场所为室外。

游戏规则：游戏前可以让幼儿自己选择要听的声音，游戏中可以让幼儿静坐，闭上双眼，当自己选择的声音出现时，要心中默数，然后互相交流。

评析：这是训练幼儿听觉的一种游戏。若户外场地过于嘈杂，可在室内进行，需要教师提前将录音准备妥当。

【案例5-13】 踩影子

适用班龄：大班

游戏准备：有阳光的室外场地。

参加人数：二十人。

游戏规则：请幼儿自选二人一组；双方约定不仅要尽量多地踩到对方的影子；而且要尽量躲避对方踩到自己的影子，以先踩到对方影子五次来判断输赢。

评析：这是运动性游戏的一种。此类游戏适宜在室外进行，活动量大。通过这类游戏，幼儿可以亲身感受并进一步理解事物的特性，加深对事物及科学现象所产生的因果关系的理解。同时，在运动的过程中幼儿爱活动的特性得到充分满足，激发了学习的热情，发展了活泼开朗的个性。

✦ 案例实践

1. 幼儿园集体科学教育活动方案设计。

1) 实践目标

(1) 熟悉幼儿园各类科学教育活动方案的设计方法及要求。

(2) 掌握幼儿园各类科学教育活动方案撰写的技能。

2) 内容与要求

(1) 内容

① 在教师的指导下选择活动课题,并确定设计思路。

② 练习各类集体科学教育活动方案的设计与撰写。

(2) 要求

① 活动课题在观察类、实验类、操作类三种类型中选择。

② 年龄班可以自选,也可由教师将全班学生分别指定为针对小、中、大班。

2. 用废旧物品进行科技小制作,并在班内分享作品。

3. 在一次性纸杯、纸盒、绳子、树叶等材料中任选1～2种设计"一物多玩"的科学游戏活动。分小组合作选择一种材料,选择玩一玩所设计的游戏。

📖 拓展阅读

观察和实验的区别①

假如你在河边散步,看到一只乌龟在爬行,然后你停下脚步,仔细观察它爬行时的特点,这叫随机观察或自然观察。然后你把它抓回来,放在一只玻璃缸里,放上一些食物,顺其自然,隔几天去看看它,这仍然是观察。有一天,你突发奇想,想搞清楚乌龟到底喜欢吃什么,在什么温度时最活跃,什么温度时开始冬眠(不吃不喝),多少摄氏度的时候会死(太高了会热死,太低了会冻死),然后你不停地变换食物,不停地改变温度,连续观察了很多天,最终得出了一个结论,这个过程叫作实验。

由此可见,观察和实验的根本区别在于:观察通常不改变对象所处的环境条件,而实验必须在人为设定的环境条件下,观察研究对象的变化情况。我们常说,天文学是观察的科学,这是因为天体在天上,没有办法改变它所处的环境条件,只能观察它在自然条件下的运行规律。传统生物学是以观察为主的科学(现代的分子和量子生物学是以实验为主的科学),这是因为,传统生物学在研究的时候通常不改变生物生长所处的环境。

观察,一般可以分为随机观察和科学观察两大类,前者没有明确的目的,后者有。如雨过天晴,偶然间抬头看到天上有一道彩虹,低头看到水池中的荷叶上有流动的水珠,那就是随机观察。捡了好多叶子,然后回来用放大镜仔细观察它的结构,它的叶脉有什么特点,有什么作用,这叫科学观察。

---

① 蔡志东.幼儿科学教育 科学素养与活动实训[M].上海:复旦大学出版社,2018.

第六章
学前儿童数学教育的内容

章节思维导图

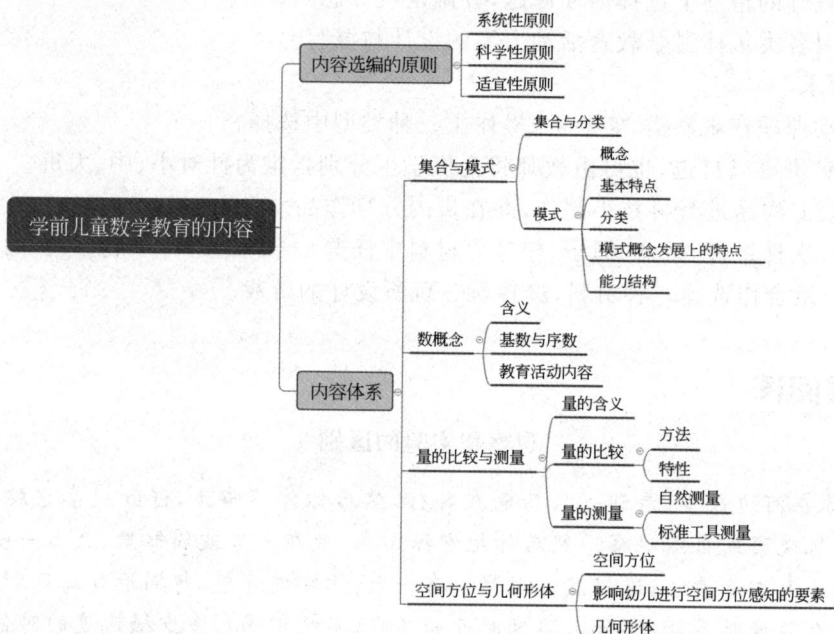

```
                                         ┌─ 系统性原则
                        ┌─ 内容选编的原则 ├─ 科学性原则
                        │                └─ 适宜性原则
                        │
                        │                                    ┌─ 集合与分类
                        │                  ┌─ 集合与模式 ─┬─        ┌─ 概念
                        │                  │              │        ├─ 基本特点
学前儿童数学教育的内容 ─┤                  │              └─ 模式 ─┼─ 分类
                        │                  │                       ├─ 模式概念发展上的特点
                        │                  │                       └─ 能力结构
                        │                  │
                        │                  │              ┌─ 含义
                        └─ 内容体系 ───────┼─ 数概念 ────┼─ 基数与序数
                                           │              └─ 教育活动内容
                                           │
                                           │                              ┌─ 量的含义
                                           │              ┌─ 量的比较 ───┬─ 方法
                                           ├─ 量的比较与测量              └─ 特性
                                           │              └─ 量的测量 ───┬─ 自然测量
                                           │                              └─ 标准工具测量
                                           │
                                           │                              ┌─ 空间方位
                                           └─ 空间方位与几何形体 ────────┼─ 影响幼儿进行空间方位感知的要素
                                                                          └─ 几何形体
```

思政教育目标

　　严谨性是数学独特之美,这就要求教育工作者应该具备实事求是、孜孜不倦追求真理的态度和精神。在教育过程中,注重培养逻辑思维能力,加强教学的严谨性,培养具备数学思维的现代公民。

学习目标

　　1. 理解学前儿童数学教育活动内容选编的原则。
　　2. 掌握集合与分类的活动内容。
　　3. 掌握模式的概念、基本特点,理解学前儿童模式概念发展的特点、模式的能力结构等。
　　4. 理解数概念的含义、基数与序数的含义。
　　5. 掌握计数活动、相邻数活动、比较多少、序数活动、数的组成等数概念活动内容。

6. 掌握量的概念、量的比较的方法与特性、自然测量和标准工具测量的含义。

7. 理解空间方位的含义，掌握影响幼儿进行空间方位认知的因素。

8. 掌握幼儿认知几何形体的顺序。

第一节　学前儿童数学教育活动内容选编的原则

在《3—6岁儿童学习与发展指南》中为学前儿童数学教育活动确定了三个重要的目标，一是初步感知生活中数学的有用和有趣；二是感知和理解数、量及数量关系；三是感知形状与空间关系。根据数学学科的特点及学龄前幼儿的思维特点等，本书将学前儿童数学教育的内容划分为四个大的方面：集合与模式；数概念；量的比较与测量；空间方位与几何形体。

在集合与模式部分，同时介绍了分类活动及规律排序活动；在数概念部分，介绍了计数活动、相邻数活动、数的多少、序数活动和数的组成等内容；在量的比较与测量部分介绍了量的比较与自然测量；在空间方位与几何形体部分对方位和图形及图形拼搭进行了介绍。

在幼儿园进行数学教育活动时可以从以上几方面来选择适宜本班幼儿的内容。在选择时要遵循以下原则。

一、系统性原则

幼儿数学作为一个整体，在其数学领域认知过程中，有一定的系统性和规律可循。如集合、模式等是整个数学领域认知的基础，计数活动是进行测量的前序知识内容，幼儿对空间方位的感知是其进行几何形体学习的基础，等等。幼儿教师在组织数学活动时，要把幼儿的数学经验看作一个整体，从系统的角度进行活动内容的选择。如在测量活动时，要保证幼儿能够准确地计数及说出总数。同时幼儿在五大领域的经验也是一个整体，在进行图形分类活动时，如果想要加入给图形涂色的内容，则要保证涂色对幼儿来说属于简单任务，否则幼儿给图形涂色会用掉大量活动时间，分类活动任务难以完成。

二、科学性原则

数学作为科学领域的一个分支，同样具有科学领域的特点。其本身是一门逻辑性较强的学科，在某些内容的定义等方面有着专门的内容。在考虑幼儿接受能力的基础上，教师应尽量保持教学的科学性，在教育活动中或区域活动指导中，要采用较为"数学化"的语言，如在分类活动中采用"分一分"比采用"排一排"更能使幼儿领会活动意图，也更符合分类活动的要求。

三、 适宜性原则

无论选择什么样的内容作为本班数学教育活动的内容,都要与本班幼儿的发展阶段相适应,同时该内容的学习要能够促进本班幼儿的发展。当我们选择了过于简单的内容时,我们会发现幼儿能够很快完成布置的任务,然后无所事事甚至开始用操作材料玩起游戏等;当我们选择的内容对幼儿来说难度较大时,无论怎么提示幼儿都很难完成任务,无法达到我们的活动目标。

学者视线——幼儿园数学教育的几个核心问题

第二节　学前儿童数学教育内容体系

一、 集合与模式

(一) 集合与分类

集合是幼儿园阶段数学教育的重要内容,是幼儿进行数学学习的基础。幼儿园数学分类活动、计数等活动都是在幼儿对集合有一定感知的基础上进行的。

1. 集合与分类的含义

集合是具有某种相同属性的事物的全体。如苹果、梨、香蕉等是水果的集合,狗、小猫、兔子等是动物的集合。在幼儿园教育活动中,最先涉及的就是同种颜色的集合、同种形状物品的集合等某种外观属性相关的集合。可见,集合的归并是以物品具有共同的属性为前提的。

幼儿对集合的感知,是在日常生活中逐渐积累起来的。正如皮亚杰在其理论中提到的"同化"与"顺应"的能力,在日常生活中,通过与成人等的接触交往,幼儿将具有同一属性的物品归为同一集合,将具有不同属性的物品归为不同的集合。如在认识鸟类的过程中,幼儿通过自己的经验分析,将带羽毛、两条腿的动物归类为鸟类的集合。

判定集合的过程,事实上是一个分类的过程。分类是学前儿童重要的数学认知能力之一。《3—6 岁儿童学习与发展指南》中提到,幼儿要"对感兴趣的事物能仔细观察并发现其明显特征",要能够对事物或现象"进行观察比较,发现其相同与不同"等。分类在幼儿的思维发展过程中占有重要位置。

分类是指把一组事物按照特定的标准加以区分,并进行归类的过程。比如将积木按照颜色这一标准进行分类,可以分为红色积木、黄色积木、绿色积木等;按照形状这一标准进行分类,可以分为圆形积木、三角形积木、正方形积木等。分类能力是儿童对集合进行区分的过程,是集合思想的体现。[①] 集合更多的是从数学概念的角度来描述,分类则是从具体的数学活动角度来描述。分类活动的过程中既包含了对集合的区分,如将不同颜色、

---

① 黄瑾. 学前儿童数学学习与发展核心经验[M]. 南京:南京师范大学出版社,2015.

形状的积木区别开;又包含了对集合的合并,如将相同颜色、形状的积木归为一类。这些都是在观察、比较的基础上进行的活动。

2. 幼儿感知集合与分类内容

1)幼儿能够感受到物品属性的不同,将其分成不同的类别

在小班分类活动中,教师为幼儿分发了不同食物的图片,有胡萝卜(兔子)、骨头(小狗)等,以帮助小动物找到它喜欢的食物为背景,在每个小动物面前放置一个小筐,筐上贴着与小动物对应的食物,让小朋友把自己手中食物的图片放在对应的筐内。

从严格的意义上来说,这次活动并不能算作一个分类活动。在这一过程中,幼儿只是辨别了自己手中的图片与筐上贴的图片是否相同,若相同则放在相应的筐里,若不同则不放。这就相当于教师提供了一个绿色的小球,请幼儿找出跟它一样的小球来。这实际上是一个比较之后匹配的过程,幼儿进行的是一一对应的放置。

这种观察比较是幼儿进行分类的前提,在分类活动中幼儿需要通过自己对物品的观察分析,找出物品在某一属性方面的差异。

分类则是在观察比较的基础上进行分析,分析出待分类物品在某一属性上的差异,之后根据观察物品的某一属性的相同与不同,进行类别的划分。如将一堆小球按照颜色分成两类。在这一过程中,幼儿需要通过观察,分析小球在颜色这一属性上存在的差异,并根据颜色将小球进行分类。

匹配和分类的过程都涉及对物品属性特征的区分和认识,但是分类所涉及的认知过程更加复杂,在进行分类活动设计和对幼儿分类活动进行指导的过程中,要理解匹配和分类的关系。

2)幼儿能够按照不同的属性进行分类

在中班的某次分类活动中,教师以小熊礼物店作为背景,粗心的小熊不小心把礼物都弄乱了,要请幼儿帮它来给礼物盒子分分类。教师为活动准备的盒子在大小、颜色和有没有丝方面存在差异,在活动中请幼儿帮助粗心的小熊给礼物进行分类。

走进奇妙的数学世界——不是一伙的

这一活动过程中,礼物盒子在颜色、大小、有无丝带这几个属性上有不同,要求幼儿能够在这些属性中选定一项作为标准进行分类。第一次分类结束后,教师请幼儿用其他办法进行分类,需要幼儿按照另一种属性进行分类。

这要求在活动过程中,幼儿能够发现物品的不同特征,同时在分类时只选择一个属性作为分类标准。

3)集合间的比较

集合之间在数量关系上存在多、少、相等三种关系,在量的比较与测量部分会讲到有关量的比较的内容。在对两个集合进行数量比较时,当两个集合中的物品进行了一一对应的排列,幼儿很容易区分两个集合的数量多少关系;而没有进行一一对应排列时,如果两个数量相差较大,则通过目测可以明显看出多少。当两个集合的数量相近时,则需要借助后面章节讲到的"计数"这一技能进行判断。

当然,以上讲到的都是以两个集合为基础的认知情况。在实际幼儿园活动中,根据实

际条件和幼儿认知水平的不同,还会涉及多个集合的情况,比如将三种颜色的小球进行分类(外观特征),将车按照公交车、出租车、大卡车等进行区分(三分法等、用途)。

【案例 6-1】　中班数学活动——小熊商店开业了![①]

活动目标:

(1)能按物体的某一特征进行分类。

(2)能用简单的语言正确描述自己分类的方法。

活动准备:

(1)物质准备:把药盒包起来做小熊商店礼物盒(盒子的颜色控制在两种,形状相对复杂。礼物盒上面有的会有小的包装花,有的没有;花的颜色是两种)。

(2)经验准备:幼儿分类的原有经验。

活动重点:

能准确说出自己分类的方法。

活动难点:

幼儿自己尝试按某一特征进行分类。

活动过程:

1.情景导入

小熊的礼品店明天就要开业了,但是还有很多礼物没有分好摆放到货架上,它想请小朋友们帮它把礼物分一分!

2.我们看一看都有什么礼物

取出具有特点的礼物。例如:幼儿发现它是红色的,那么你还发现其他不同了吗?

3.我们可以怎样帮助小熊分一分

师:我们可以怎么分?

4.幼儿操作

每名幼儿取走一筐材料。幼儿通过观察、比较,来操作手里的礼物盒。教师引导幼儿用多种方法进行分类。

师:你能说一说你是怎样分的吗?为什么这样分?

5.分享环节

通过同伴间的交流,创建同伴间学习的机会。请幼儿说一说是怎样分的,并借助同伴验证幼儿操作得是否正确。

6.第二次操作

幼儿能尝试使用其他方法进行分类,或尝试自己纠正自己的错误行为。

案例分析:

"小熊商店开业了!"是中班分类活动,活动目标在于幼儿能够按照物品(礼物盒)的某一特征进行分类,并且能够说出自己的分类方法,即是按照什么的不同进行分类的。

在活动操作材料的准备上,幼儿教师选择了将药盒再次包装,让幼儿识别礼物盒的不同之处,并进行分类。在教师设定的礼物盒的分类特征方面,包括了盒子本身的不同大

---

① 本活动设计来自曙光幼儿园的刘昭。

小,后期包装成的两种不同颜色,以及有无包装花和包装花的不同颜色等。需要指出的是,在实际的活动准备中,教师选用的礼物盒的大小并不能严格地分为两种类型,而是大小、形状各不相同,这种情况影响了幼儿的分类行为,在活动中有的幼儿能够笼统地将盒子分成大、小两个类型,有的则是按照大小进行了排序。由此可见,教师操作材料的选择对于其活动目标的达成有着较大的影响。

(二)模式

1. 模式的概念

模式是指客观事物和现象之间本质、稳定、反复出现的关系,它反映的是对事物和对象的具有隐蔽性、抽象性的规律特征的认识。模式是从许多的具体事物中抽象出来的一种关系,这种关系存在于我们的头脑之中,而不是在任何一个实际的客体里。除了找出模式中的规律(识别模式)之外,还包括模式的复制、扩展、比较、创造、描述、交流等,这些涉及了分类、排序、计数、概括、推理以及对部分与整体关系的认识等多种认知活动与过程。

除了模式,在幼儿园的数学教育活动中也常常会涉及排序。排序就是将物品或者对象按照某种规律进行排列。

关于模式与排序的关系,Charlesworth & Radeloff 认为模式与排序关系密切,排序是模式的根本,幼儿只有对序列的逻辑顺序关系有了了解才能创造模式。[①] 同时,我们也会发现在实际的幼儿园教育活动中有的幼儿教师也会将规律排序等同于模式,就是按照稳定的、重复的关系对物品、声音、动作等进行排序。从这个意义上讲,模式是规律排序。同时排序也会涉及对物品的某一特征进行比较后,按照一定的规则,如从小到大、从矮到高进行排列。

2. 模式的基本特点

模式有两个基本特点:重复性和可预测性。重复性就是指模式是由相同的单元或按照同一规律发展变化的单元构成,如模式"ABABA"是由相同的单元 AB 的重复构成的,模式"1,2,3,5,8"则是由前两项相加等于第三项这一规则的重复执行形成的单元构成。而可预测性就是通过对模式的结构及其中的规律性关系进行概括,可以对模式的发展进行概括。由此可见,模式的重复性是它的可预测性的前提和基础。

3. 模式的分类

按照模式组成的基本单元来分,可以把模式分为重复性模式和发展性模式两类。重复性模式就是指组成模式的基本单元是 n 个相同的、保持不变的单元构成的,比如"ABC,ABC,…";发展性模式就是指模式由按照统一规律发展变化的单元构成,比如"AB,ABB,ABBB,…"

按照组成模式的载体不同来划分,可以把模式分为实物模式和符号模式两种。实物模式就是指以实物或动作、声音等实体的形式呈现的模式,如"敲鼓—击掌—跳,敲鼓—击掌—跳……"的动作模式;符号模式是指通过字母、数字、文字等抽象的符号系统来表达的模式,如数列"0,1,2,3,4,5,6,…"。

① 林泳海,周葱葱. 3.5~6.5 岁儿童式样认知发展的实验研究[J]. 心理学探新,2003(1):33-36,41.

4. 学前儿童在模式概念发展上的特点

首先,模式认知随年龄增长呈上升趋势。3岁左右的幼儿已经具备了初步的模式认知能力,随着幼儿年龄的增长,尤其是4岁以后,幼儿的模式认知能力有了更明显、快速的发展,体现出随着年龄增长的趋势。模式认知可以归纳为:模式的识别→模式的复制→模式的扩展→模式的创造→模式的比较→模式的转换→模式的交流能力结构上的渐进发展趋势。

其次,对不同类型的模式认知有差异。幼儿对不同类型的模式认知有明显差异。幼儿往往更容易判断和认识重复性模式,对于发展性模式的认知具有一定的困难,这是因为幼儿早期在生活中首先和较多接触到的是具有重复性特征规律的模式。

最后,幼儿对模式的判别和推断受到模式载体的影响。对于以具体的实物或动作、声音为材料载体的模式往往更容易认知,而对于以抽象的符号和数字、字母等为材料载体的认知则比较困难。

5. 模式的能力结构

模式能力主要包括模式的识别、复制、扩展、创造、比较、转换、描述和交流等,其中模式的识别能力是基础,模式的复制、扩展、创造、比较、转换、描述和交流都是在模式识别能力的基础上发展起来的模式运用能力。

模式识别能力是指获得模式结构的能力,也就是能辨别出模式单元有哪些组成元素,模式各单元之间的相互关系是怎样的。这是数学理解的核心,也是促进幼儿数学概念发展的基本能力之一。

模式复制能力是指创造出与原有模式具有相同结构的模式的能力。

模式扩展能力是指在模式识别基础上的对模式发展的预测能力,重要的是分析模式的整体结构及其中的规律性联系,从而对模式在任何时间、空间中的发展、变化进行预测,反映了幼儿的逻辑推理能力的发展。

模式创造能力指的是一种对模式结构的新的学习和反应能力,也就是对要创造的模式有清晰的计划和设想,能够自己创造出一种模式结构或序列。

模式比较能力是指能够在分析模式结构异同的基础上,把握住决定模式结构的本质要素的能力。比如通过对于动作模式"坐,站,坐,站……"与数字模式"1,3,1,3,…"的比较分析,可以发现尽管它们在表现形式上不同,但它们有相同的结构,都可以概括成"ABAB,…"的结构,理解它们是相同模式在不同情境中的不同表现形式。

模式描述能力是指使用文字、字母、数字或其他符号对模式结构及其中包含的规律性联系的概括表征能力。

模式交流能力是指使用公认的、标准的符号、图形等数学概念、数学符号系统来描述和表征模式的能力,它是建立在对模式进行概括时能排除一些非本质特征的影响,获得对模式结构的更确切的概括基础之上的抽象的表达能力。

模式的具体教学内容主要包括对重复性模式的识别、复制、扩展、创造、比较、转换、描述和交流等。在具体的教育活动中也应该采用操作实物材料的方式进行,其中也包括以他们自己的身体运动作为操作材料进行操作。让幼儿接触到的重复性模式,也主要是以比较显见的、单元个数有限的模式为主。

【案例6-2】 大班数学规律排序活动——堵住偷蛋贼[①]

活动目标：

(1) 尝试用不同材料与方式规律排列，表现同一种模式。

(2) 体验数学活动的趣味性，发展幼儿迁移性思维与抽象概括能力。

活动准备：

(1) 物质准备：《堵住偷蛋贼》故事PPT；魔法圈(毛根)、不同生活材料、记录表等。

(2) 经验准备：在生活中有接触规律的经验，进行过规律排序活动。

活动过程：

(1) 教师出示故事PPT，以鸡妈妈定制规律围栏情境引入活动，激发幼儿的兴趣。

① 讲述故事情景引出主题，激发幼儿创造规律的愿望。

② 利用鸡妈妈的定制要求(即半抽象标记)情境，分析识别给定模式，尝试表现同一模式。要求：运用材料排列○●规律的围栏，在数量上要保证重复出现3组以上的模式。

(2) 运用材料开展模式排序，尝试用不同材料表现同一种模式，运用迁移思维培养幼儿抽象概括能力。

① 幼儿运用不同材料初步尝试规律排序，表现同一种模式。

提问：请小朋友们选择一些材料，按照○●规律排一排。

教师观察幼儿原有水平，进行个别指导。

预测幼儿表现：正确表现规律排序，排序不混乱；能够运用材料表现模式，排序中出现混乱；不明白老师的要求任务，即对半抽象规律概括不理解。

重点指导：鼓励幼儿概括自己的排序模式，发展迁移性思维，尝试运用多种方式表征同一模式，表征多样性；识别模式的规律，运用魔法圈检验自己的排序，并进行调整；通过与幼儿交流、借鉴同伴、示范等方法分析给定模式，鼓励幼儿延伸模式。

② 分享幼儿的排序，进一步发现不同材料能够表现同一模式，培养抽象概括能力。

重点：通过记录表和魔法圈验证进行模式识别，辨别模式单元的组成元素，了解各模式单元间的关系，明确模式的结构。

难点：利用幼儿对不同材料的排序，启发幼儿通过观察、发现、比较，概括出一个共同模式，理解半抽象标记。

提问：你选择了什么材料？是按什么规律排列的？这几组规律有什么相同的地方吗？

③ 按照给定的○●规律标记调整刚才的排列。

(3) 利用身体进行模式表征，发展幼儿迁移性思维。

① 鼓励幼儿不用材料，利用身体表现同一模式，发展幼儿的迁移性思维。

② 幼儿尝试，相互交流。

总结：原来，用材料或是用我们身体各部位都能够表示○●排列规律。同一模式可以用不同的方式表示。

---

① 本活动设计来自洁民幼儿园的兰茜。

鸡妈妈非常感谢大家的帮忙,它对大家排列出的规律很满意,希望今后大家还能动脑筋创造出更多新规律围栏,堵住偷蛋贼。

延伸活动:

寻找故事中○●的模式。

(1) 提问:你们觉得故事中会有○●的排列规律吗?

(2) 讲述故事,引导幼儿集中注意力倾听。

(3) 针对问题进行讨论。

案例分析:

《堵住偷蛋贼》活动是大班规律排序活动,活动目标是运用不同的材料表现同一种规律。本次活动的设计应该建立在幼儿对于规律排序或模式有一定理解的基础上。在活动过程的设计上,教师从故事出发,请幼儿帮助鸡妈妈设计规律围栏,通过"魔法圈"的方式让幼儿理解,鸡妈妈需要的规律是 AB 类型。

在活动过程中幼儿运用不同的材料展示 AB 类型的规律排序,并运用"魔法圈"将自己模式的组成单元指出来,通过不同幼儿对自己设计模式的展示,帮助幼儿理解这些不同材料组成的模式都是同一种(AB)模式。并鼓励幼儿运用自身的肢体动作等表现这一模式,帮助幼儿关注多样化的模式表征,理解不只是材料可以有模式,自身的动作、声音等也可以表达一定的模式。

二、 数概念

(一) 数概念的含义

在幼儿园阶段,初步建立数概念是数学教育活动的重要内容之一。幼儿数概念的建立是一个长期的过程,需要在大量实践生活经验的基础上,产生量变到质变的变化。

在心理学领域,朱智贤等认为,所谓掌握数概念,包括理解:①数的实际意义;②数的顺序;③数的组成。研究表明,学前儿童对数概念的形成依次经历:口头数数、给物说数、按数取物、掌握数概念。[①] 同时,不同数概念内容的发展年龄段也不同步,倒数、序数和数符号在中班到大班期间发展迅速,而顺数、计数概念、加减理解在小班到中班期间发展较快。

(二) 基数与序数

当讨论到幼儿园阶段有关数概念的教育活动,我们往往会涉及基数和序数的问题。在实际的教育活动中,我们不会要求幼儿去理解"基数"和"序数"的概念,但在有关数概念的教育活动中,我们谈到数字时用到最多的就是它的基数和序数的功能。如在计数活动、数的比较中,我们用到的数字就是它的基数功能,而在回答"第几个"问题时我们用到的就是数字的序数功能。

所谓基数就是回答计数的结果是"多少"这一问题;序数则是回答"第几个"的问题,它

---

① 朱智贤.儿童心理学[M]. 6 版.北京:人民教育出版社,2018.

是表示集合中元素次序的数。基数是反映某个集合里共有多少个,而序数则反映的是某一物品在集合中的占位问题。认识序数要以认识基数为前提,因此幼儿园序数的教育活动应放在基数的学习之后进行。

基数与数数的顺序无关,而序数则与数数的顺序有关。不论从哪个元素开始,沿着哪个方向开始进行计数,某一固定集合的数量一定是不变的;而计数的起始位置和顺序不同,则会影响集合中某一元素的次序。因此,我们在序数的教学中要明确起始位置和点数顺序不同,同一个物品会有不同的序数位置。

(三) 数概念教育活动内容

在幼儿园的教育活动实践中,关于数概念常常会涉及计数活动、相邻数活动、比较多少、序数活动、数的组成等。下面对这些内容进行逐一介绍。

1. 计数活动

计数就是为了知道某个集合中物品的数量而进行的活动。当集合中数量比较少的时候,可以通过目测感知数量,而当数量比较多的时候就需要借助"计数"来对物品数量进行统计。

新课程理念下幼儿园中班数概念教育活动策略探究

一般认为幼儿计数能力的发展顺序会经过四个阶段:口头计数、手口一致的点数、说出总数、按群计数。

(1) 口头计数。在计数的最初阶段,幼儿大都采用口头计数的方式,依靠自己的记忆背诵出数字的名称,但这时他们只是按照机械的方式将数字按顺序报出,没有形成数词与物品的一一对应关系。正是因为其是通过机械记忆的方式进行数字的背诵,导致这一发展阶段的幼儿只能够从1开始计数并且无法进行倒数,同时难免会出现漏报数字、重复报数等行为。如果让这一阶段的幼儿一边报数一边点数,我们会发现他们还不能使用手口对应的方式进行点数,会出现点一个报两个数,或点两个报一个数的现象,即手快口慢或者手慢口快。

(2) 手口一致的点数。在这一阶段的幼儿能够进行手口一致的点数;能够用手指逐一指点物品,并按照顺序逐个地报出数字。能够完成手口一致点数也就是要求幼儿能够在计数的时候理解每一个物品只对应于一个数词。手口一致的点数,需要幼儿手、口、眼、脑共同协作。正确的按物点数对于2~3岁的幼儿是非常困难的,这个时期其计数经验大都来自非正式的活动,在3岁以后计数的精确性会有提高。

(3) 说出总数。说出总数就是在点数完成后,能够说出物品的总数,理解最后一个数词就是数过的物品的总数。物品没有按照顺序排成一列,而是杂乱摆放的时候幼儿容易对物品进行重复计数,这时教师需要帮助其发现问题,"标记"数过的物品,或是在圆形计数活动时标记开始计数的对象。

(4) 按群计数。按群计数就是以数群为单位,如两个两个、三个三个地进行计数。大班以后的幼儿逐渐发展起按群计数的能力。

2. 认识相邻数和比较多少

认识相邻数和比较多少是与数列中数的排列顺序有关的活动。

相邻数是指数量相差为1的两个自然数。认识相邻数就是指幼儿能够理解相邻的两

个自然数之间多 1 少 1 的关系,如 4 比 3 多 1,4 比 5 少 1。在最初阶段,幼儿能够通过机械记忆的方式记忆数字的顺序,但对这种顺序背后隐藏的数字间的关系则没有更深的理解。通过相邻数的教学,帮助幼儿理解相邻数间多 1 少 1 的关系,能够帮助幼儿更好地建立数字间的关系。当然相邻数的教学也需要通过借助实物来进行。如有的幼儿教师通过阶梯的形式,通过第一行用三个方格,第二行用 4 个方格,第三行用 5 个方格的方式来帮助幼儿理解 3、4、5 之间的相邻关系。

比较多少是指幼儿能够对数字所代表的量的多少进行比较。如 4 比 3 大、7 比 5 大等。幼儿对于数的比较能力最初也需要借助实物来进行,如 3~4 岁幼儿借助一一对应排列的糖果或其他物品能够知道 4 个糖果要比 3 个糖果多,但是纯粹把数字 4 和 3 进行比较,幼儿则很难回答。

3. 序数活动

序数是表示物品次序的数,常用来回答"第几"这样的问题,如小明排在第 3 个,小猴子住在第 5 个房间等。

在介绍基数与序数的区别时,我们知道序数的认知要以基数的认知作为基础。年龄较小的幼儿尚无法理解序数的含义,无法回答出"这是第几个?"这样的问题。因此有关序数的教学活动一般放在中大班进行。

在进行序数活动时,需要让幼儿明确的一点就是在计数过程中,我们在点到某个物品时,报出的数字就是它在这个集合中的次序。如在数小球的过程中,当指到某个小球时,我们说出了数字"3",那么这个小球就是我们点数的小球的第 3 个。因此计数开始的位置和计数进行的方向会对某个物品的次序有影响。在案例 6-3 中,小黄狗住的位置会因为幼儿是从左数起还是从右数起、从上数起还是从下数起,有很大的不同。

4. 数的组成

数的组成是指一个数可以分成几个部分数,这一部分内容与集合的内容相关联。数的组成属于较高难度的数概念内容,一般放在大班阶段进行。这一部分内容也是幼儿进行数的加减运算的基础。

在这一活动内容中,幼儿需要理解一个总的集合可以分解成两个小的集合。如 5 个苹果可以分成 2 个苹果和 3 个苹果,8 个扣子可以分成 3 个扣子和 5 个扣子,从而理解 2 和 3 合起来是 5,3 和 5 合起来是 8 这样的数量关系。

【案例 6-3】 中班数学序数活动——有趣的序数①

活动目标:

(1)通过游戏及操作活动,让幼儿从不同方向准确感知物体在序列中的位置并能用序数词表达出来。

(2)引导幼儿感知 10 以内序数的含义及在生活中的意义。

(3)锻炼幼儿记忆力、语言表达能力和逻辑思维能力。

---

① 本活动设计来自洁民幼儿园的张茜。

活动准备：

5个不同的小动物（每人两套），有3层12个房间的楼房图片每人一幅。

活动重难点：

(1) 重点：从不同的方向准确辨别物体的排列位置。

(2) 难点：自己确定方向并能准确找出相应位置。

活动过程：

1. 运用故事引导幼儿巩固5以内序数

动物园们的动物要搬新家了，它们拿着行李上了火车，小朋友们快来看看，他们都在什么位置上？

(1) 第一节车厢里面坐着小羊。

(2) 第二节车厢里面坐着小猫。

(3) 第三节车厢里面坐着小象。

(4) 第四节车厢里面坐着小兔。

(5) 第五节车厢里面坐着小狗。

2. 通过故事请幼儿按照不同方向确认动物的位置

通过生活实际来运用序数。

故事：来到了新家它们发现了一些新朋友，为了方便动物园的饲养员照顾小动物们，它们要先入住。

(1) 集体说说楼房的房间安排。

师：看楼房数数一共有几层？每层各有几个房间？

(2) 幼儿个别操作，说出小蓝兔的位置。

(3) 教师展示小蓝兔的位置，请小朋友们来说出它的位置。

(4) 幼儿个别操作，说出小黄狗的位置。

(5) 教师展示小黄狗的位置，请小朋友们来说出它的位置。

(6) 幼儿自由安排其他小动物的位置，说说它们的位置都在哪。

师：饲养员要给小动物安排新房间了，你觉得它们应该怎么住呢？请你来插一插并给你旁边的小朋友分享一下你把其他小动物都安排住在了哪里。

案例分析：

"有趣的序数"是中班序数活动，活动目标是让幼儿从不同方向准确感知物体在序列中的位置并用数词表达。活动中通过火车车厢里的动物调动幼儿在序数方面的已有经验，即序数是有方向的。通过帮助小动物入住新家来辨别起始位置不同（从上往下、从左往右等）的序数表达方式。

在活动设计中，涉及从不同的空间方位来进行序数的表达，首先要求幼儿具备空间方位的经验——能够区分客体的上下、左右等。若幼儿尚对上下、左右等空间方位认知不足时，可以在两边房间安排小动物，如小猴、小鸟等，幼儿在进行房间描述时，采用从小猴的房间开始第三个房间等方式。

【案例 6-4】 中班数学相邻数活动——相邻数①

活动目标：

(1) 通过操作感知 5 以内数的相邻数。

(2) 理解并能说出相邻数多 1 或者少 1 的关系。

(3) 通过游戏的方式培养幼儿对数学活动的兴趣，锻炼思维能力。

活动准备：

(1) 物质准备：彩色木条若干张、底图每人一张、数字 1~5 大卡片一套、蓝爸爸手偶一个、断桥画一张、胶棒每人一支。

(2) 经验准备：能基本认识 1~5 数字，并能将相应物品的数量进行一一对应。

活动重难点：

(1) 重点：认识 5 以内的相邻数。

(2) 难点：初步理解相邻数之间多 1、少 1 的数量关系。

活动过程：

1. 以拥抱游戏巩固 5 以内数的概念（背景音乐为蓝精灵）

听音乐跳舞，当音乐停止时听老师指令拥抱相应数量的人。

2. 利用故事逐步引导幼儿通过操作理解相邻数之间多 1、少 1 的数量关系（精灵城堡盖小桥）

蓝爸爸手偶讲故事：精灵城堡里有一条小河，最近河水上涨，精灵们以前可以踩着小石头过河，但是现在小石头被淹没了，我们想要上山采集制魔法药水的草药必须要过河。小朋友有什么好办法过去吗？

请幼儿回答，并找到说出"搭座桥"的幼儿提出问题。

蓝爸爸：我们也想到了这个好办法。可是我们桥体做完了，发现没有楼梯，精灵们都上不去，因为搭建小桥，精灵们最近十分疲惫都生病了，没法继续搭建了。你们愿意帮助我们吗？

请幼儿根据蓝爸爸的指示采集搭建楼梯的材料。

(1) 感知相邻数多 1 的数量关系。

红色木条比白色木条多一条，请问要用几条红色的？

橙色木条比红色木条多一条，要多少条橙色的？

绿色木条比橙色的多一条是几条？

紫色木条比绿色的多一条是几条？

(2) 感知相邻数少 1 的数量关系。

蓝色木条比紫色的少一条是几条？

黄色木条比绿色的少一条是几条？

猜想粉色木条用几条？（猜想比橙色的少一条）

猜想灰色木条用几条？（猜想比红色的少一条）

---

① 本活动设计来自洁民幼儿园的张茜。

(3) 猜想黑色木条要用多少条?

3. 通过游戏进一步体会相邻数之间少 1 的数量关系(听音乐抢椅子)

(1) 幼儿人数 5,椅子数少 1。

(2) 幼儿人数 4,椅子数少 1。

(3) 幼儿人数 3,椅子数少 1。

(4) 幼儿人数 2,椅子数少 1。

案例分析:

"相邻数"是中班相邻数活动,活动目标是让幼儿通过操作感知理解 5 以内的相邻数多 1、少 1 的关系。在活动设计中首先巩固幼儿已有的 5 以内数的经验,通过帮助蓝精灵搭桥过河的故事,让幼儿采集搭桥材料,理解感知相邻数多 1 及少 1 的数量关系。通过抢椅子游戏进一步感知相邻数关系。

在实际的活动实施过程中,需要注意控制每一部分的时间,将重点放在感知相邻数关系上,避免巩固 5 以内数经验环节占用过多的活动时间,导致活动重点时间不够的情况。

三、 量的比较与测量

(一) 量的含义

量是客观世界物体或者现象所具有的可以定性区别或测定的属性。如物体的长度、重量等。在幼儿园阶段,幼儿常接触的量有长短、高矮、大小、宽窄等。

(二) 量的比较

1. 量的比较的方法

1)用一一对应的方式进行比较

在幼儿生活中,经常会进行比较,比如我比你高,我年龄比你大,你的玩具比我的多,等等。在进行量的比较过程中,根据比较的量的不同,幼儿会用到重叠、并放、一一对应、测量等方式进行比较。

如在比较矿泉水瓶和瓶盖多少的活动中,教师指导幼儿将矿泉水瓶和瓶盖进行一一配对,最后发现瓶盖有剩余,从而得出结论,瓶盖比矿泉水瓶多。

2)用测量的方法进行比较

在进行物品或对象比较时,对于容易移动的物品可以采用重叠、并放、一一对应的方式进行比较,但是对于难以移动的物品,如两张桌子是不是一样长,已经搭好的积木是不是一样高等,则需要先对其进行测量,然后将测量结果进行比较。

2. 量的比较的特性

量的比较具有相对性和传递性。如皮球比乒乓球大、篮球比皮球大,那么篮球和乒乓球谁大谁小呢? 我们发现,乒乓球<皮球,皮球<篮球,那么可以推断出乒乓球<篮球,这是量的比较的传递性;皮球和乒乓球相比是大的,但是和篮球相比就是小的,因此一个物品大或小是相对的,要看比较的对象,这是量的比较的相对性。

（三）量的测量

在幼儿有关测量的技能发展过程中，最初幼儿会对成人的测量行为进行模仿，但在游戏时会选择各种各样的物品代替测量工具，如绳子、棍子等。在幼儿园阶段，幼儿只初步学习自然测量的方法，不会使用到常用的计量单位。

1. 自然测量

自然测量就是利用自然物（如脚步、虎口、吸管等）作为测量工具进行直接测量。

在建构区，两个小女孩正在讨论她们用积木拼出来的路有多长，她们想到可以用自己的脚丫来测量这条"路"的长度，就一起采用脚跟对脚尖的方式，一步一步对积木路进行测量。两个人都量完后发现第一个小女孩认为积木路的长度是 6 个半小脚丫，第二个小女孩认为积木路的长度是正好 6 个小脚丫，这是为什么呢？

在进行自然测量的过程中，我们会发现当我们采用不同的测量工具对同一个物品进行测量时，得到的测量结果往往是不同的。如活动案例中，当幼儿用雪花片或者吸管对同一张桌子进行测量时，用的雪花片数量明显要多于吸管的数量。同样的，在上述测量积木路的案例中，为什么同样是用脚丫，得出的结果不一样呢？这是因为两个幼儿脚的大小是不同的，因此测量结果会存在半个小脚丫的差异。

2. 标准工具测量

虽然幼儿对测量的兴趣来源于成人使用标准工具进行的测量，在幼儿日常生活中我们也经常会听到幼儿讨论，我已经有 30 斤重了，或者我已经有 110 厘米高了。这些都是运用标准化测量得到的结果。家长在给幼儿进行体重、身高的测量时，使用的是标准化的测量工具，测量结果是可以直接进行比较的。但使用标准工具测量会涉及工具的使用、读数、理解测量单位等内容，使用标准工具进行测量在幼儿园一般不作为教育活动内容。

【案例 6-5】 大班数学自然测量活动——量一量，比一比[①]

活动来源：

班内的桌布已经用了三年，沾满了颜料，特别妨碍孩子们进行新创作。有一天孩子对我说，老师，咱们的桌布也太旧了吧，什么时候给我们换新的桌布呢？于是我便向幼儿园申请，为班内购置桌布，但是需要提供桌子的长度，于是我设计了此次活动，将问题抛给孩子，使孩子在动手操作的过程中感知测量材料与结果的关系。

活动目标：

（1）通过运用自然测量正确测量桌子的长度，体会测量工具与测量结果的关系。

（2）在动手操作及分享的过程中，掌握正确的测量方法，并能自主表达自己的测量方法。

活动准备：

（1）物质准备：小插片、积木、吸管、记录表。

（2）经验准备：会一些测量的基础方法，会使用简单的记录表。

---

① 本活动设计来自曙光幼儿园的李然5。

活动重难点:

能够发现测量工具与测量结果之间的关系。

活动过程:

1. 引入部分

师:"上次在美工区的时候有好多小朋友发现咱们的桌布太旧了。"

"如果想让幼儿园为我们采买新的桌布,必须告诉采购人员我们需要多长的桌布。"

"你有什么好的方法可以知道我们的桌布需要买多长的吗?"

"上次我们一起来找的三种不同的材料是积木、小雪花插片和吸管,一会儿请小朋友们选择一种材料进行测量,并将你的测量结果记在记录表上。"

2. 回顾测量方法,支持幼儿自主测量

师:"好,接下来我们将要进行测量。谁还记得我们要怎么量?第一,测量时要从一边开始;第二,测量时要量直线;第三,测量时材料首尾相接;第四,遇到一半材料时该怎样记录。"

3. 幼儿自主测量、记录,体验测量的乐趣

师:"一会儿我会给大家十分钟的时间测量和记录,一个格子里记录用一种材料量的结果,用完一种材料再换另外一种材料来量一量。"

幼儿自主测量。

4. 集体分享

师:"谁想来和小朋友们分享一下自己的测量方法和结果?"

测量工具与测量结果的关系:测量单位越小,测量结果就越多;测量单位越大,测量结果就越少。

案例分析:

"量一量,比一比"是大班自然测量活动,活动目标是能够用不同的工具测量桌子的长度,并体会不同工具与测量结果间的关系。在活动设计上,幼儿教师采用吸管、小插片(雪花片)、积木等作为幼儿进行自然测量的工具,引导幼儿在测量后将测量结果进行记录并加以比较。

在活动过程的设计上教师从实际需求出发,提出要测量桌子的长度以便购买新的桌布,并引导幼儿回忆准确测量的方法,请幼儿采用不同的工具进行测量和记录,并通过分享环节引导幼儿发现不同测量材料与测量结果间的关系。但在活动过程的设计中,幼儿教师对于活动的主体——幼儿运用不同的材料进行测量并记录以及分享环节,设计得较为笼统,没有深入地进行分析。这样的设计方式对于新手教师来说并不利于其活动的实施。同时分享环节中,在总结测量结果与测量材料的关系时,又引入了"测量单位"这一新的概念,不利于幼儿对本次活动内容及目标的掌握。

四、 空间方位与几何形体

在这一部分内容中,会涉及空间方位、几何形体内容的学习。空间感知能力是幼儿学习几何概念的基础,幼儿需要理解不论三角形怎么旋转还是三角形,不论放在什么地方都

是三角形;同时几何经验的学习和渗透也能够提升其空间意识,两者是相互影响的。当然不论是空间方位还是几何经验的学习,都要在幼儿大量探索的基础上进行。尤其是建构类游戏,幼儿教师在进行这一类的数学教育活动时,也要在幼儿有大量探索经验的前提下或在活动中给幼儿充分的探索机会,并通过语言、动作等为其提供支持。

(一)空间方位

空间与幼儿的日常生活有着密切的关系,一切物品都有空间位置上的相互关系。方位知觉是对物体在空间所处的方向、位置的反映,它首先有赖于儿童从生活经验中不断掌握各种方位现象。距离知觉、位置知觉、方向知觉而来的方位表象,也有赖于儿童不断掌握各种表示方位关系的词和短语。[①]

(二)影响幼儿进行空间方位感知的要素

1. 方位本身的复杂程度

一般认为,幼儿认识空间方位的顺序是上下、前后、左右。这是由空间方位本身的复杂程度决定的。我们一般以"天为上,地为下"或"头为上,脚为下"作为判断上下的标准,这让区分上下有着很明显的标准,更容易辨别。而前后、左右则会根据不同的位置或者不同的客体有着变化,尤其是辨别客体左右,对幼儿来说更为困难。

2. 参照物不同

在进行空间方位认知的过程中,需要一个"参照物"。最初这个参照物通常会以幼儿自身为参照,也就是以主体作为参照去判断空间方位,自己的头为上,脚为下;脸朝向前,背朝向后;吃饭写字的手是右手,另一只手是左手。随着幼儿年龄的增长、经验的增加能够以客体为参照物去判断空间方位。如能够知道碗在桌子的上面,娃娃在小汽车的前面。正如前面提到的,幼儿在以客体作为参照物时,区分上下、前后较为容易,而区分左右则有一定的难度。我们会发现在幼儿做操时,教师经常会面向幼儿采用镜面的方式进行引导,这也是因为幼儿对于客体的左右区分较为困难。

(三)几何形体

在幼儿园阶段,幼儿对于几何形体的学习,主要集中在规则的图形,如圆形、正方形、长方形、三角形等,还有一部分立体图形,如圆柱体、正方体、椎体、球等。

在数学中对于图形或几何形体有着严格的定义,如三角形是由不在同一直线上的三条线段所围成的封闭图形。但是在幼儿园阶段,我们不需要将这些概念完整无误地介绍给幼儿,也不需要幼儿去记忆这些概念。我们需要结合幼儿的亲身体验,用幼儿可以理解的语言将图形的基本属性介绍给幼儿。如幼儿没有"角"的概念,会将正方形、三角形的"角"称作"尖尖的部分",而圆形则是"圆圆的"。

一般认为幼儿认识图形的顺序为圆形、正方形、三角形、长方形、半圆、椭圆、梯形;幼儿认识立体图形的顺序为球体、正方体、长方体、圆柱体。

---

① 朱智贤. 儿童心理学[M]. 6 版. 北京:人民教育出版社,2018.

到中大班年龄段幼儿能够进行图形的拼搭。由易到难分别是：从图案中分割出图形，并配上颜色——图案中只分割出图形（有明显线索）——只给出图案——只给出图案且需要转动图形完成。

在第四个层次难度中，幼儿需要通过翻转、旋转、移动图形来实现图案的拼搭。那么就需要幼儿具备对翻转或旋转图形的认知经验的积累，知道正方形旋转45°后还是正方形，三角形侧放或者倒放还是三角形（以单个角在上为正放）。通过这些经验的积累，在给出图案进行拼搭时，幼儿通过自己的实际操作或想象（要求更高），将图形旋转或翻转来进行。

整合视野下幼儿园数学教育的融合路径

【案例6-6】　小班数学图形分类活动——找一找，分一分①

活动来源：

孩子们经过前段时间对图形的感知，已经积累了对图形的一些经验。通过在班中与主题墙"图形宝宝乐园"的互动，在益智区操作形状玩具，集体活动中感知图形特征，孩子们对正方形、圆形、三角形有了更深的认知，平日生活中也能经常发现图形的"影子"。本次集体活动基于孩子们的这些经验，引导孩子们一起把教室中的图形宝宝找出来，尝试进行一次分类的活动。

活动目标：

（1）能够发现教室多种玩具中的平面几何图形，并尝试将玩具按照图形分类。

（2）体验将物品按照相同形状摆放在一起的有趣。

活动准备：

（1）物质准备：塑料袋（人手一个）。

（2）经验准备：有对平面几何图形的感知，有一定的认知经验；特别是对圆形、三角形和正方形的认知经验较多；分类经验较少，每个孩子对于分类的原有经验不同。

活动过程：

1. 创设游戏情景，激发幼儿在玩具中寻找图形宝宝的兴趣

师：很多小朋友都喜欢用图形望远镜找班里的图形宝宝，今天，我们试一试不用望远镜，就用你们的小眼睛去找一找图形宝宝。

师：姜老师想知道咱们班的玩具里有没有藏着图形宝宝，如果你在玩具里找到了图形宝宝，就请你把玩具装在自己的袋子里。

2. 鼓励幼儿在多种玩具中寻找图形宝宝

教师观察幼儿的操作，鼓励幼儿在多种玩具中寻找，并寻找不同的形状。

师：除了这个玩具，别的玩具里有图形宝宝吗？你再找一找。

师：除了正方形，你还能找到别的形状吗？你再找一找。

3. 尝试把找到的玩具按形状分类

师：大家都找到了很多玩具，但是都放在袋子里姜老师看不清楚。我们一起把玩具拿出来，把一样形状的放在一起吧。

师：请一个小朋友先来试一试。

————————

① 本活动设计来自曙光幼儿园的姜飞。

师：先给大家看看你都拿了什么玩具好不好？我们一个一个拿出来。

师：什么形状藏在这里？

师：把有一样形状的玩具放在一起吧。

师：每个小朋友都去试一试吧。

教师指导幼儿操作，用相机记录幼儿的分类结果。

4.利用照片分享幼儿的分类结果

师：请小朋友来说一说。

师：为什么把它们放在一起？

教师把一样形状的玩具圈起来。

师：看,他找到了几种形状？

案例分析：

"找一找,分一分"是小班图形活动,图形分类活动一般放在中班进行。但是在本案例中可以发现,活动所在的小班幼儿在经验准备上对图形已经有了一定的认知经验,特别是对圆形、三角形和正方形的认知经验较多。教师根据本班幼儿的实际情况进行了本次活动设计。

在活动过程的设计上,通过幼儿找图形宝宝——对图形宝宝进行分类,教师记录——分享分类结果的方式进行。教师运用相机和多媒体对幼儿的分类情况进行记录,并对错误的分类结果进行了更正。

✦ 案例实践

1.简要阐述感知集合与分类的活动内容。

2.具体说明计数活动、相邻数活动、比较多少、序数活动、数的组成等数概念活动的内容。

3.阐述影响幼儿进行空间方位认知的因素。

4.举例说明幼儿认知几何形体的顺序。

第七章
学前儿童数学教育活动的设计与指导

章节思维导图

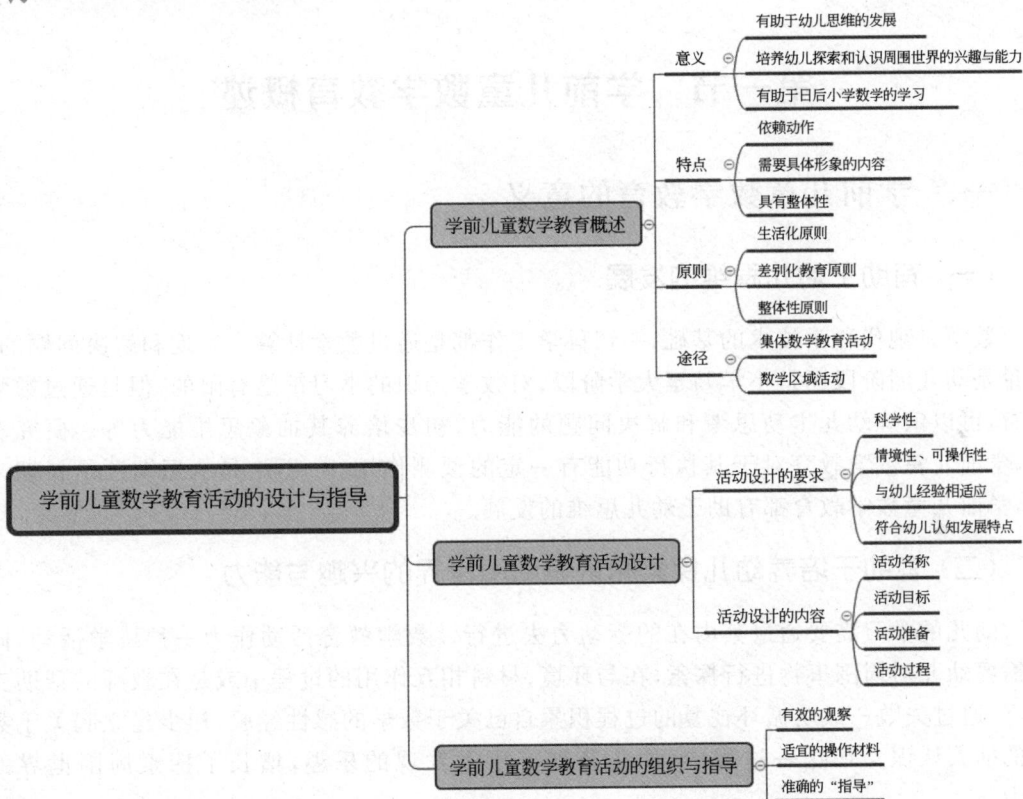

学前儿童数学教育活动的设计与指导

- 学前儿童数学教育概述
  - 意义
    - 有助于幼儿思维的发展
    - 培养幼儿探索和认识周围世界的兴趣与能力
    - 有助于日后小学数学的学习
  - 特点
    - 依赖动作
    - 需要具体形象的内容
    - 具有整体性
  - 原则
    - 生活化原则
    - 差别化教育原则
    - 整体性原则
  - 途径
    - 集体数学教育活动
    - 数学区域活动
- 学前儿童数学教育活动设计
  - 活动设计的要求
    - 科学性
    - 情境性、可操作性
    - 与幼儿经验相适应
    - 符合幼儿认知发展特点
  - 活动设计的内容
    - 活动名称
    - 活动目标
    - 活动准备
    - 活动过程
- 学前儿童数学教育活动的组织与指导
  - 有效的观察
  - 适宜的操作材料
  - 准确的"指导"

思政教育目标

学习如何设计与组织教育活动是学前教育专业学生成为幼儿教师不可或缺的重要环节。在设计及组织活动时,应该以准教师标准要求自己,在活动的各个环节中体现师德、专业水平及政治觉悟。通过对教学活动的打磨,做到为人师时严于律己,依法执教,增强自身社会责任感,早日成为合格的幼儿园教师。

学习目标

1. 理解学前儿童数学教育的意义。
2. 掌握学前儿童数学学习的特点。
3. 了解学前儿童数学教育的原则。
4. 掌握学前儿童数学教育的途径。
5. 掌握学前儿童数学教育活动设计的要求。
6. 掌握学前儿童数学教育活动设计的内容。
7. 理解和掌握学前儿童数学教育活动组织与指导的策略,并能够在实际活动组织实践中加以运用。

第一节　学前儿童数学教育概述

一、学前儿童数学教育的意义

(一)有助于幼儿思维的发展

数学是现代科学技术的基础,一切科学工作都是通过数学计算来发现和解决问题的。不论是幼儿园阶段还是小学乃至大学阶段,对数学知识的学习都是有限的,但是通过数学教育,可以锻炼幼儿主动思考和解决问题的能力,初步培养其抽象思维能力等。研究表明,学前儿童数学教育对于其执行功能有一定的预测作用。[1]　不论是从短期还是长期来看,学前儿童数学教育都有助于幼儿思维的发展。

(二)有助于培养幼儿探索和认识周围世界的兴趣与能力

幼儿的学习需要通过其内在的驱动力去进行。数学教育活动作为一种科学活动,同样需要幼儿对周围事物进行探索,在与环境、材料相互作用的过程中或是在教师的帮助支持下,通过失败—成功循环往复的过程积累自己关于数学的感性经验,初步建立起关于数学的抽象认识。在这一过程中,幼儿获得了探索发现的乐趣,增长了探索周围世界的能力。

(三)有助于日后小学数学的学习

数学是基础教育阶段乃至高等教育阶段的一门基础课程。幼儿通过在幼儿园阶段接触、操作数学相关材料,通过直观形象的方式建立起自己对于数学的感性经验,对抽象的数学概念有了初步的认识及理解。在幼儿园阶段进行数学启蒙教育可以为幼儿日后数学或其他相关学科的学习打下基础,提高学习效率及水平。

---

[1]　康丹,曾莉.早期儿童数学学习与执行功能的关系[J].心理科学进展,2018,26(9):1661-1669.

二、 学前儿童数学学习的特点

在幼儿的生活中,有很多地方能够运用到数学,如比较多少、计数、分类等。幼儿数学经验的掌握需要建立在实际操作及丰富经验的基础上。学前儿童数学学习具有以下特点。

(一)学前儿童数学学习依赖动作

学前儿童在进行数学教育活动的过程中,对于任务的完成大都需要借助自己对于材料的操作。如在小班图形活动中需要触摸图形,或者用手指跟随教师去画出图形才能够对图形有一定的感知;在中班的排序活动中,幼儿需要实际地将材料进行比较才能够准确得出谁大谁小的结论等。因此在幼儿园阶段尤其是小、中班阶段,幼儿的思维是外化的,需要通过动作帮助自己进行思维,通过操作的结果来得出自己的结论。

(二)学前儿童数学学习需要具体形象的内容

与幼儿在本阶段的思维特点相适应,幼儿在学习中具体形象的思维占主导。在较为抽象的数学学习中也是一样,需要通过具体形象的内容来增加自己的感性经验,同时初步建立起关于数学概念等的抽象知识。幼儿积累的感性经验越丰富,对数学概念的理解就越深入,越具有概括性。当然,具体形象内容也需要在幼儿操作探索的基础上才能够转化为自身的经验,单纯地给幼儿展示形象的图片和实物,而不给幼儿操作的机会,只通过教师的讲解等方法是无法帮助幼儿内化成其数学经验的。

(三)学前儿童数学学习具有整体性

前一章节将幼儿数学的学习内容划分为四个部分,但是在实际的学习中,幼儿数学经验的增长是一个整体,在集体数学教育活动中,设置活动目标也需要考虑幼儿在其他方面经验的积累,如在自然测量活动中,需要幼儿具备计数及说出总数的能力。同时,数学的学习也需要与其他领域的内容相互配合,在给图形填充颜色环节,就需要幼儿涂色技能较为熟练。

三、 学前儿童数学教育的原则

(一)生活化原则

幼儿关于数学的经验和初步的概念大都来源于生活,通过生活中具体形象的内容积累自己的数学经验、了解数学概念。如幼儿需要通过计数来知道家里有多少人,需要通过比较来了解谁更高;在搭积木的过程中感受各种几何和立体图形,在与成人交往中感知数的意义与大小,等等。数学教育的生活化原则就是要求教育内容的选择要与幼儿的生活相联系,从其生活中选择教育内容,从生活情境的角度切入活动主题。除了在教育内容的选择上贴合生活之外,还可以在生活中进行数学教育。如在分餐时让幼儿根据小朋友的

数目分发餐具,引导幼儿在生活中运用数学去解决实际问题。

(二)差别化教育原则

差别化教育原则是指在数学教育的过程中要考虑到幼儿个体的发展差异。每个幼儿都具有独特性,无论在思维发展水平还是发展的速度上。在数学教育活动设计中,要设计出不同层次不同难度的任务,努力做到让每个幼儿在其原有水平上有所发展。在数学教育活动过程中能够发现,幼儿有同一表现的原因并不相同。如在排序活动中,幼儿出现排序错误或无法排序的原因可能是对任务不理解,也可能不了解排序的要求,还有可能是在比较大小过程中出现了错误,等等,教师要根据幼儿表现背后的原因对其进行支持和帮助。

(三)整体性原则

在幼儿数学教育活动中要遵循整体性原则,一是在进行数学教育活动时要把儿童的数学活动经验当作一个整体,在设计活动时,要将幼儿在其他内容的已有经验和“最近发展区”纳入考虑范围,如在进行比较大小、多少的活动中,将测量、记录等内容进行整合。二是在数学教育活动中要将其他领域的发展也纳入考虑范围,如在数学活动中鼓励幼儿大胆表达自己的想法时需要用到语言领域的经验,将图形拼出的图案进行记录时需要用到艺术领域的经验,等等。

四、学前儿童数学教育的途径

(一)集体数学教育活动

集体教育活动就是幼儿在教师的组织、指导下进行的有计划的教育活动。在这类教育活动中,教师根据活动目标、幼儿已有经验等选择适宜的活动内容,并将这些内容按照一定的顺序整合在整个的教育活动中,通过集中的教学帮助幼儿掌握数学经验,感知数学概念。

集体数学教育活动的过程是以教师为主导的,教师需要提前设定好活动目标,同时选择恰当的问题情境导入活动中,也就是让整个活动变得“合理”。在活动过程中,教师要引导幼儿将过往的数学经验运用到活动中,并且能够通过幼儿的操作积累新的数学经验。同时需要观察和分析幼儿行为及语言背后蕴含的数学认知水平,在已有水平和目标水平间建立一个“支架”,帮助其实现活动设定目标方面的发展。

集体的数学教育活动可以运用在到专门的数学领域活动中,也可以运用到主题教育活动中。在专门的数学教育活动中不论是从活动目标、活动内容还是活动材料的准备上都是以数学为主要内容,幼儿通过感知、操作教师准备的材料在数学经验方面和数学概念方面的知识有所增长。在主题教育活动中的数学活动则要以主题活动的内容作为其主要内容,同时在目标设定上要结合主题活动中其他领域内容的要求来制定。如在语言活动中,通过在故事中插入计数的内容帮助幼儿掌握计数的规则;在美术活动中,通过多种方式认知不同的形状;在体育活动中,通过记录跳绳个数进行计数和统计等。

在集体教育活动中,对操作材料的使用可以让幼儿个别进行,也可以分小组进行。当操作材料比较简单,由幼儿个人可以完成时,可采用个别操作,这有助于教师在活动过程中观察幼儿个体在活动目标方面的发展水平,从而为幼儿提供有针对性的指导和帮助。当活动材料较多或活动任务较为复杂时,则需要将幼儿分成若干小组进行活动。如在对拼成圆环的积木个数进行计数时,在用吸管或者雪花片对桌子的长度进行测量时,分小组活动要比幼儿个别操作效果好,并且同小组幼儿还可以进行讨论,互相启发,共同完成任务。

集体数学教育活动的优点是能够加快幼儿数学经验积累和数学概念理解的进程,帮助幼儿将已有的数学经验进行升华。但是,不同幼儿在数学经验的积累和理解上有差异,同时,教师的精力有限,无法有效地观察和分析所有幼儿个体的发展现状,并为其提供适宜的指导和帮助,因此在有限的集体教育活动时间内很难让每个幼儿都有同样的发展。

(二)数学区域活动

数学区域活动就是幼儿在教师创设的数学活动环境和提供的活动材料的基础上,与环境材料进行充分的互动,从而获得大量感性的数学经验的教育活动。在这类活动中,教师是环境的创设者、材料的提供者,幼儿是整个教育活动的主导和主体,他们通过操作活动材料,将获得的经验进行"同化"或"顺应",不断积累或更新自身关于数学的经验。

在数学区域活动中,教师的角色应是观察者,在分析幼儿需要的基础上给予一定的指引或建议。但多数情况下,教师应该做一个"静待花开"的观察者,幼儿在多次探索和试误之后会逐步建立起知识经验,同时在这一过程中也培养了幼儿探索的科学品质。

数学区域活动的优点在于幼儿能够主动自发地进行探索,将自身已有经验运用于探索过程中,同时获得新的经验。缺点在于,幼儿自然自发的探索活动是一个比较漫长的过程,幼儿注意力集中时间有限,很容易被其他新颖的材料所吸引。

因此教师在观察了幼儿数学区域活动的表现后,可以对其进行引导和支持,也可以根据班级大部分幼儿的需要,以其区域活动中遇到的问题或困难作为集体教育活动的内容,帮助幼儿在这一方面得到发展。另外,数学区域活动中的材料要定期更换或者增加新材料,保持幼儿对区域活动的兴趣。

第二节 学前儿童数学教育活动设计

幼儿园的教育活动设计可以看作幼儿教师对于将要组织的活动的一种计划,在活动设计中教师需要考虑到活动的目标、幼儿的经验,并在此基础上对活动内容进行预先的安排,甚至需要考虑到幼儿在进行这一部分活动任务中可能会有的反应,也就是对幼儿的发展水平进行一个预判,并制定适宜的方法、方案引导帮助幼儿掌握活动经验。

一、学前儿童数学教育活动设计的要求

（一）设计要具有科学性

数学内容本身具有较强的科学性，数学教育活动设计的活动内容和方法也应具有科学性。

在幼儿园年龄段，幼儿对于抽象的数学知识和概念的理解，需要借助于具体的操作和直观形象的内容，但这并不是在牺牲数学的严密性和科学性的基础上实现的。在活动设计的过程中，教师需要考虑到数学内容的科学性。如在材料的选取上，有的幼儿教师在让幼儿寻找圆形时，幼儿将球形也归入圆形中，这显然是不正确的，教师要避免投放这样的材料或及时进行纠正。

方法的科学性是指，活动进行的方法要与幼儿的发展水平相适应。年龄越小的幼儿，越需要采用动手操作多的方法，如小班幼儿需要更多地借助教师主导的游戏、具体的事物进行活动；到了大班阶段，幼儿的逻辑思维有了一定的发展，则可以鼓励幼儿自己进行探索发现等。

（二）数学活动设计要有情境性和可操作性

在设计学前儿童数学活动时，要兼顾情境性和可操作性。这是由数学的特点和幼儿具体形象的思维特点决定的。

数学本身就是从日常生活中抽象出来的学科，有较强的系统性和逻辑性。幼儿园阶段的幼儿处在前运算阶段，需要借助具体的事物来建构自己的知识体系，数学的学习需要借助日常生活中具体的场景或物品来实现。

为了能让系统和逻辑性较强的数学经验和概念变得易于接受，在学前儿童数学教育活动中，应创设一定的情境，引发幼儿兴趣，提供可操作的材料，让他们通过摆弄、操作材料进行探索和学习。尤其是小班幼儿，形象的、可操作的材料是他们与外界互动的重要资源。

（三）与幼儿经验相适应

在进行数学活动设计时，要考虑本班幼儿已有经验，根据已有经验选择适合幼儿的活动内容。例如在进行认识图形活动时，一般来讲小班幼儿对于图形的经验较少，可以从初步感知图形开始。某教师在进行这项活动时，发现本班幼儿在对图形感知方面已经积累了不少经验，能够很明确地区分正方形、圆形、三角形等图形。因为在进行墙饰设计时加入了不少图形元素，幼儿在日常活动中通过自身的探索完成了对图形初步感知的过程。该教师最终选择了图形分类作为本班数学活动内容。

对幼儿发展水平的分析是制定活动设计的基础，不论是目标的制定还是活动内容的选择都要参考本班幼儿的发展水平。

如何对幼儿进行观察和分析？有必要的话可以在日常活动中进行一次"前测"，以确定幼儿在某一方面的发展水平。当然整个班幼儿的发展水平不会完全同步，我们在活动设计过程中的主体内容要时考虑到本班大部分幼儿的发展水平。

除了要考虑班级整体发展水平外,在活动设计过程中也需要考虑幼儿个体的个别需求。在设定目标、设计活动内容及指导的过程中,要关注到处于班级整体发展水平之外的幼儿,在活动中为其提供有效的支持帮助,或是提供更有挑战性的活动任务。

(四)符合幼儿认知发展特点

选择数学活动内容时要考虑幼儿思维发展的特点,首先要考虑幼儿年龄特点。在幼儿园阶段,幼儿处于前运算阶段,具体形象思维占主导。在选择活动内容或活动材料时,要更多地提供可以操作的具体物品,让幼儿通过操作以及与材料的互动进行感知。

在选择数学活动内容时,还要考虑幼儿在活动内容方面的认知规律。如在图形拼搭过程中,教师为中班幼儿提供了图形和只带有轮廓的图案,发现幼儿在完成这一活动时非常困难,于是教师为每个幼儿重新发放了带有分割线的图案,幼儿按照分割线与图形对应,很快就完成拼搭图案的任务。

二、 学前儿童数学教育活动设计的内容

【案例 7-1】 比较数的多少
活动目标:
(1) 引导幼儿继续学习用目测方法正确判断 7 以内的数量。
(2) 使幼儿认识 7 以内自然数列中,相邻两数间的数差关系。
活动准备:
(1) 教具:数字卡 1~7,数量为 3~7 的圆点卡片。
(2) 学具:添画圆点和数字作业纸人手一份。
活动过程:
1. 开始部分
(1) 认读数字 1~7。
(2) 看数字快速做动作。(教师分别出示数字 1~7,请幼儿快速认读数字并做出相应数量的动作)
2. 集体活动
(1) 目测数群
(出示数量为 3~7 的圆点卡片)
小朋友,看,黑板上有什么?每张圆点卡的数量一样多吗?各有多少呢?(请幼儿目测各张圆点卡的数量并分小组讨论)
(2) 按序排列点卡并匹配数字
每一张圆点卡的数量都一样,请一个小朋友按照从多到少的顺序给这些圆点卡排队。
想一想哪张排在最前面,接下来排哪一张呢?
请一位幼儿操作。要求其他小朋友认真观察。
圆点卡已经按从少到多的顺序排好队了,现在要请一个小朋友给每张圆点卡配上相应的数字。

集体验证操作结果："3、4、5、6、7，按从小到大的顺序排的队。"

（3）引导幼儿观察和理解相邻两数间的关系

现在，我们一起来看看这些排列好的数字，3 的后面是数字几？（4）

4 比 3 怎样？（4 比 3 多 1）那么 3 比 4 呢？（3 比 4 少 1）

按这样的方法带领幼儿比较 7 以内相邻两数之间的关系。

教师小结：如果数字是按顺序依次排列的，那么排在它后面的一个数都要比它多 1，排在它前面的一个数都要比它少 1。

3. 幼儿操作

（1）教师演示并讲解作业要求。

① 请小朋友看黑板上这些圆点的排序，在两排圆点中间有一个空白的，你觉得空白的地方应该画上几个圆点呢？你是怎么知道的？

② 这些数字呢？空白的地方又应该写上数字几呢？你是怎么知道的？

（2）老师给每个小朋友准备了一张同样的作业卡，请你们看清楚自己作业卡上都有多少个圆点或是有哪些数字，它们是怎样排列的，在空白的地方应该画上几个圆点或写上数字几？

（3）幼儿操作，教师巡回观察并指导。

（4）评价幼儿作业情况。

（5）组织幼儿收拾玩用具。

（一）活动名称

活动名称能够反映活动的目的或者活动的内容。在确定幼儿数学教育活动名称时，可以以活动目标作为活动名称，如"认识图形""比较大小"，也可以活动的内容背景作为活动名称，如"这是谁的家？""小熊礼物店"等。

（二）活动目标

活动目标是指通过本次活动想要达到的目的，活动目标反映的是幼儿在数学经验、数学概念等方面的发展。在活动目标的表述上，有两个常用的表述方式，一种是从教师的角度出发，希望通过教育活动帮助幼儿达到什么样的目标，常用"引导、帮助……"；另一种是从幼儿的角度出发来描述，常用"知道、了解、体会、学习、喜欢……"。

同其他领域的活动一样，在数学教育活动目标的设计上，也可以采用知识、技能、情感态度三个维度对目标进行描述。

（三）活动准备

数学教育活动的准备包括环境的准备、材料的准备以及幼儿已有经验的准备等。在活动准备部分，要写清完成活动所需要的具体条件。

环境的准备：包括完成活动需要准备的空间环境、地点等。如果是在室内进行活动，桌椅的数量和布置需要被列在考虑范围；如果是在室外进行活动则要考虑场地的选择，并将场地上可能影响活动进行的物品进行整理或清理。

材料的准备：包括教师所用材料和幼儿所用材料的准备。教师示范用材料一般较大，方便全体幼儿观察，幼儿所用材料在准备时要考虑材料的类型、数量等。

幼儿已有经验的准备：实际上是教师对幼儿现有发展水平、已有经验的判断，在这一经验基础上能够更好地达到活动目标。

（四）活动过程

活动过程就是活动进行的环节及其顺序，它是整个活动设计的中心环节，是活动目标得以实现的保证。在活动过程的设计上要考虑幼儿年龄特点和思维发展水平，层层递进地推进活动的进行。

活动过程的设计内容一般包括导入、环节一、环节二、环节三等；在活动过程的每一环节都要有具体的小目标，如导入环节可以是通过故事讲述将幼儿带入活动情境，也可以是对幼儿已有经验的唤起等。正式活动部分的设计要由易到难、层次分明，并能够保证幼儿与活动材料充分的接触和互动。

幼儿教育活动整体时间较短，尤其是小班幼儿。因此在环节设计方面要更能够突出重点和难点，充分利用好有限的活动时间，在活动中既不留太多空白时间，又能够有序完成活动任务，实现活动目标。

幼儿园大班科学
教育活动——
羊羊小侦探

特别需要提到的是，在活动准备过程中，大部分幼儿教师把语言表述方面的重点放在故事的讲述、两个环节的对接上，而对于活动过程中引导和帮助幼儿方面使用的语言考虑较少。其原因可能是我们较少提到幼儿引导语言的重要性及幼儿教师对幼儿经验判断不够，无法进行有效的引导。

第三节　学前儿童数学教育活动的组织与指导

如果说数学活动设计是对将要进行的数学活动的预设预判，那么数学教育活动的组织与指导就是从理想到现实的过程。数学教育活动的组织与指导是活动设计能否成为有效促进幼儿发展、达到预先设定的活动目标的重要环节。与活动设计不同的是，活动的组织与指导过程相对复杂，它需要教师应对来自环境、材料、幼儿等的变化，并根据这些变化适时对活动设计进行调整，据此在变化的情境中实现活动目标。

在数学教育活动组织的过程中，教师的组织与指导策略主要体现在以下几个方面。

一、有效的观察

无论是在集体教育活动还是在区域教育活动中，教师对幼儿进行有效的观察都是引导和帮助幼儿发展的重要前提。在很多活动反思或幼儿观察记录表中，我们发现幼儿教师在有意识地关注幼儿，但这种关注往往表现在对幼儿的行动用微笑或点头表示赞许，对幼儿的表现简单地回应"你真棒"等。诚然，这些举动会让幼儿有被关注的感觉，但这样简单的做法对于促进引导幼儿发展并不能起到太大作用。

因此在数学教育活动中,教师要学会进行有效的观察。在集体教育活动中要从活动目标出发,对幼儿的语言、行为进行分析,判断幼儿实际的发展水平,在正确判断幼儿发展水平的基础上,为其提供适宜的材料或指导。在区域教育活动中,教师大部分时间需要做一个观察者,观察幼儿与操作材料不断互动、不断试误的过程,在幼儿确实需要帮助时,教师则要根据幼儿遇到的困难,分析原因,找准适当的时机给予引导。

二、 提供适宜的操作材料

大班科学领域活
动认识人民币

在幼儿集体数学教育活动中,为幼儿提供的材料要具有适宜性;能够实现活动的目标,同时能够为幼儿的发展提供帮助;在操作材料的选择上,要摒除材料的其他特性对实现活动目标的影响。

在中班数学活动"小熊礼物店"中,教师第一次为幼儿准备的材料是大小、形状具有差异的药盒。药盒大多是幼儿常用药物的盒子,因此在第一次活动中,幼儿的注意力就被药盒外观吸引,纷纷表示自己家也有这样的药盒,有的幼儿还能说出是感冒或是咳嗽时服用药物的盒子。作为一次分类活动,这些药盒的属性差异表现在大小和药效上,对中班幼儿来说,完全按照药效区分是很难达到活动目的;而这些未经加工的药盒在大小上的差异又让幼儿难以按照大小进行分类。

除了在活动前对操作材料进行准备外,在活动进行过程中,教师也需要根据任务针对个别幼儿对操作材料进行调整。

在大班"图形拼搭"活动中,通过前几次的活动,教师判断幼儿能够挑战更高难度的拼搭,因此,在为幼儿提供拼搭图案的图形时,没有提供充足的丰富多样的图形,而是要幼儿通过多个图形的组合、翻转、旋转等方式才能够完成任务。事实表明,教师对幼儿发展程度的判断是正确的,大部分的幼儿通过多次努力,或在教师提醒下能够完成任务。对于少数无法完成任务的幼儿,教师则继续投入充足的图形卡片供其选择。

在数学区域活动中,操作材料的投入要以结构化程度低的材料为主。幼儿通过操作、探索材料,在多个方面获得发展。同时材料要定期或者根据幼儿的需要进行更换或者添加。

三、 要有准确的"指导"

在对幼儿进行有效观察的基础上,教师能够分析出幼儿在哪一个环节需要帮助。这时教师可以通过动作或语言对幼儿进行指导,为幼儿的发展提供一个"支架"。

在活动中,通过教师的动作对幼儿进行指导的方法较为容易。如在拼图过程中,需要通过翻转某些图形才能够完成任务,当幼儿通过多次尝试仍旧不能完成时,教师可以向其示意图形可以翻转,或者直接将翻转后的图形放在正确位置上对幼儿进行指导。

数学活动由于其学科特点,在指导语言上要求教师能够用规范、明确的语言指导幼儿行为。如在"小熊商店"活动中,教师采用"请你排一排"和"请你分一分"作为指导语,对于

某些幼儿的指导作用有较大差别。当教师采用"请你排一排"作为指导语时,有的幼儿就会将礼物盒子按大小顺序排列,而教师改变策略采用"请你分一分"作为指导语时,幼儿则能够正确按照指令对礼物盒进行分类。

无论是通过动作还是语言对幼儿进行指导,教师都要在确保给予幼儿充分的操作、探索机会的基础上,在其需要帮助的时候对幼儿提供支持,不能为了尽快完成活动目标,强制性地"拔高"幼儿的发展水平。

【案例 7-2】　中班数学排序活动——小动物们来排队[①]

活动目标:

(1) 能尝试按照 7 以内量的差异进行排序。

(2) 知道可以通过两两比较的方法,解决排序过程中遇到的困难。

(3) 能仔细观察物体的差异,并进行调整。

活动准备:

(1) 经验准备:幼儿对分类的前期经验。

(2) 物质准备:差异不同的动物图片若干。

活动重点:

掌握排序的方法。

活动难点:

能独立按照量的差异进行排序。

活动过程:

1. 导入过程,激发幼儿的兴趣

(1) 师:动物园的大门坏了,动物们都跑出来了,我们快帮忙去找找小动物吧!

(2) 幼儿去找与自己手里的动物一样的其他小动物。

2. 初次发现量的差异

师:小动物们都找回来了吗?它们是什么?有几只?还发现什么了?

3. 排一排

(1) 师:我们帮助把小动物送回动物园,快让它们排好队。

幼儿操作手里的材料,教师根据幼儿的不同水平给予不同的指导。

(2) 师:说一说你是按照什么方法帮助小动物排队的。

(3) 师:还有其他的方法吗?

4. 送小动物回家

分享同伴间的不同方法。

师:请小朋友们把小动物们快送回来吧!

在本次活动组织完成后,该教师对本次的活动进行了反思。教师在活动中发现了其在进行活动设计时,有关于活动材料的准备及幼儿已有经验的准备方面对活动的影响,通过幼儿的表现提出了需要改进的地方。

---

① 本活动设计来自曙光幼儿园的刘昭。

"小动物们来排队"活动反思

1. 活动材料

15 种不同的动物模型,不同高矮,大小,胖瘦,每组七个,活动中幼儿很明显地能发现动物差异较大的,差异较小的容易发生错误。

2. 幼儿原有经验

虽然是第一次集体进行排序活动,但幼儿有分类的基础和经验,分类活动对排序起到了铺垫的作用。

3. 幼儿活动效果

现象一:幼儿理解要按照排序的方法去帮助动物排队,但是出现了错误。

现象二:幼儿没有理解排序是一个接一个地排。

现象三:幼儿能给动物排队,但是没有按照顺序去排,只是随意地排了一队而已。

现象四:幼儿对排序的规则不理解——从头开始排,从左到右排。

4. 下次活动需要改进的地方

(1) 首先考虑材料需要调整还是需要突出差异才更便于幼儿操作。

(2) 白纸换成有格子的卡片,这样便于幼儿理解排序。

(3) 引导幼儿通过比一比的方法来调整自己的材料。

【案例 7-3】 中班数学空间方位活动——找方位①

活动目标:

(1) 能通过客体的变化来辨别前后、上下、斜上、斜下等方位。

(2) 在游戏中运用方位词完整地讲述句子。

活动准备:

(1). 经验准备:对空间位置有一定了解。

(2) 物品准备:房子大图、小动物图片若干、3 层楼房图每人一份(9 宫格)、大花一朵、巴士图一幅、小动物大图 7 个。

活动重难点:

(1) 重点:感知斜上、斜下等方位。

(2) 难点:变化客体对固定物品或人物进行位置辨别。

活动预设问题:

(1) 幼儿对于斜上、斜下无法用语言直接复述。

(2) 幼儿会使用"这边""那边"或"往前""往后"等提示语。

(3) 幼儿对斜上、斜下有不同的理解,出现将小动物贴在斜上或斜下不同的两个区域。每个幼儿的贴法不一样。

活动过程:

1. 通过贴图游戏来找位置,理解方位

(1) 出示图片请幼儿说说小动物们分别在哪儿。

① 小羊在第二层从车灯数第二个位置。

---

① 本活动设计来自洁民幼儿园的张茜。

② 小猴在小羊的左边。

③ 小蝴蝶在小羊的斜下方。

④ 小猪在小羊的斜下方。

（2）请幼儿蒙眼站在固定区域，听其他幼儿指挥，将动物的位置还原。

2. 根据教师引导，幼儿自主排摆动植物位置，提高对方位的准确理解度

（1）师：小动物们想给动物园种些植物，每个小动物去了不同的花房种植。你能帮助他们找到各自的准确位置吗？

① 小花种在第二层从楼梯数第二个位置上。

② 小猴在小花的上方。

③ 小兔在小花的下方。

④ 小蓝蝴蝶和小绿蝴蝶分别在小花的斜上方。

⑤ 小猪和小羊分别在小花的斜下方。

⑥ 小狗在小花的旁边。

（2）在黑板上确认小动物的固定位置，变换客体理解不同的方位。

① 小花在小蓝蝴蝶的什么方向上？

② 小花在小猪的什么方向上？

③ 小羊在小蓝蝴蝶的什么方向上？

④ 小蓝蝴蝶的斜下方都有谁？

3. 通过藏找游戏巩固重点方位

请一名幼儿上前背对其他幼儿，其他幼儿看老师藏小动物卡片；当老师藏好后，该幼儿转身，其他幼儿用已学到的方向词进行提示，每提示一步，该幼儿做一步动作，直到找到被藏的小动物卡片。

案例分析：

"找方位"是中班空间方位活动，活动目标是通过客体的变换来确定方位。在空间方位活动中，以客体作为参照物判断空间方位的难度要高于以幼儿主体作为参照物去判断，除了"前后""左右"外，还用到了"斜上""斜下"两个方位。同时在活动中涉及了序数的起始内容，如"羊在第二层从车灯数第二个位置"，这就需要幼儿同时具有对序数的基本认知。

【案例7-4】 大班数学计数活动——我们来跳绳①

活动来源：

经过一个学期的学习，本班幼儿基本都可以独立连续跳绳。为了进一步加强幼儿对跳绳的兴趣，提高幼儿身体素质，同时也为了把设计表格、做计划、连续记录等学习方式运用到幼儿的生活中，开展了"我们来跳绳"的活动，鼓励幼儿设计表格，连续记录自己的跳绳个数，从而促进幼儿的全面发展。

活动目标：

（1）愿意参与跳绳活动，能够连续跳绳并正确点数。

---

① 本活动设计来自曙光幼儿园的李然。

（2）尝试用不同的方法来进行正确计数。

活动准备：

（1）经验准备：能够连续跳绳 5 个以上。

（2）物质准备：跳绳、纸、铅笔若干，大表格展示。

活动重点：

能够正确点数跳绳个数。

活动难点：

讨论计数的方法。

活动过程：

1. 活动引入

（1）"小朋友们都非常努力地练习跳绳，谁跳得最多呢？"

（2）"你们都说自己跳得多，我怎么知道呢？"

（3）看看你们 30 秒内能跳多少个。（选出一名跳得最多的幼儿）

展示幼儿所跳的个数，集体进行比较，推选代表。

2. 集体计数，如何使跳绳计数更准确

（1）请一位跳得最多的小朋友来集体面前展示，大家为他进行计数。（每人一张纸一支笔，将自己计数的结果写下来）

（2）展示幼儿计数的结果。（发现问题）

（3）为什么会出现计数不一样的现象呢？问题出在哪里？

3. 讨论方法：计数的注意事项

计数的方法：看跳绳小朋友跳动的脚计数；看跳绳小朋友起伏的头计数；看跳绳小朋友抡绳的双臂计数。

（1）"你是怎么计数的呢？"

（2）计数中应注意的问题：跳与数要对应上；记清楚小朋友跳过去的数，再往下数，并说出最后的计数结果。

活动分析：

"我们来跳绳"是大班的计数活动，活动目标是能够对跳绳个数进行正确点数并运用不同的方法进行计数。与对静止物体的计数不同，对跳绳个数的计数属于运动中的计数。在前期经验准备上需要幼儿能够掌握连续跳绳的技能，同时能够知道点数的最后数字就是总数。

在活动过程的设计上，从"谁跳绳跳得最多？"引入，让大家对某个幼儿的跳绳进行计数，并各自记录；若出现计数的不同则进行讨论，引入计数跳绳个数的方法。在实际操作过程中，幼儿的跳绳是已经发生的事件，当记录完成后讨论谁记录正确、谁记录错误时没有参照。因此建议教师使用录像设备将幼儿的跳绳过程进行记录，在幼儿记录完成后可以回看录像来计数出正确的跳绳个数。

对于后续活动则可以考虑鼓励幼儿自行绘制图表对跳绳个数进行记录比较，以及引入小明比小红多跳了几个等问题。

【案例 7-5】 拼图游戏[①]

活动目标：

(1) 喜欢参加数学游戏活动,体验探究、发现的快乐。

(2) 通过拼图游戏,加深幼儿对整体与部分关系的理解。

(3) 尝试运用统计等方法进行记录。

活动准备：

(1) 物质准备：图案卡、小图形若干、笔、记录表、胶棒。

(2) 经验准备：活动中出现的图形均为幼儿已认知的图形。

活动重点：

理解图形间整体与部分的关系。

活动难点：

进一步理解图形间较复杂的组合关系(图形转换);整体与部分;部分与部分(局部)。

活动过程：

(1) 游戏："盲人摸象"。巩固对图形基本特征的认知,为拼图做准备。

通过操作游戏,感知讨论图形的边和角的数量,巩固对图形基本特征的理解,加深对图形的认识,为接下来的活动做支持。

(2) 拼图游戏:通过对图形的拼合,初步感知图形间整体与部分的关系。

① 师幼共同拼出示范图案,激发幼儿参与游戏的热情,初步感知整体与部分的关系。

出示若干图形及多边形图案,通过交流"它像什么……"等话题,激发幼儿参与探究游戏的兴趣并感知图案整体。

师幼共同拼出示范图案,明确拼图要求,初步感知整体与部分的关系。(发现一个图案可以由不同图形组合而成,激发幼儿自己尝试用其他图形拼图的兴趣)

② 幼儿自主进行拼图,在操作中进一步感知图形间整体与部分的关系。

a. 幼儿自由探索操作,教师进行个别指导。

指导重点：了解幼儿对游戏要求的理解(运用图形将图案完整拼合覆盖);了解幼儿拼图的策略方法;观察幼儿在操作中对图形间关系及整体与部分关系的理解和运用;关注个别需要,鼓励幼儿解决遇到的困难。

b. 请完成拼图的幼儿展示自己的作品,鼓励幼儿间交流自己的拼图方法。

③ 集体分享,加深幼儿对整体与部分关系的理解,并学习运用统计方法记录。

a. 交流分享拼图作品。

重点：通过对比、交流、分享,加深幼儿对图形间关系和整体与部分关系、部分间关系的理解。(表现为一个图案由几个不同图形组合而成;局部图形转换,不同拼合方式)

b. 激发幼儿运用画分割线的方法记录自己不同的拼图方法,并进行统计记录。

主要提问：我们大家的拼图方法都不相同,怎样能记录下每一次的不同方法呢?

拼图中的图形组合都不相同,那么怎么能够知道每个小朋友用了什么图形? 用了多少个呢?

---

① 本活动设计来自洁民幼儿园的兰茜。

出示记录表,学习记录方式。

(3)感受探究乐趣的同时增加难度,激发幼儿再次尝试。幼儿通过拼图,进一步理解图形间关系和整体与部分的关系,尝试记录、统计自己的拼图。

鼓励幼儿选择更具挑战性的新图案进行拼图;再分别记录自己不同的拼图方法和统计每次使用了哪种图形、用的数量;体验拼图乐趣,进一步感知图形间整体与部分的关系。

记录方法:如粘贴图形、在图案中画出分割线、统计图形及数量等。

交流自己的拼图方法,活动自然结束。

活动延伸:将自己拼好的图案进行分割,用分割好的不同图形还原拼合或自由拼搭其他的图形,进一步理解图形间的关系和整体与部分的关系。

活动分析:

"拼图游戏"是大班的几何形体活动,活动目标是帮助幼儿感知整体与部分的关系,并尝试记录。活动内容是运用已有图形去完成给定图案的拼搭。难点在于幼儿在完成一种拼搭方式后,需要运用其他方法拼搭出图案;通过运用多种方法进行拼搭,理解整体与部分的关系;在拼搭完成后通过画分割线以及记录使用图形个数等方式对拼搭结果进行记录。

用图形拼搭图案对于大班幼儿来说有一定的难度,可能需要对某一个图形进行翻转、旋转等才能够完成。在幼儿操作过程中教师要学会等待,等待幼儿自己完成拼搭,若发现幼儿确实存在困难,可以用语言提示其对图形进行翻转等。

在延伸活动中鼓励幼儿将拼好的图案进行分割,用分割好的不同图形还原拼合或自由拼搭图形。

✦ 案例实践

1. 幼儿园集体数学教育活动方案设计。

1)实践目标

(1)熟悉幼儿园数学教育活动方案的设计方法及要求。

(2)掌握幼儿园数学教育活动方案撰写的技能。

2)内容与要求

(1)内容

① 在教师的指导下选择活动课题,并确定设计思路。

② 练习幼儿园集体数学教育活动方案的设计与撰写。

(2)要求

① 年龄班可以自选,也可由教师将全班学生分别指定为针对小、中、大班。

② 环节清晰,结构完整。

2. 观摩一次幼儿园集体数学教育活动,分析教师在组织该活动时采用了哪些指导策略,如何指导的。

第八章
学前儿童科学教育资源

章节思维导图

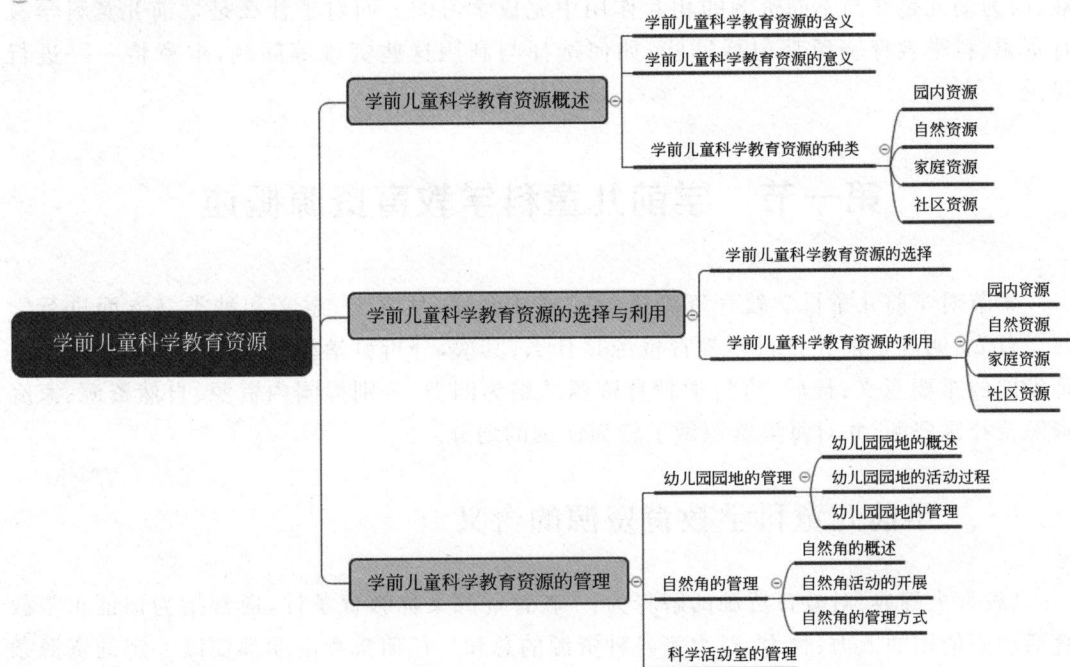

学前儿童科学教育资源
- 学前儿童科学教育资源概述
  - 学前儿童科学教育资源的含义
  - 学前儿童科学教育资源的意义
  - 学前儿童科学教育资源的种类
    - 园内资源
    - 自然资源
    - 家庭资源
    - 社区资源
- 学前儿童科学教育资源的选择与利用
  - 学前儿童科学教育资源的选择
  - 学前儿童科学教育资源的利用
    - 园内资源
    - 自然资源
    - 家庭资源
    - 社区资源
- 学前儿童科学教育资源的管理
  - 幼儿园园地的管理
    - 幼儿园园地的概述
    - 幼儿园园地的活动过程
    - 幼儿园园地的管理
  - 自然角的管理
    - 自然角的概述
    - 自然角活动的开展
    - 自然角的管理方式
  - 科学活动室的管理

思政教育目标

"垃圾是放错了地方的资源",在深度挖掘学前儿童科学教育资源的过程中,我们应坚持对立统一的观点,认识到矛盾双方在一定条件下相互转化,选择适宜于幼儿的原材料、半成品材料,将废旧物品开发再利用。在挖掘科学教育资源的过程中,全方位提高发现问题、分析问题、解决问题的能力,提升自身的应用能力。同时,还应积极有效地开发和利用红色资源,进行公民道德教育、民族精神教育。

学习目标

1. 了解幼儿园科学教育资源的含义与价值。
2. 掌握幼儿园科学教育资源的种类。
3. 理解并掌握选择学前儿童科学教育资源的要求。

4. 了解如何正确利用园内资源、大自然资源、家庭资源和社区资源。

5. 掌握如何管理幼儿园园地中所包含的科学教育资源。

6. 了解并掌握自然角的正确利用和管理方法。

7. 掌握如何合理管理园中的科学活动室。

幼儿的思维特点是以具体形象思维为主,在进行科学教育和活动时教师应注重引导幼儿通过直接感知、亲身体验和实际操作进行学习,同时为幼儿提供适宜的、丰富的科学教育资源。这些资源为学前儿童的科学教育提供了基础,没有资源就不能进行教育和游戏,因为幼儿是在与不同资源的相互作用中完成学习的。而对于什么是学前儿童科学教育资源、科学教育资源都包括哪些、如何选择与利用这些资源等问题,本章将一一进行讨论。

第一节　学前儿童科学教育资源概述

本节对学前儿童科学教育资源进行了整体概述,从含义、意义和种类三方面进行学习。首先,明确学前儿童科学教育资源是什么;其次,分析科学教育资源对幼儿学习及教师发展的重要意义;最后,将科学教育资源总结为四类,分别为园内资源、自然资源、家庭资源及社区资源,并对每类资源做了较为详细的划分。

一、 学前儿童科学教育资源的含义

《教育大辞典》对教育资源的解释为:"教育资源又称教育条件,通常指为保证正常教育活动而使用的人力、物力、财力等各种资源的总和。任何教育活动都要以一定的资源条件为前提。"[1]由此可见,能与幼儿产生积极互动的科学教育条件都是学前儿童开展科学教育活动的重要资源。

根据上文中对教育资源的概念解释,学前儿童科学教育资源大体可以概括为在科学教育领域中人力、物质等资源的综合,其中人力资源主要包括幼儿、教师、家长以及社会人员等;物质资源主要是指辅助科学教育进行的各种科学教育资料、玩教具以及可供科学教育利用的其他物质资源等。这些资源可以直接成为幼儿的教育活动和游戏活动的内容,或成为支持幼儿进行活动的条件,以便幼儿顺利地开展科学教育活动。

二、 学前儿童科学教育资源的意义

学前儿童科学教育资源对于学前儿童学习、教师教学都具有重要意义,主要表现为以下两点。

---

① 夏力. 学前儿童科学教育活动指导[M]. 上海:复旦大学出版社,2009.

（一）引发儿童思考，促进儿童的全面发展

对学前儿童来说，没有科学教育资源就没有真正的科学教育活动和游戏活动。根据皮亚杰的认知发展阶段理论，幼儿园阶段的孩子仍处于前运算阶段，本阶段儿童的认知活动具有相对具体性，还不能进行抽象的思维运算，幼儿的发展特点决定了他们对周围事物的认知是具体的、形象的，仍需要借助客观物体来发展思维逻辑，他们在作出判断时倾向于运用一种标准或维度，比如：长得多、密得多或高得多。因此，对他们来说，科学教育资源既是引发科学猜想、进行科学探索与实验的基础，又是他们观察和认识周围世界的中介与桥梁。

丰富的、适宜的科学教育资源有助于儿童开展学习活动和游戏活动，又对他们的全面发展起着重要作用。幼儿可以主动地、自发地通过观察、实验、操作、体验等多种方式和这些资源进行相互作用，调动多种感官参与探究过程。在与物质资源进行相互作用时能增强其动手能力，发掘兴趣点；在与人力资源进行相互作用时能提高其团结协作的意识，促进学前儿童与其他人的合作，正确与同伴、教师等进行交往。

（二）提高教师的专业水平

对教育者来说，教育资源应该是教育目标和内容的物化，是引发幼儿探究动机和兴趣、支持幼儿探究活动的展开、实现教育目标和内容的载体。[①]

在学前儿童科学教育中，只有教师选择了适宜的科学教育资源，并加以有效利用，才能激发幼儿学习的兴趣，才能最大限度地发挥这些资源对幼儿发展起到的作用，让幼儿通过与材料和资源的互动实现能力的提高。只有恰当地利用好科学教育资源，尽量让每个孩子动起手来，获得具体的科学经验，才能完成教学任务和活动目标。在不断地发现、获取、利用科学教育资源的过程中，也在不断提高教师的专业水平，实现资源的价值，这一过程也是教师不断学习和成长的过程。

📖 文献学习

科学教育资源建设要有保障

一方面，幼儿园在基本建设、资金投入上应尽可能满足科学教育开展的需要。比如科学教育的知识内容就包含很多方面：有人体、动物、植物、生态与环境的生命科学内容；有天文、气候、物理（包括光、声、电、磁、热、力和运动等）、化学等自然科学内容；还有科学技术的发展与运用等信息科学内容等。这么多内容就需要幼儿园提供与建设比较全面的教育资源：有实物、标本、模型、图片等教学具；有儿童读物、工具书等图书资料；有幼儿所在地区或邻近地区中可以利用的人力、物力、自然及当地组织等社会资源；有供幼儿进行科学探索活动的专用场所（自然角、种植园、饲养角、气象角等园地）；还有科学发现室、互联网等。丰富合适的科学教育资源，可以节省教师讲课时间，使幼儿获得正确的观念、科学的态度及科学的研究方法，增加学习探究的兴趣，发展幼儿的各种能力。离开科学教育资

---

① 刘占兰. 幼儿科学教育[M]. 北京：北京师范大学出版社，2000.

源,教师再努力地教,也只能是枯燥的说教、镜中观花、水中望月。

另一方面,幼儿园可以加强幼儿科学教育活动材料、教学具的开发与使用,利用废旧材料,如旧报纸、空盒、空罐、空瓶等设计完成一些科技小制作,不断生成、发展我们的幼儿科学教育。[①]

三、学前儿童科学教育资源的种类

(一)园内资源

1. 幼儿

幼儿是科学教育的起点和归宿,每个幼儿都对世界充满好奇,幼儿时期思维的天马行空是异常宝贵的。在幼儿的一系列活动中,我们会发现许多未曾看到的现象,观察到许多没有注意过的细节,这些现象和细节都能成为教师开展科学教育的重要资源。

另外,随着时代的进步,越来越多的幼儿有机会跟随父母或亲人出门远游,路上的风景、见闻,各地不同的民俗特色,都能吸引幼儿的注意。这些经历,都可以成为教师设计科学教育活动的资源。

在案例 8-1 中,教师由幼儿日常生活中"比较蛋的大小"这一行为引发科学教育活动,并遵循幼儿的天性,首先让幼儿玩"拣蛋"游戏,幼儿自由地在盆子中拣出一个自己喜欢的蛋。通过这一环节,一是可以让幼儿在游戏中感知乐趣所在;二是在开心之余,去看看自己拣蛋的"成果"。接下来让幼儿在观察探索中获得知识,并引导幼儿在品尝中发现新的话题。

【案例 8-1】 认识鸡蛋和鸭蛋[②]
一、设计思路

小班的科学目标指出:引导幼儿观察日常生活中个别的物品及其用途;帮助幼儿了解各种感官在感知中的作用,学习运用各种感官感知的方法,发展感知能力;使幼儿乐意参加科学活动,喜爱动物、植物,关注周围的自然环境。根据小班年龄特点,从日常生活中发现主题,开展活动。我注意观察幼儿的日常生活:在一次吃小点心的活动中,我发现我们班的幼儿很喜欢吃蛋,还不停地比较谁的蛋大,谁的蛋小,一边吃一边议论。在平常生活中,经常看到孩子吃蛋。有一次,西西拿着鸡蛋,边吃边夸:"这颗鸡蛋可好吃了,我猜想一定是聪明的鸡生的。我妈妈说我会变得这么聪明就是吃了鸡蛋!"看她说得这么起劲,我决定去探个究竟。走近一看,这哪是鸡蛋啊? 分明是颗鸭蛋。这个阶段的孩子还不能分清鸡蛋和鸭蛋,于是我决定上一堂"认识鸡蛋和鸭蛋"的课。

二、活动设计
(一)活动目标
(1)了解鸡蛋和鸭蛋的主要外部特征,学习仔细观察。

① 靳一娜,王晓庆.幼儿园科学教育实施现状的调查研究——以河北省张家口、廊坊、邢台和石家庄地区为例[J].内蒙古师范大学学报(教育科学版),2015,28(4):43-46.
② 幼儿园案例分析[R/OL].http://www.docin.com/p-2333720498.html,2020-5.

（2）乐意用语言表达自己的感受。

（二）活动准备

鸡蛋、鸭蛋每人一个，鸡蛋、鸭蛋头饰。

（三）活动过程

1. 游戏：拣蛋

老师：这是什么？（出示蛋）那边是蛋宝宝的家，我们去拣一个你喜欢的蛋，好吗？

2. 观察自己拣的蛋

（1）看看自己的蛋是什么形状？

（2）摸摸是什么感觉？

（3）看看是什么颜色？

3. 比较两个蛋的不同

老师：怎么两个蛋的颜色不一样啊？它们的妈妈是同一个吗？出示鸡和鸭的图片。（我的宝宝在哪里啊？）幼儿猜。

小结：鸡蛋和鸭蛋不一样，它们的颜色、大小都不一样。

4. 游戏：找妈妈

我们帮它们找妈妈，好吗？你拿到的是什么蛋就给它找哪个妈妈。

5. 吃蛋

学会剥，观察蛋里有什么。

2. 教师

教师的素质是影响学前教育质量的关键。教师自身的学识、见识和专业能力都能够直接作用于教育对象即幼儿，教师对待科学现象的探究态度同样也会影响儿童的兴趣。

3. 幼儿园科学活动园地

幼儿园科学活动园地主要是指班级以外的活动场地，包括植物角、气象角、沙池等，还有能观察到科学现象的任一室外活动地区，都能够被称作科学教育资源。

【案例8-2】　我们的种植园①

一、活动意图

幼儿好奇、好问，乐于动手尝试，喜欢探索大自然的奥秘。但是现在的孩子物质生活优越，网络、电视等虚拟的世界使他们渐渐失去了亲近大自然的机会；在生活中，很多幼儿饭来张口，衣来伸手，很少自己动手参加劳动。活动中幼儿能够通过动手种植，在观察、实践操作、交流分享中，掌握种植的要领及科学的观察、记录方法，既可以满足幼儿的探索欲望，激发幼儿的责任感，又能让幼儿体验到劳动带来的快乐。

二、活动目标

（1）参观幼儿园的种植园，了解一些植物的名称及特征。

（2）了解种植的过程与种子生长所需要的基本条件。

（3）尝试自己参与种植，体验种植的乐趣。

---

① 中班科学我们的种植园教案反思［R/OL］. http://www.qinzibuy.com/article/18608.htm，2020-5-25，有删改。

三、活动准备

（1）幼儿园种植园的蔬菜：水萝卜，生菜，大葱，莜麦菜。幼儿园种植区的树：山楂树。

（2）活动前准备：观看种子发芽的录像。

（3）活动前请家长引导幼儿了解种植的方法。

四、活动过程

（1）请幼儿观看种子发芽的录像，引发幼儿的兴趣。

提问：小朋友，种子是怎么长大的？你觉得神奇吗？你们想不想参观一下我们种植园里的植物，看看种子们长大没有？（教师积极鼓励幼儿进行回答，并及时地给予表扬）带领幼儿参观幼儿园的种植园，并提问：前几天这里是什么样的呢？现在发生了什么变化呢？

（2）参观幼儿园的各类植物，请幼儿观察，并了解其名称以及特征。

① 你知道这些植物的名称吗？

② 教师为幼儿介绍各类植物的名称以及特征。

（3）分组讨论：了解种子发芽所需要的基本条件。教师提问：种子放在什么地方最有助于它的成长？为什么？（这些地方空气流通好，阳光充足，浇水方便）教师总结：种子生长的基本条件是阳光、水、土壤、空气。

（4）调动幼儿已有的经验，和幼儿一起讨论种植的方法。引导幼儿互相讨论，讲述种子的种植过程。教师提问：谁知道怎样把种子种到土壤里？种子种好以后，需要做哪些事情？

（5）教师和幼儿共同梳理经验，明确种植方法。

种植过程：将种子均匀地撒在土壤表面（种子不能放得太多），再用细土将种子完全覆盖，最后给种子浇适量的水（水要将容器内的土壤全部润透）。

（6）幼儿分组到盥洗室或适宜的场所进行种植活动，教师进行重点指导。

① 教师引导幼儿按照正确的步骤进行种植。

② 教师引导幼儿在种植的过程中思考：种子种在土壤的什么位置最合适？为什么？（种子不能太深，太深发不了芽；也不能太浅，太浅会干死。）

（7）分享交流——亲亲我们种植园的宝贝。

教师组织幼儿分享参观后的感受。

（8）教育幼儿要爱护植物，知道植物种植的不易，懂得尊重他人的劳动成果。

五、活动总结

教师总结幼儿今天的表现，表扬在活动中表现积极的幼儿，鼓励幼儿积极参与活动，让幼儿在进行种植活动的同时，感受到科学探索活动带来的快乐。同时，教师要照顾到那些在活动中比较安静的幼儿，使其也能在活动结束时获得快乐，以培养他们对科学活动的兴趣。

六、活动延伸

（1）绘画《咱们一起来种植》。

（2）引导幼儿进行观察记录。

七、活动反思

（1）此教育活动符合中班幼儿乐于探索、乐于参加劳动、乐于亲近大自然的现实需要，对幼儿的发展具有重要的价值。

（2）在本次活动中，教师提前组织幼儿观看植物生长过程的录像，使其感受种子生长的神奇，为本次活动做准备。本次活动中教师带领幼儿亲自参观种植园的植物，让幼儿更有兴趣；其中以师幼讨论的形式，根据幼儿已有的生活经验，和幼儿共同总结出种植的方法以及种子生长所需的基本条件，让幼儿在活动中轻松地掌握知识。大部分幼儿较感兴趣，目标也完成得不错。

（3）在这一系列的活动中，幼儿从理论到实践，既了解了种子种植的方法和发芽的条件，又体验到劳动的快乐。这个活动在后期的植物生长过程中，还蕴含着许多的教育价值，随着种子不断地成长，幼儿要对其进行细心的照顾，这在无形中增加了幼儿的责任感；同时幼儿在此过程中也了解了植物生长的过程，并从中体验到生命的神奇。

（二）自然资源

1. 动植物资源

亲近自然是儿童的天性，动植物资源更是儿童了解自然的重要途径。例如，植物的根、茎、叶、果实、花朵等，动物的生产过程、繁衍过程、觅食过程等，它们在儿童眼中都是非常新奇的事物，这些资源对幼儿来说是进行科学教育的宝藏，可以通过观察、记录等方式深入了解大自然。

自然资源作品
呈现：树叶贴画

2. 非生物资源

这里的非生物资源主要指的是沙、石、雪、水、阳光等。喜欢玩水、玩沙、玩泥土是儿童的天性，在日常生活中我们也能经常看到幼儿玩耍的画面。

3. 本土资源

我国国土辽阔，从温带到热带，再到高原、山地，不同地区之间存在着温度和湿度的差异，自然环境的差异导致不同地域之间文化上的差异，各地区的民俗文化、传统节日、娱乐项目等都可以作为科学教育的资源内容。将这些本土资源根据幼儿的年龄特点进行选择、设计，并融入科学教育活动，不仅能给家长和幼儿带来耳目一新的感觉，而且能丰富幼儿对家乡的情感，推进地方文化的传承，丰富幼儿园科学教育的内容。

（三）家庭资源

1. 家长

家长群体的职业是丰富多样的，不同职业背景的家长能带给幼儿不同的知识和体验，家长群体当中的科学工作者、技术人员、物理化学等学科的教师，都是教师可以利用的资源。

2. 家庭科学游戏

儿童与游戏是密不可分的。游戏对于幼儿是天然需要，是幼儿生命活动中不可缺少的因素，是幼儿学习的主要形式和主要途径。没有游戏，儿童将失去属于自己的生活和乐趣。

　　在家庭资源中,家长带领幼儿开展的一系列比较简单、操作性强的科学游戏,如非牛顿流体实验、光的折射与反射等,都能让儿童在游戏过程中增强科学探究的欲望,促进其主动学习,发展幼儿进行科学学习的积极性。

知识链接

口香糖破椰子[①]

　　椰子用口香糖打开是运用了非牛顿流体本身性质的原理。非牛顿流体,是指不满足牛顿黏性实验定律的流体,即其剪应力与剪切应变率之间不是线性关系的流体。非牛顿流体广泛存在于生活、生产和大自然之中。绝大多数生物流体都属于现在所定义的非牛顿流体。人身上血液、淋巴液、囊液等多种体液,以及像细胞质那样的"半流体"都属于非牛顿流体,而口香糖也是一种非牛顿流体。

　　根据非牛顿流体自身存在的性质,当非牛顿流体受到的外力越大、速率越快的时候,它就会变得很坚硬。也就是"遇强则强,遇弱则弱"。所以当我们把口香糖做成尖锥体,再将椰子用力且快速地砸向口香糖,尖锥体形的口香糖受到椰子快速且巨大的作用,就变成了坚硬的利器,使得椰子被砸开。

【案例 8-3】　千呼万唤始出来[②]

　　材料:生鸡蛋、自来水、勺子、杯子、盐。

　　步骤:

　　(1)往杯子里加进大半杯水,放下鸡蛋,鸡蛋沉下去了。

　　(2)往水里加盐,并不停地搅拌。看一看加到什么时候鸡蛋才会浮起来。是不是有"千呼万唤始出来"的味道?

　　想一想:为什么水里加盐鸡蛋会浮起来?

　　有创意:往水里加其他东西,鸡蛋会浮起来吗?

　　告诉你:鸡蛋的密度比水的密度大,所以鸡蛋会沉在水底;水里加了盐,溶液的密度增大,浮力增大,能把鸡蛋"托"起来。

【案例 8-4】　手臂变短啦[③]

　　步骤:让孩子站立,把双手水平前伸,掌心相对,看看两条手臂的长度是一样的。让孩子保持一只手水平前伸,另一只做 30 次左右的手臂屈伸,注意双臂一定保持水平,动作幅度略为激烈。两只手臂回到前伸的状态,孩子会发现,做过运动的那只手臂突然短了好几厘米。

　　想一想:为什么做过运动的那只手臂突然短了好几厘米?

---

　　① 爆炸实验室. 5 个最过瘾的家庭科学小实验[R/OL]. http://dy.163.com/v2/article/detail/DDMM5E2D0526P2E9.html,2020-5-25.

　　②③ 豆豆魔方科学育儿. 6 个有趣的家庭科学游戏,周末陪娃 HI 不停![R/OL]. https://www.sohu.com/a/244921594_649724,2020-5-25.

告诉你：人体的关节部位或多或少都有一些空隙。手臂是由肌肉和韧带来连接的，进行了激烈的屈伸运动后，肌肉和韧带会产生暂时性的收缩，关节处的空隙也会暂时缩小，所以手臂变短了。不过别担心，过一会儿手臂就会恢复原来的长度了。

【案例 8-5】 逆流而上①

材料：鸡蛋、玻璃杯。

步骤：

（1）找一个较大的玻璃杯，杯底比鸡蛋稍大即可，把鸡蛋放进杯子中。

（2）把杯子放到水龙头下面的水槽里，杯口对准水龙头，打开水龙头。（注意：水龙头尽量开到最大）

（3）过几分钟，关掉水龙头，看看同刚才有水冲击时有什么不同。

想一想：为什么当水冲击鸡蛋时，鸡蛋会一直浮在水面，关掉水龙头，鸡蛋为什么就沉到水中了？把鸡蛋换成其他东西，比如果冻、萝卜，情况会怎样？

告诉你：当水流快速冲击鸡蛋时，会使鸡蛋产生一种向上的力，鸡蛋便浮起来了；当没有水流时，这个向上的力也没有了，鸡蛋自然就沉下去了。

（四）社区资源

1. 专业人员和热心人士

专业人员和热心人士即各行各业的技术人员、科普基地的工作人员等。教师可以在开展活动时请有关的技术人员进班，带领幼儿进行科学探究。例如，在开展"地震是如何形成的"这一科学教育活动时，可以请地震局的技术人员到场，通过模具的演示给幼儿直观地讲解地震的形成过程，还可以让幼儿了解我国目前的地震监测系统是如何运行的等知识。

2. 社会机构与组织

社会机构与组织主要包括专业科技场馆（如科学博物馆、动物园、海洋馆等）、社会公共设施（如银行、公安局、医院等）、公司与企业、行政机构（如居委会等），它们也能为幼儿园的科学教育活动提供多种帮助。如开展有关动物方面的科学活动时，就可以利用养鸡场、动物园、奶牛场等组织资源。②

自然博物馆研发幼儿园教育课程的实践与思考

【案例 8-6】 水果与蔬菜③

某幼儿园中班组织了一次认识水果与蔬菜的活动。该幼儿园坐落于小区中，幼儿园门外有许多卖水果与蔬菜的商贩。教师组织幼儿走出幼儿园参观水果摊与蔬菜摊，请商贩向幼儿介绍水果和蔬菜的名称和味道，让幼儿摸一摸、闻一闻。教师在征得商贩同意的基础上，用数码相机拍摄水果与蔬菜，也拍了幼儿与商贩叔叔阿姨们交谈的镜头。幼儿兴

① 豆豆魔方科学育儿.6个有趣的家庭科学游戏,周末陪娃 HI 不停![R/OL]. https://www.sohu.com/a/244921594_649724,2020-5-25.
② 王春燕,赵一仑.学前儿童科学教育[M].北京：高等教育出版社,2012.
③ 陈虹.幼儿科学教育与活动指导[M].北京：高等教育出版社,2013.

致很高。参观活动结束后回到班里,教师将这些照片放给幼儿看,让他们画一画看到的水果和蔬菜,说说自己最喜欢吃的水果和蔬菜是什么⋯⋯

在组织类似活动时,传统的做法是在幼儿园活动室进行,教师提前准备各种水果与蔬菜带到班里,供幼儿观察、感受。而在这个活动中,教师很好地利用了幼儿园周边的社区资源——水果摊与蔬菜摊,组织幼儿走出幼儿园大门,真实观察和感受,商贩们成为幼儿的老师,活动极大地吸引了幼儿,使他们对水果与蔬菜特征的认识更加直观、深刻。

3. 媒体资源

传统媒体资源是指书籍、报刊等文字资料,如科学儿歌、童谣、谜语、科学故事等,通过对这些儿童读物的学习,能够让儿童在教师声情并茂的教学中掌握一定的科学知识。

电子媒体资源包括多媒体、计算机、电视、电子图书馆等,多样的影视资源和文字资源能够带给儿童丰富的视觉体验,实现寓教于乐,以直观形象的方式带给幼儿丰富的科学知识。除此之外,还包括科学教育网站等,这些网站能带给教师更多的思路和想法,指导教师带领幼儿开展更多的科学小实验、小制作等。

第二节　学前儿童科学教育资源的选择与利用

各种科学教育资源不仅能够帮助教师顺利开展课堂教学,增进教学效果,更有利于方便幼儿的学习。因此,教师在教学过程中应合理选择和利用科学教育资源,使其发挥最大的作用。

本节对科学教育资源的选择和利用做出具体的分析。在教育资源的选择上要注意安全性和适合性,符合科学教育的目标,选取利于幼儿身心发展及需要的教育资源,择优选取、综合运用各种教育资源。在教育资源的利用上,本节从园内资源、大自然资源、家庭资源和社区资源四方面做了具体的说明。

一、学前儿童科学教育资源的选择

科学教育资源的种类繁多,为保证教学活动的顺利开展,在教学过程中应如何选择适合的教育资源,本节做了具体的说明。

(一)选择方便、安全,易取放易操作的科学教育资源

教育资源的选择,要适应幼儿的操作能力,选择方便、安全,利于幼儿取放和操作的教育材料。有些教育资源虽然实用性强,但超出了幼儿的操作能力,也是不可选取的。如为了让幼儿体会种豆的过程,选择农民伯伯使用的锄头和铁锹,这种方式不仅不能让幼儿很好地体会种豆的过程,反而会增加幼儿的使用困扰,增加安全隐患,给种植过程带来不便。

（二）符合科学教育目标的要求

每一种教育都有其预期的教育目标,因而在科学教育的开展过程中,为了达到科学教育的目标,要选择恰当的教育资源。如在开展"小蝌蚪找妈妈"这一主题活动时,可选择"小蝌蚪""小青蛙"等实物或图片作为辅助资料,帮助幼儿认识和了解小蝌蚪生活习性等方面的知识。

（三）选取幼儿感兴趣的教育资源

爱因斯坦说过:"兴趣是最好的老师"。选择幼儿感兴趣的教育资源,能够激发幼儿的探索欲望,培养幼儿的兴趣。如在户外活动中,教师发现幼儿对操场上的蚂蚁特别感兴趣,则可以围绕"小蚂蚁"开展一系列的主题活动,保护幼儿的求知欲。

（四）符合幼儿年龄特点

儿童的发展具有顺序性和阶段性等特点,因此在选择教育资源时,应符合幼儿的年龄特点。有些教育资源虽然非常好,但超出了幼儿的接受范围,不能发挥其良好的教育作用。如请某专业领域的专家进行讲座,虽然专家讲授的内容很丰富,但超出了幼儿的理解能力,幼儿接受不了,达不到预期的教育效果,这样的教育资源则不宜选择。

（五）符合幼儿思维发展特点

科学教育的目标之一,是为了发展幼儿的思维。因此教育资源的选择要利于幼儿的思维发展,能够启发幼儿思考。例如在"有趣的摩擦力"活动中,加入吸铁石等科学资源,诱发幼儿对吸铁石等科学资源的思考,激发幼儿的想象力和探究的欲望。

（六）利于幼儿再学习、获得长远发展

教育资源的作用不应结束在本次教学活动中,还应有利于幼儿的长期发展,激发幼儿再次进行探究的兴趣。即教育资源的使用不仅对本次活动起到了作用,更诱发了幼儿的兴趣,使幼儿有更深层次的观察和探究。如"谷雨"时节的种植活动,不能仅仅让幼儿参加种植活动,更要让幼儿参与种植后的浇水、施肥、松土、捉虫等工作,帮助幼儿了解种植的相关知识。

（七）选择适当、合理的环境

环境作为一种"隐性课程",在开发幼儿智力、促进幼儿发展等方面有着一定的影响。《幼儿园教育指导纲要(试行)》中指出:环境是重要的教育资源,应通过环境的创设和利用,有效地促进幼儿的发展。因此环境创设也是科学教育中必不可少的一方面。教师要认识到幼儿是环境的主人和使用者,在布置环境时要充分考虑到幼儿身形和认知等方面的特点,以幼儿为基准,选择适合幼儿的教育资源。如悬挂吊饰或墙饰等物品时,高度不宜过高,保证幼儿的视线可以看到;植趣角或自然角中动植物的摆放位置,也要注意方便幼儿的观察和照顾。

（八）适合园所本身的设备条件

教育资源种类多样,有些教育资源非常实用,却超出了本园的消费水平,选取这样的资源就不能达到良好的教学效果。因此教育资源的选择,也要配合本园实际的硬件条件和水平。如投影、放映等现代化的设备运用,确实可以激发幼儿的兴趣,帮助幼儿更好地了解某类知识,但园内不具备这样的设备条件,就不能加以利用。

（九）择优选择教育资源

教育资源的选择是多样的。有时,多种教育资源都可以完成一种科学教育目标,但其教学效果不同,这时则要选取最有效的教育资源进行教育活动。根据幼儿的特点选择教具时,不仅要注意教具的色彩鲜艳、可活动等特点,还要注意教具的真实性和直观性。幼儿的思维形式主要是具体形象思维,缺乏生活经验,理解力较差,因此在选用时要特别注意这一点,择优选取适合幼儿的教具。如幼儿认识水果时,则应选择实物,易于幼儿通过看、摸、闻等方式对水果有全方位的感受和认识。有时对教育资源的选择也不能一概而论,应具体问题具体分析。如幼儿认识某建筑物,与其带领幼儿参观一天,不如让幼儿观察建筑物模型,在宏观层面看到建筑物的全貌,当然与此同时,也可以配合利用一些其他的教育资源。

（十）综合运用各种资源

不是所有的科学教育活动仅通过某一种教育资源便可以达到教育目的,它往往需要多种教育资源的配合使用。如认识蚕宝宝时,可通过实物、图片、视频等多种方式使幼儿对蚕宝宝有更加深入的了解。

二、 学前儿童科学教育资源的利用

科学教育是素质教育不可缺少的重要层面。在幼儿园阶段培养幼儿对科学活动的兴趣,勇于探索、细致严谨的科学精神,有助于幼儿更好地认识和了解世界,培养幼儿初步的探究能力和解决问题的能力。科学教育资源的利用也影响着科学教育活动的开展。

对科学教育资源的利用主要包括以下四方面的内容。

（一）园内资源

幼儿园的环境中有科学教育不可缺少的知识和经验,这些经验有些是系统性、学科性的,有些则是非学科性的,它们共同营造了一个具有科学氛围的教育环境,对幼儿的科学态度、科学知识和技能、科学方法、科学行为习惯等方面有着潜移默化的影响。合理利用园内资源,从幼儿、教师和园所三方面为幼儿的发展创造良好的环境。

1. 幼儿方面

幼儿是科学教育中的一大主体,是科学教育的出发点和归宿。幼儿对这个世界充满好奇,也有着无限的潜力。幼儿的兴趣、见闻、经验和在科学教育活动中所犯的"错误"都是不可忽视的科学教育资源。充分利用这些科学教育资源,为幼儿的发展创造条件。

紧紧围绕幼儿的兴趣点来开展科学教育活动,以幼儿的兴趣为基础,在科学教育活动的基础上生成新的科学教育活动。如谷雨的种植活动开展后,幼儿发现菜叶被小虫子吃掉了,大家对这些小虫子非常感兴趣,想知道它们的名字和怎样保护这些蔬菜。由此衍生出新的科学活动——保卫蔬菜大作战。

幼儿的见闻和经验,也是科学教育活动的重要资源。首先,随着生活水平的提高,很多家庭有了外出游玩的规划,给予幼儿认识世界和增长见闻的机会。教师可以充分利用这一点,增加幼儿之间的沟通,请外出游玩的幼儿讲解自己的所见所闻。不仅能加深幼儿对游玩见闻的印象,更锻炼了幼儿的口语表达能力,其他小朋友也增长了见识。其次,随着教师对幼儿前科学经验的了解,可以及时调整科学教育活动方案的内容和难度,保证科学活动的高效进行,帮助幼儿更好地认识和了解世界。

幼儿的年龄小,各方面的能力较差,因此在科学教育活动中会表现出很多错误性的认知和行为。教师要充分了解"错误"出现的原因,找到"错误"的解决方法,将这种"错误"转化成科学教育资源。

【案例8-7】　今天我去了恐龙馆

4岁的吉祥是一个恐龙迷,喜欢各种各样的恐龙。国庆节前夕,吉祥就对大家说,放假的时候,妈妈要带他去北京看恐龙展。国庆节后,吉祥把家里的恐龙模型都带来了,在班里给小伙伴们讲他在恐龙馆看到的各种恐龙。吉祥拿着恐龙模型对大家说:"这是霸王龙,我和妈妈在看展的时候就见到了,它的叫声是这样的'啊呜～',它是食肉动物,牙齿特别锋利。"吉祥还不时地向大家提问:"我手里拿的恐龙叫什么名字?"通过这样的交流,不仅吉祥提高了口语表达的能力,小朋友们也掌握了很多恐龙知识。现在班里的小朋友们都喜欢和大家交流自己游玩的经历。

2.教师方面

教师和幼儿是幼儿园科学教育活动中的双主体,教师是教育活动的组织者和引导者,对教育活动有着调控的作用。教师的生活经验、教学经验和教师之间的沟通都对科学教育活动有着直接或间接的影响。

教师要把生活经验注入科学教育活动中,用最真实的感受讲述科学活动,使科学活动贴近幼儿的生活,便于幼儿认识和理解,对科学内容产生情感上的共鸣。如在"我们的好帮手"活动中,教师可以结合自己的生活经验向幼儿介绍各种工具的用途,如椅子坏了可以用什么工具来修,在板子上钉钉子需要用到什么工具等。这样不仅扩展了科学教育内容,还加深了幼儿对科学知识的感知,更符合幼儿的认知规律与特点。

教育经验是教师在长期教学过程中积累得出的。科学教育资源的利用要求教师要掌握幼儿的科学认知规律和特点,加强自身的科学素养,拓宽科学视野,掌握科学知识,还要求教师要善于在科学教育活动结束后总结和反思,在反思中更新科学教育理念。

教师之间的沟通和交流也是园内教育资源的重要来源之一。教师的人际圈和生活圈是不同的,教师通过沟通交流,了解到更多不同的科技知识,更新自己的科学教育理念,在教学过程中也会把这些先进的科技知识带给本班的幼儿。

3. 园所方面

班级间开展互动以及幼儿园科学教育环境的合理创设和利用,有利于幼儿在活动中,通过学习、探索逐步积累生活经验,得到充分的感官体验,取得发展。

1) 班级间活动的开展

(1) 班级资源共享

班与班之间的情况不同,因此每个班的资源也不相同,充分利用各班级的资源,积极共享。如中一班利用家长资源为小朋友带来一堂"牙齿的秘密"讲座,教师将活动安排在大教室进行,邀请全园的小朋友参加;大班的植树活动,请中班小朋友协助帮忙,邀请小班小朋友观看。这样有利于最大限度地利用资源,避免资源浪费。

(2) 依靠网络开展教育活动

网络具有高速便捷、资源丰富的特点。为了更好地开展教育活动,园所应充分利用网络优势,为每个班级配备计算机、投影仪等现代电子设备,扩大科学教育在常规教学中的比重。在科学教育活动中,教师可以在网络上查找相关信息,下载图片或视频供幼儿参考,扩宽幼儿的视野。如"努力生长的小种子"活动中,借助网络设备,让幼儿在几分钟之内观察到种子生长的全过程,把抽象的事物具体化,不仅减少了教师教学的阻力,也便于幼儿的认识和理解。

2) 园内环境的创设

(1) 创设自然角,开辟绿色家园

在教室的角落创设自然角,栽培植物,饲养动物。把这些动植物放在幼儿的视野范围内,给幼儿的探索和观察提供了一片天地,让幼儿能够逐一进行细致的观察。在这里,幼儿可以观察到水缸里的小金鱼、小蝌蚪,可以在春季饲养蚕宝宝,还可以定期给植物浇水,了解植物的生长习性。

科学教育资源不仅可以在班级内创设自然角,还可以在园所内开辟自然活动场地。对操场四周和角落加以利用,种植菠菜、麦子等农作物或蔬菜,喂养兔子或其他小动物。这些动植物都由幼儿负责照看,孩子们接触的多了,思考多了,提出的问题自然也多了。孩子们会通过查阅资料等方式想尽办法解决这些问题。在这个过程中,孩子们不仅了解了动植物的生活习性,也学会了照顾它们的一些简单方法;更为重要的是,孩子们从中学会了分工合作,学会了从更多的渠道获得信息,学会了关心自己生存的环境。

(2) 创建科学探索室

科学探索室为幼儿提供了一个探索事物奥秘,满足好奇心的空间。在这个空间中,幼儿可以利用所有的科学资源进行反复的科学探索,直至得到自己想要的答案。科学探索室不仅可以为幼儿提供内容丰富、供幼儿探索的实验材料,还可以提供一些观赏性的材料,如模型、标本等,也可以提供一些纸、塑料、玻璃、木棒等辅助性材料,供幼儿制作使用。这样的探索空间在提高幼儿科学素养的同时,也培养了幼儿的动手操作能力和合作能力,幼儿的想象力和创造力也得到了发展。

【案例 8-8】[①]

科学探索室是幼儿对科学自由探索的地方,取材方便、便于幼儿操作是教师考虑的重点。下面列举一些适合幼儿操作的科学小游戏,供大家参考。

一、不团结的液体

目标:探索两种不同的液体放在一起,会不会融在一起。

准备:油、水、颜料、小瓶。

玩法:

(1)水中放一些颜料,再倒入少许油,经晃动成两种不同颜色的液体。

(2)上下颠倒小瓶,观察、思考为什么有一种颜色始终在下面。

(3)摇晃小瓶并说:"团结友爱。"观察到混成一种颜色的液体又分成两种颜色的液体了。

二、会变的颜色

目标:知道两种颜色混在一起会变成另一种颜色。

准备:各种颜色的玻璃纸做成的"小镜子"。

玩法:

(1)用不同颜色的"小镜子"照着看外面的世界,一会儿是绿色的世界,一会儿是红色的世界,把两种颜色的"镜子"重叠在一起看,又变成了另一种颜色。

(2)用水粉颜料两两混合,结果会怎样? 玩时做好记录。

三、谁的面积大

目标:会用纽扣来测量面积。

准备:各种形状的图形,其中有的面积相同,有的不同;大小相同的纽扣若干。

玩法:让幼儿观察比较这些图形面积的大小,再用纽扣排列,通过数纽扣数量的多少来证实自己的判断是否正确。

四、看谁先沉下去

目标:培养动手能力和观察比较能力。

准备:各种纸(厚薄不同的塑料纸、牛皮纸、玻璃纸、带蜡的纸、毛边纸等)。

玩法:幼儿自己动手折纸船,折好后大家同时把纸船放进水里,观察哪条船先沉下去,探究下沉原因及不沉的原因。

五、看谁看得多

目标:知道镜子成像的现象,并发现其中的变化。

准备:长方形小镜三面,镜与镜之间用胶带连接成三面镜;小物件。

玩法:把三面镜竖起,中间放小物件,不断调整镜子之间的角度,观察探索角度的大小与镜中物体之间的关系。

(3)创设科学图书阅览室

随着科学技术的迅猛发展,仅靠课堂教学难以满足幼儿对科学技术知识的渴望。许多生活中不能亲身经历的科学现象和事物,可以通过书籍获得。园所可以充分发挥科学图书阅览室的作用,不断提高藏书量,定期定时安排每个班的幼儿到阅览室进行阅读。科

---

① 幼师分课题组.幼儿科技活动设计与指导[M].上海:上海科技教育出版社,2000.

学阅览室不仅有幼儿科学读物,还可以增设教师科学用书,让幼儿和教师都能够在阅览室中获取科学知识。

知识链接

适合幼儿阅读的科普类书籍[①]

《第一套自然科学启蒙书》《小小自然图书馆》《亲亲自然系列》《法布尔昆虫记》《我的日记系列》《西顿动物记》《野生动物大发现》《神奇的科学系列丛书》《绘声绘色科学小百科》《妙想科学》《安永一正·昆虫记》《小蜗牛自然图书系列》《戴帽子的猫科普图书馆》《神奇校车》《成长全知道》《科学全知道》《水先生的奇妙之旅》《我是科学小博士》《小牛顿科学馆》。

适合教师阅读的科学书籍

1.《学前儿童科学教育》　贾洪亮著　复旦大学出版社
2.《幼稚园的自然》　雷振清著　中国国际出版集团,海豚出版社
3.《幼儿园科学教育资源库》　施燕著　华东师范大学出版社

(二)自然资源

我国的幼儿教育家陶行知说:生活教育即以社会为学校,自然教室的范围,不在房子里,而是天地间。可见,大自然为教育提供了广阔的资源。因此,应充分利用大自然资源,为幼儿提供有益的生活经验,让幼儿走进大自然,体验自然。

1. 自然中天然材料的利用

自然界中的花草树木、土石沙砾都可以成为幼儿创作的材料。树叶、花朵、石子、细沙是幼儿认识世界、探索世界的中介和桥梁,也是幼儿进行操作和创作的绝佳材料。不同的天然材料,质地不同、属性不同、触感不同,能带给幼儿不同的创作灵感。如海边的贝壳,可以用来排序、分类和比较,也可以用于美工创作贝壳画;秋天的树叶、路边的石子等都是孩子们探索、创作的材料。幼儿在了解这些物质不同特性的同时,也获得了丰富的感性经验,体会到创作的快乐。

【案例 8-9】　秋天的落叶

秋天到了,孩子们非常喜欢去户外玩耍。看到孩子们喜欢捡拾落叶,老师请小朋友把捡到的落叶带回教室,和大家一起欣赏落叶的脉络,讲解落叶的作用,学习秋天的歌曲,并用落叶创作落叶画。孩子们利用秋天的落叶,了解到了相关的知识,落叶画也激发了孩子们的创作才能。

2. 本土资源的利用

关于科学教育内容和要求,《纲要》中多次提到了诸如利用"身边常见事物和现象""从

---

① 小桃子的春天. 适合幼儿园小班、中班、大班及小学生小朋友的科普、百科书籍[R/OL]. https://www.jianshu.com/p/6bcb79016912,2020-5-25.

生活和媒体中幼儿熟悉的科技成果入手""从身边小事入手"等要求,这是对幼儿科学教育生活化要求的具体体现。心理学研究证明,幼儿的年龄特点决定了他们对事物的认识是感性的、具体形象的;他们对物质世界的认识,常常需要以具体的事物和材料为中介和桥梁。园所可以充分利用本地的自然资源,如当地的建筑物、历史文物、地理环境等,通过身边的这些事物,向孩子展示世界的奇妙。如河北省的幼儿可以了解赵州桥的建筑原理,了解柏林禅寺和隆兴寺等寺院文化,用眼睛看一看建筑物的外形,用手摸一摸建筑物上的纹路,通过近距离地接触,让幼儿感受古人的智慧,感受家乡的发展和变化,激发幼儿对祖国、对家乡的热爱。这些都可以作为自然资源,帮助幼儿认识和了解世界。

【案例 8-10】　我们的城市

在主题活动"我们的城市"中,老师请小朋友去观察我们周边的生活环境和地理环境,并把观察到的景象通过绘图或拍照的形式给予反馈,和大家一起分享。过了周末,玲玲把她的作品带到了幼儿园,并和大家一起分享:"我画的是滹沱河,就在我们城市旁边。周末时,我和爸爸妈妈去那儿玩了。那条河特别宽,水是蓝色的。爸爸说滹沱河有几百年的历史了,特别长,一直流到大海里。这条河非常漂亮,欢迎小朋友们也去那儿玩。"

我们的城市中不仅有高楼大厦,也有自然景色。通过这次活动,孩子们也看到了我们城市的另一面,对我们生活的环境有了更加全面的认识。

3. 自然环境的利用

大自然气象万千,千姿百态,是一部生动、形象的百科全书。在自然界中,幼儿能够切身体会到天气的变化、四季的更迭,这些都是科学教育中的自然资源。春天绿草如茵,夏天百花齐放,秋天落叶飞舞,冬天雪花飘飘。教师要抓住时机,充分利用自然资源,引领孩子们走向大自然,用自己的眼睛发现世界、认识世界。如冬天的雪花,教师可以带领孩子们堆雪人、打雪仗,在享受雪花带给我们快乐的同时,了解雪花的结构和作用;夏天雷声隆隆、倾盆大雨,教师可以带领幼儿欣赏雨过天晴后的天边彩虹,一起探寻彩虹的秘密。

（三）家庭资源

幼儿的科学学习内容主要是通过与周围世界的接触而获得的。幼儿在 3 岁前的主要生活环境是家庭,接触最多的就是父母。因此,父母是幼儿的第一任科学启蒙老师,而家庭是幼儿最早的科学教育环境。很多家长认为幼儿进入幼儿园后,主要的教育任务就应该由老师来完成,尤其是科学教育,因为多数科学教育资源都集中在幼儿园,家庭中很少甚至没有资源。其实并不是家庭中缺乏可利用的科学教育资源,而是家长们对科学教育的内容不熟悉,忽视了生活中的细节,在日常生活中有很多科学教育资源有待家长们利用。

长宁幼教"童趣课程"引领亲子玩转科学小实验

1. 日常生活中的资源利用

1) 日常互动

幼儿的年龄小,对周围的一切充满好奇。在日常的沟通交流中,很多幼儿会提出各种各样的疑问,如:这是什么? 刚是什么声音? 为什么呢? 家长应正确对待幼儿的好奇、好

问,鼓励、支持幼儿的探索活动,不打击幼儿的积极性,耐心地为幼儿答疑解惑。如在马路上见到一辆洒水车,孩子对这辆车表示出了极大的兴趣:"妈妈,这是什么车啊?""为什么叫洒水车呢?""它为什么会出水呢?""为什么要让环境更好呢?""为什么我们家的车不出水呢?""为什么它还要唱歌呢?""为什么要提醒其他人呢?"这种情况在生活中经常发生,通过孩子一连串的问题可以看到孩子对这辆车是感兴趣的,因此,家长要抓住机会,耐心并认真地回答问题,满足幼儿的好奇心。

除了和幼儿的日常聊天之外,孩子在家中的日常表现也是重要的科学教育资源。当孩子对某些事物感兴趣时,他们的表现会比较明显,如不停地摆弄感兴趣的玩具,一直盯着某些东西看,乐此不疲地重复着某一动作等,这些都是幼儿好奇的表现。在日常生活中,家长首先要做的是关注幼儿的生活,关注幼儿的探索活动,这样才会发现幼儿的兴趣点;其次家长应允许幼儿进行独立的探索,并为幼儿提供必要的物质支持;再次,幼儿探索过程中出现了问题,家长应及时发现并给予帮助,引导幼儿找出事物之间的关联,克服困难,共享探索活动的乐趣;最后,家长也可以根据幼儿的兴趣点带领幼儿读一些科普类书籍,观看科普类的电视节目,周末带幼儿参观科技展览等。如:家长发现下雨时幼儿喜欢盯着窗外的雨水看,在保证安全的情况下,家长可以带幼儿去雨中走一走,也可以在雨后带着幼儿去踩踩水,给幼儿一个近距离接触水的机会,也可以带幼儿查阅一些关于下雨的科学知识。

2）废旧物品

家庭中的很多生活用品就是消耗品,这些消耗品就是丰富的物质资源,可以作为幼儿探索世界的工具。因此,当生活中产生这些废旧物品时,家长不要急着丢掉,可以把它们变成实验物资,放到孩子的面前,让孩子去探索和实验。空塑料瓶、塑料袋、木块等废旧物品都可以作为孩子实验的材料。如报废的自行车轮胎,可以让孩子探索平衡力;用空瓶子探索声音的秘密;把用过的纸张做成风车,探索风的秘密;废旧的手机、录音机等电器,让幼儿探索它们的内部构造等。

【案例 8-11】 纸杯变传声筒

家里的客人走后,看着爸爸要丢掉的一次性纸杯,4 岁的明明说:"这么多的纸杯都要丢掉吗?它们还可以用吗?"爸爸听后想了一下说:"纸杯用过就不干净了,为了大家的健康只能丢掉。不过,我们还可以把纸杯再变一下。"于是,爸爸带着明明把纸杯简单地清洗后,用一团毛线把纸杯变成了传声筒。明明觉得传声筒很神奇,不仅走到哪都带着传声筒,还提出了新的问题:为什么纸杯可以传声?是用什么传过去的呢?可以传很远很远吗?随着新问题的提出,新一轮的探索又开始了,爸爸不仅耐心回答了明明问题,还和明明一起查阅资料,了解到了很多关于声音的秘密。

分析:家长把废旧的纸杯重新利用变成了传声筒,让幼儿探索声音的秘密。这种方式贴近生活,在玩的过程中也让幼儿了解了声音的秘密。

3）了解家庭成员的职业

家庭成员的职业是幼儿在日常生活中最易获取的科学教育资源。在生活中,幼儿经常会回答父母叫什么、是做什么工作的、电话号码是多少、家庭地址等常见问题;幼儿最先接触到的职业是父母的职业,最先了解的也是父母的职业。家长要充分利用自身的优势,把自己以及家庭成员的职业背景和专业知识作为科学教育资源,对幼儿进行科学教育。如:父母是医生,则可以让幼儿了解一些医学方面的知识;家人是公交车司机,则可以带着幼儿了解公交车的内部结构、安全措施和乘坐公交车的注意事项;家人是科技馆的工作人员,则可以在节假日带幼儿参观科技馆,并讲解有关的科技知识。

【案例 8-12】　幼儿园的消防车

涵涵的爸爸在消防大队工作,涵涵经常会在幼儿园和大家讲爸爸的工作。每次说起爸爸的职业,涵涵一脸骄傲,夸爸爸是个大英雄。孩子们也总是听得入迷,一脸崇拜的样子。涵涵爸爸了解这件事情后,经过与各方面协商,把消防车开进了幼儿园,为全园的小朋友讲解消防知识、消防车的构造,进行灭火演习。涵涵爸爸还邀请小朋友走进消防大队,让孩子们和消防来了一次近距离的接触。

分析:家长充分利用职业的优势,不仅为自己的孩子讲解消防的知识,更把消防车开进了幼儿园,为幼儿园的小朋友讲解消防知识,极大地避免了资源浪费。

4)走出家庭,走进自然

多带幼儿走出家庭,走进大自然,引导幼儿观察大自然。在休息的时候带幼儿去公园走走,观赏公园的一草一木;在惊蛰时节,带幼儿到户外寻找春天的虫子,和虫子来一次亲密接触;到农田和农民伯伯一起劳动,享受劳动果实;带幼儿乘坐各种交通工具,体验不同交通工具带来的感受;带幼儿上街走走,引导幼儿观察马路上行驶的车辆;有能力的家庭还可以带幼儿到全国各地走一走,带幼儿领略不同的风土人情和自然景色。通过一系列的出行活动,不仅开拓了幼儿的眼界,更活跃了幼儿的思维,引导幼儿关注身边的变化。

2. 关注园所活动,促进家园合作

很多家长认为孩子进入幼儿园后,自己教育幼儿的压力就减轻了。这些家长没有认识到家庭教育的重要性,忽视了家庭在幼儿成长过程中的作用。幼儿进入幼儿园后,家庭仍然是教育的重要途径,尤其是科学教育。幼儿可以把在幼儿园学到的科技知识、技能和经验方法带回家中,在家人的鼓励和支持下,自如地运用、练习。家长也要关注园所的科学活动,启发幼儿叙述学到的科学知识或科学小实验等活动,支持幼儿在家中开展科学实验和科学小游戏。同时,家长也要支持园所开展的科学教育活动。如:幼儿在幼儿园学到了关于种植种子的方法,在家长的支持下,幼儿也可以在家中进行种植;幼儿叙述科学活动的内容时,家长要认真倾听,支持幼儿在家中开展的科学活动;幼儿园安排各类讲座活动时,有能力的家长要积极支持。

(四) 社区资源

人类作为社会的成员,从出生起无时无刻不受到社会环境的影响,社会的导向和发展情况也影响着幼儿的认知,影响着幼儿的教育发展方向。

改革开放四十多年来,特别是党的十八大以来,党中央十分重视教育事业的发展,先后提出了科教兴国战略、人才强国战略和创新驱动发展战略。习近平总书记在十九大报告中指出:"建设教育强国是中华民族伟大复兴的基础工程",把教育放在优先发展的战略位置上。要真正实现教育强国,必须从小抓起。当今,全国上下高度重视教育,各种先进的科学知识和科教资源不断进入人们的视野,这为幼儿创设了一个便利的科教环境,为幼儿提供了更大的科教平台。

1. 社区中的自然资源

1) 与自然界中自然资源的区别

自然资源是大自然的馈赠,它并不只存在于自然界中,在我们生活的社区周围也有着非常丰富的自然资源。本文中提到的自然资源与前文中提到的自然界中的自然资源有所区别,主要体现在内容的侧重点和范围上。

首先,二者内容的侧重点不同。自然界中的自然资源主要包括大自然的四季更迭、天气变化、风雨雷电以及花鸟鱼虫等,这些都是自然生长的,是自然界的产物,少有人类劳动的痕迹;而社区中的自然资源则主要指有人类劳动痕迹的花鸟树木、自然现象等,如社区中的草坪,饲养的鸟类、宠物,种植的蔬菜、农作物等。

其次,二者的范围不同。自然界中的自然资源是广阔的,它可以是世界各个地方的地形地貌、气候特点,如非洲的沙漠、江南的丘陵、东部的平原等,涵盖的范围较广;社区中的自然资源主要以幼儿的生活圈为主,涵盖的范围较小,主要指幼儿生活附近的绿地、河流以及生活在此的动植物,如社区里的草坪、公园里的树木、居住地附近的溪流、马路边发现的小蚂蚁等。

2) 社区中自然资源的利用

在经济高速发展的今天,幼儿接触世界的方式越来越趋向于手机、计算机、电视等现代化的电子产品,幼儿与大自然的距离越来越远。利用自然资源是幼儿接触社会、了解科学知识最有效的途径,且社区中自然资源的利用比较方便,对幼儿的吸引力远大于各种玩具。社区中的自然资源不仅包括植被资源,还包括动物资源。在城市中,可以利用社区中的公园、绿地,小区楼下的草坪、绿化以及小动物,对幼儿进行科学教育;在乡村中,则可把溪流、池塘、田野、农民伯伯种植的土地作为科学教育的内容。

【案例 8-13】 菜叶上的蚂蚁

谷雨种植活动后,张老师带着小朋友观察本班种植的蔬菜。木子小朋友突然喊道:"大家快来看,菜叶上有一只蚂蚁!"小朋友们蜂拥而至,兴致盎然地观察小蚂蚁。张老师认为这是渗透科学教育的机会。在观察一段时间后,召集大家一起谈论刚才的发现。有的小朋友说蚂蚁是坏的,因为它把菜叶都吃光了;有的小朋友则有不同的看法。看着孩子们的兴致高涨,张老师决定开展关于"益虫和害虫"的主题活动,让孩子们走进社区的绿化带、草坪、公园,寻找认识各种益虫和害虫,并把它们带到幼儿园,和小朋友一起观察。

分析:老师利用幼儿在菜叶上发现蚂蚁这件事作为科学教育的切入点,充分利用社区资源,让幼儿寻找、认识各种益虫和害虫,并把它们带到幼儿园,养放于自然角中。

2. 物力资源

为了丰富人们的生活,各社会团体、社会组织创建了各种各样的活动场所和设施,如自然博物馆、科技馆、天文馆、气象台、图书馆等,为幼儿提供了参观和活动的机会,家长和教师要充分利用这些资源,在节假

让幼儿园博物馆教育实践活动更有价值

日或班级组织活动时,带幼儿进行参观,让幼儿感受科学技术的奇妙,萌发对科学的兴趣。

社区中的很多公共场所同样是重要的资源,如菜市场、超市、花卉基地等。这些场所看似普通,却集合了生活中我们所需的所有物品,也为教师进行科学教育提供了方便。家长带幼儿去菜市场买菜的同时,也给了幼儿认识各种蔬菜的机会;花卉基地可以让幼儿认识不同的花卉品种;超市更是一个百宝箱,可以让幼儿认识到更多的物品。

【案例 8-14】 水果蔬菜我都爱

李老师发现本班挑食的孩子很多,尤其不喜欢茄子、芹菜、苹果。针对这种情况,李老师开展了"水果蔬菜我都爱"的活动。为了让孩子有更加直观的感受,李老师和孩子们来到了菜市场,各种各样的果蔬看得孩子们眼花缭乱。在菜市场,孩子们不仅认识了各种各样的蔬菜和水果,了解了它们的营养价值,还和卖菜、卖水果的叔叔阿姨交流。孩子们在获取知识的同时,也学会了尊重劳动者、爱惜粮食。

分析:教师充分利用社区资源的优势,让幼儿在认识和了解果蔬种类以及作用的同时,培养了幼儿不挑食的良好习惯。

3. 人力资源

社区中不仅有丰富的自然资源和物力资源,人力资源也是社区资源中一部分内容,在科学教育中发挥着巨大的作用。社区中的家庭成员从事着多种职业,其中很多的爱心人士愿意把自己的职业经验和专业知识带给孩子们,为科学教育出一份力。在幼儿园的教学过程中,教师受自身条件限制,很多专业问题无法解决,这时便可以邀请社区中的一些专业人士到幼儿园来为幼儿解答,也可以聘请专业领域的人员,为幼儿学习科学知识、掌握科学方法创造更优质的条件。

【案例 8-15】 我的牙齿

很多家长向老师反映:孩子喜欢吃甜食,不爱刷牙,好不容易刷次牙还不认真,都有蛀牙了。老师和孩子们谈过很多次,但效果不太理想,孩子们依旧是三天打鱼两天晒网。针对这种情况,老师希望通过一次专业的牙齿讲座,让幼儿爱护牙齿,认识到刷牙的重要性。于是,老师联系到了在医院工作的溪溪妈妈。溪溪妈妈不仅讲解了牙齿的相关知识,把专业的牙齿模型带到了幼儿园,还为小朋友们检查了牙齿。经过这次活动,家长们普遍反映孩子们刷牙比之前认真了许多。

分析:邀请医务工作者来园开展讲座,为孩子们讲解专业的牙齿护理知识,弥补了教师相关专业知识的不足,也满足了幼儿的求知欲望。

除了社区人员可以为幼儿提供科学教育,社区中的组织机构和相关部门也可以为幼儿提供科学教育。首先,社区中的各组织机构会定期开展各种各样的科学活动,这些活动可以为幼儿园的科学教育提供一定的支持。如在"保护我们的地球"主题活动中,恰好社区的管理委员会在开展保护环境的活动,园所可以和社区管理委员会合作,让幼儿走进社区,捡拾垃圾、宣传环保知识。其次,各教育部门和组织机构会开展各种科技竞赛和科技宣传等活动,教师和家长可以带领幼儿参加社区组织的科普活动,也可以带领幼儿观摩或参加竞赛,开阔幼儿的眼界,激发幼儿的兴趣。

第三节 学前儿童科学教育资源的管理

科学教育资源是开展科学教育活动的中介和桥梁,幼儿根据直观感受认识科学世界,这需要幼儿与社会、自然、现代科技有广泛的接触。在现代教育中,教师出于安全的考虑,很少将孩子带出幼儿园,幼儿大部分的时间是在幼儿园里度过的。因此,孩子们接触社会,外出参观、游玩的机会比较少。为了给孩子一个科学认知空间,我们要设置一些能够供幼儿及时观察和发现的活动场所,让幼儿在其中获得有关科学知识的感知经验。

幼儿园可设置的科学活动区有种植园地、饲养角、气象角、科学角、自然角、科学发现室等。要充分发挥这些活动区的作用,教师不仅要有目的、有计划地指导幼儿进行科学教育活动,更要精心地管理这些科学活动场所。

本节对科学教育资源管理的论述分为三方面,分别是幼儿园园地、自然角以及科学活动室。较为详细地介绍了幼儿园园地、自然角的概念、作用、内容、活动过程以及管理,对科学活动室的配置和管理原则也做了具体的说明。

幼儿园"科学游戏共享体验场(SGSEP)"的理论模型构建与实践探索

一、 幼儿园园地的管理

(一)幼儿园园地概述

1. 概念

幼儿园园地是指房舍以外的场地,是为幼儿在室外创设的学科学的环境。包括环境的绿化、美化,以及草地、花坛、小菜地、动物饲养角、水池、沙箱等设置。[①]

2. 作用

幼儿园园地是幼儿室外活动的主要场所。绿化好的园地可以为幼儿提供优美的游玩环境,同时也美化了园所环境;幼儿在园地进行采拾树叶、看蚂蚁搬家等活动,丰富了幼儿对大自然的感性认识;幼儿在饲养角、种植园地的劳动可以培养幼儿养成良好的劳动习惯,使幼儿学会一些简单的劳动技能,还可以对动植物的生长习性进行观察和了解;丰富的园地环境不仅能拓宽幼儿的视野,还可以培养幼儿爱护大自然、关爱动植物、热爱生命的态度和欣赏美的能力。

3. 内容

1) 种植园地

(1) 花园和草坪

花园是幼儿园最具美化效果的场所。花园最好的绿化效果是春天有花,夏天有荫,秋天有果,冬天有绿。天气温暖的南方城市,花园可以做到四季花开。在北方,则可以让幼

---

① 施燕. 学前儿童科学教育[M]. 上海:华东师范大学出版社,1999.

儿在春天看到树木发芽,百花齐放,百鸟争鸣;在炎炎夏日,跑到枝繁叶茂的大树底下躲避骄阳;在天高云淡的秋天看落叶飞舞,果实成熟;在冬天看迎风傲雪的梅花、松树等植物。这样,幼儿在幼儿园内便可以感受四季的变化。

草坪是幼儿最主要的室外活动场所,也是幼儿最喜欢的地方之一。草坪要选择密集矮小、生命力强、耐践踏的草种,一般多选择爬根草、结缕草等;如果草坪是在树荫下,则多选择耐阴的草种,如地毯草、野牛草等;在草坪的周围也可以种植一些高大的乔木或矮小的灌木,也可以在草坪的篱笆、围墙等处种植一些藤蔓植物,尽量使植物的种类多样化。

（2）菜地

菜地是培养幼儿劳动习惯、学习劳动技能、认识自然植物生长环境的重要场所,可以在幼儿园内选择一块阳光充足、偏僻、空旷的地方作为菜地。如果园内场地较小,不适合大面积开辟菜地,也可以在墙边或利用木箱、瓦盆等容器在阳台、走廊旁边种植。菜地的大小根据幼儿园条件以及幼儿的自身条件灵活掌握,形状可以是长方形,也可以是圆形、三角形等。

菜地里种植的蔬菜应选择幼儿所熟悉的,且具有顽强生命力、生长周期短、管理方法简单、对土质要求不高的品种。幼儿园常栽种的蔬菜有:青菜、菠菜、苋菜、萝卜、胡萝卜、马铃薯、大蒜、黄瓜、西红柿、茄子、辣椒等。

有条件的幼儿园不仅可以开辟菜地,还可以建果园、农场,种植一些常见的果树和粮食等农作物,根据当地的气候、土质和地势选择种植品种。或者建水池,种植荷花、睡莲等水生植物,还可以在水池中放养金鱼等小动物。

2）饲养角

活动室内的自然角受场地的限制,只能饲养少数的小动物,因此,在室外建立饲养角则显得尤为重要。饲养角是在幼儿园室外的一角设置一些房子或小棚,供幼儿饲养动物。

饲养角的选择上要注意远离幼儿的活动室,选择地势较高、通风较好、比较干净的安静地方。

饲养角的布置上,可以根据不同动物的生活习性,制作不同的饲养箱和笼子,并加以装饰,使其富有童趣。有条件的幼儿园还可以专门留出一块场地,建造一些造型充满童趣的动物房,涂上艳丽的色彩,如蘑菇形状的房子等。

饲养角在动物的选择上,应充分考虑幼儿的年龄特点,选择一些活泼可爱、性格温驯、喂养容易、管理方便的动物,如兔子、山羊、小鸡等;也可以选择一些适合笼养、叫声动听的鸟类,如画眉、鹦鹉、黄鹂等。在动物的选择上,还要考虑到动物之间是否有敌意,是否对其他物种有敌意等问题。

3）气象角

气象角是供幼儿对气象要素进行观测,让幼儿了解天气情况的场所。天气的变化对于幼儿来说既是具体的又是抽象的。幼儿知道天气有冷有热,有时刮风,有时下雨。但幼儿对于今天和昨天的温度有何不同,今天和昨天的风向有什么不一样,却难以感觉到。气象角的设施能把幼儿的感觉具体化,让幼儿感觉到天气具体的变化,通过对温度计、雨量器、风向标等物品的使用,使幼儿学会一些简单的观测方法,培养幼儿的动手操作能力。

气象角的位置应选择在幼儿园内远离建筑物和树木,开阔平坦的地方,内有百叶箱、

风向标、雨量计、温度计等最基础的测量气象的设施。

(二) 幼儿园园地的活动过程

1. 材料的准备

在园地进行劳动,要选择适合教师和幼儿的劳动工具,教师选用成人的劳动工具,幼儿则选用小巧、轻便的劳动工具。在劳动时不一定所有的工具都人手一件,有些常用的工具可以人人都有,有些工具则可以几个人一件或每组一件,如小推车等稍大型的劳动用具。常用的劳动用具有锄头、铁锹、水壶、水桶、小推车等。

2. 活动的分工

劳动场地的工作有些是必须教师亲自完成的,有些可以师生协作完成。如菜地的准备工作,需要教师根据地势地形、气候条件、园地大小和幼儿的情况来开垦菜地、施好肥料,幼儿的工作是除杂草、浇水、捡石子;根据动物的生活习性和特点,教师布置好动物房,准备适合的喂食器,幼儿的工作是粉刷动物房,打扫物房卫生或给动物铺上杂草。

3. 活动的内容

为了让幼儿成功地种植植物和饲养动物,教师在进行园地活动时要有计划性和目的性,根据当地的气候特点、园所环境以及幼儿的操作能力,来确定活动的内容,学习正确的种植、养殖方法,了解各种小动物的生活习性等。也可以向当地有经验的专业人员请教,或从书中找到答案。

4. 活动的指导

在劳动开始前教师要确定观察目标,制订观察计划,有始有终地进行种养活动,不能半途而废。种植失败了,总结经验,重新再来;种植成功了,与幼儿分享成功的喜悦。在日常生活中,教师也要引导幼儿对观察对象进行细致的观察,给幼儿充足的观察时间,并做好记录。鼓励幼儿发现问题,一起寻找解决问题的方法。在观察对象发生关键性变化时,要及时组织全体幼儿进行观察。只有这样,幼儿才会对观察对象有更加全面的了解和认识。

在活动过程中,教师要根据幼儿年龄特点,把种养方法、劳动技能和观察方法等通过逐步示范或整体示范的方式教给幼儿,指出幼儿普遍存在的问题。鼓励幼儿多动手、勤练习,熟练地掌握方法和技能。这些方法同样也可以运用到其他的劳动中,解决生活中的一些实际问题。

在活动结束后,教师要及时与幼儿分享成功的果实,组织幼儿回顾过程,总结经验教训。教师也可以带领幼儿把收获的果实分享给其他班级的小朋友,培养幼儿的分享意识。同时教师也要做好反思整理工作,总结本次活动中的优点和不足,争取在下一次的活动中,能够带给幼儿更优质的活动,促进幼儿身心发展。

(三) 幼儿园园地的管理内容

1. 幼儿园园地环境的管理

干净整洁的环境可以愉悦人们的身心。卫生是幼儿园园地的一项重要管理内容,要定期打扫园地的卫生。首先是地面的整洁,要经常清扫。尤其是秋天,落叶飘飘确实很美,但地面上过多的枯叶也影响美观,因此要及时清扫,保持地面的干净。其次,保证水池的水质。水池中的水要经常更换;幼儿戏水池的水更要定期消毒,以免水质变差,影响幼儿的健康。再次,沙箱中的沙子也要定期清理,除掉沙子中的杂物,沙坑中的沙子要在雨后定期翻晒。最后,饲养角的动物房间要定期打扫,及时清洗,除去房间内的粪便和剩余食物,保持房间的干净。

2. 幼儿园园地内容的管理

幼儿园园地的内容要根据幼儿园的现实条件和幼儿的情况来制订。园地的内容和布局也可以做适当的调整。如园内饲养的动物和种植的植物可根据季节的变化以及幼儿的需要适时调整。春天可以种菠菜、油菜,夏天种玉米、丝瓜,秋天种小麦、大白菜,冬天种胡萝卜。有变化的种植内容,可以激发幼儿的好奇心,引起他们的兴趣和探索欲。如花盆中的鲜花,可以通过摆放位置和花卉品种的变化,组合成不同的形状。

3. 园地内动植物的日常管理

教师要制定日常管理制度,对园地内的动植物进行日常管理。园地的劳动和动物的饲养不是一朝一夕的事情,具有连续性,是每天都要进行的活动,因此教师要根据动植物生长规律和生活习性制订详细的计划,让幼儿参与日常的照顾和管理。确定需要幼儿独立完成的任务、需要部分由幼儿完成的任务以及需要师生共同完成和教师亲自完成的任务。也可以建立值日生制度,根据幼儿的年龄特点分配任务,组织幼儿轮流负责。在周六日及放假期间,要采取各种措施保证动植物的健康成长,可以交由幼儿带回家照顾,也可以请门卫叔叔进行照看。幼儿园种植的花草、树木和饲养的小动物,也可以有专门的人员负责,在最大程度上保证动植物的长期生长和存活。

4. 幼儿园园地内硬件设备的管理

园地的硬件设施是顺利进行科学教育活动的物质保证,要经常对园地的建筑物和其他设备进行检查和修复。在长期的使用过程中,劳动工具会有一定程度的磨损和老化,为了保证幼儿的安全,应定期对劳动工具进行检查,排除不安全因素;动物房和栅栏的牢固程度也需要定期检查和维修;由于幼儿的年龄较小,各方面能力较弱,对未知事物的判断不准确,在劳动过程中不能左右兼顾,因此也要保证地面的平整,以免发生意外事故。

知识链接

常见植物栽培方法

1. 月季

月季被誉为"花中皇后",寓意为坚韧不屈,花香悠远。月季为蔷薇科,蔷薇属有刺灌木,呈蔓状或攀援状,常绿或落叶灌木,直立,茎为棕色,具钩刺或无刺,也有几乎无刺的。小枝绿色,叶为墨绿色,多数羽状复叶。花朵常簇生,花色甚多,色泽各异,直径4~5厘米,多为重瓣,也有单瓣者。

月季的适应性强,耐寒耐旱,对土壤的要求不高。喜光,但过多的强光直射又对花蕾发育不利,花瓣易焦枯;喜温暖,气温在22~25℃最为适宜,夏季高温对开花不利。

月季喜欢日照充足,空气流通,排水良好而避风的环境,盛夏需适当遮阴。多数品种最适宜白昼 15～26℃、夜间 10～15℃。较耐寒,冬季气温低于 5℃ 即进入休眠。如夏季高温持续 30℃ 以上,则多数品种开花减少,品质降低,进入半休眠状态。一般品种可耐 —15℃ 低温。

月季是一种十分喜阳的植物,如果光照不足,是很难做到月月开花的。总的来说,只要抓住了以下几个关键,就能使月季月月开花。

(1)日照一定要长。种植月季的地方,一定要既通风,又能获得半天以上的日照。这是它能开得花繁如锦的首要条件。

(2)要常修剪。日照条件虽好,但长期不修剪,月季也长不好。修剪的方法是:每年 12 月后月季叶落时要进行一次修剪。

(3)施肥次数要多而及时。一般新种或移植的盆栽月季,用腐殖质而疏松的黄土就可栽培,最好拌以 1/4 砻糠灰或少许蚕豆壳、豆饼或鸡鸽粪等,使月季能不断从土中吸收氮磷钾等各种营养。

(4)注意消灭虫害。春天时月季易生蚜虫,可用烟蒂浸水或百虫加水稀释后喷之;夏季易生黑斑病和白粉病,都因过于潮湿闷热所引起,轻度的可摘去部分病叶,严重的可隔 10 天左右喷洒波尔多液或托布津、灭菌灵等 2～3 次防治。

(5)换盆。月季不必每年换盆、翻盆;如是小盆换大盆,一年四季都可进行。

2. 牡丹

牡丹,芍药科芍药属。落叶小灌木。叶纸质,通常为二回三出复叶,小叶常 3～5 裂。初夏开花,花单生,大型,白、红或紫色。雌蕊生于肉质花盘上。原产中国西北部,久经栽培,为著名观赏植物。

牡丹适宜疏松肥沃,土层深厚的土壤。土壤排水能力一定要好。盆栽可用一般培养土,土性为中性或中性微碱土。谚语说:"牡丹宜干不宜湿"。牡丹是深根性肉质根,怕长期积水,平时浇水不宜多,要适当偏干。栽培牡丹基肥一定要足,基肥可用堆肥、饼肥或粪肥。通常以一年施三次肥为好,即开花前半个月浇一次以磷肥为主的肥水;开花后半月施一次复合肥;入冬之前施一次堆肥,也确保第二年开花。牡丹耐寒,不耐高温。华东及中部地区,均可露地越冬,气温到 4℃ 时花芽开始逐渐膨大。适宜温度为 16～20℃,低于 16℃ 不开花。夏季高温时,植物呈半休眠状态。谚语说:"阴茶花,阳牡丹"。牡丹喜阳,但不喜欢晒。地栽时,需选地势较高的朝东向阳处;盆栽应置于阳光充足的东向阳台,如放南阳台或屋顶平台,西边要设法遮阴。

(资料来源:施燕. 幼儿园科学教育资源库[M]. 上海:华东师范大学出版社,2012.)

3. 牵牛花

牵牛花又名喇叭花、裂叶牵牛,是一年生蔓生草本。叶互生,心脏形。花 1～3 朵腋生,花大,花冠呈漏斗形。花瓣有平瓣、皱瓣、裂瓣等类型;花色繁多,以红色为常见。花朵早晨开放,中午前后凋萎,为夏秋开花的蔓性草花。

牵牛花适应性强,对气候、土壤要求不高。喜阳,耐干旱。适量施肥,使其叶绿花茂。全国各地都有栽种。

牵牛花用种子繁殖。当 4—5 月在 15～18℃ 时进行播种,播种前可预先浸种 1 天,再

进行播种。播种时每穴播种 2～3 粒种子,土壤保持潮湿,10 天左右发芽;长出 1～2 片真叶时,即可定植于花盆或园地。花盆里的泥土或园地土壤,最好选用排水良好、疏松肥沃的园土。炎日夏天,每日早晚浇水,保持土壤湿润,每月施一次肥料(如施用 5 倍水的腐熟人畜粪尿液)。当幼苗长出 4～5 片叶子时进行摘心,使侧芽生长,增多分枝。幼苗长到 30 厘米左右时,攀附在小型的花架、棚架、墙下等,能形成小型的庇阴花架。牵牛花是幼儿园适宜种植的草本花卉。

(资料来源:《幼儿科技活动设计与指导》幼师分课题组. 幼儿科技活动设计与指导[M]. 上海:上海科技教育出版社,2000.)

4. 菠菜

菠菜,藜科菠菜属一年生或二年生草本植物,又称菠薐、波斯草。以叶片及嫩茎供食用。原产波斯,2000 年前已有栽培。后传到北非,由摩尔人传到西欧西班牙等国。菠菜 647 年传入唐朝。菠菜主根发达,肉质根红色,味甜可食。菠菜属耐寒性蔬菜,长日照植物。中国北方也有冬天播种、来春收获的,俗称埋头菠菜。

选择疏松肥沃、保水保肥、排灌条件良好、微酸性的土壤进行种植。菠菜地一般采用撒播。畦面浇足底水后播种,用齿耙轻耙表土,使种子播入土,畦面再盖一层草木灰。春菠菜在开春后气温回升到 5℃ 以上时即可开始播种,3 月为播种适期;夏菠菜于 5—7 月分期播种;秋菠菜于 8—9 月播种;越冬菠菜于 10 中旬—11 月上旬播种。夏、秋播种于播前 1 周将种子用水浸泡 12 小时后,放在井中或在 4℃ 左右冰箱或冷藏柜中处理 24 小时,再在 20～25℃ 的条件下催芽,经 3～5 天出芽后播种。冬、春可播干籽或湿籽。

(资料来源:《幼儿园科学教育资源库》幼师分课题组. 幼儿科技活动设计与指导[M]. 上海:上海科技教育出版社,2000;360 百科[R/OL]. https://baike. so. com/doc/5331046-5566221. html # refer_5331046-5566221-9128352,2020-5-25.,并加以删减)

5. 丝瓜

丝瓜是一年生蔓生草本。攀援茎,卷须分叉。花为单性花,花冠黄色,雌雄同株。果实未成熟时肉质呈圆筒形、长棒形,成熟干后形成瓜络。种子黑色或白色,扁平光滑。

丝瓜适宜高温、潮湿的气候,最适宜在有机物较多和保肥较强的黏性土壤里生长。可选择平房或可攀援的棚架旁,任其茎攀援。

丝瓜用种子繁殖。种子应选粒大、饱满、无病虫害的种子。园地平整后,施足底肥。株距 25 厘米左右。每穴播种子 3～4 粒,盖土 3 厘米左右,浇透水。也可用花盆种植。播种后一周左右幼苗长出两片真叶时,选择粗壮的幼苗,除去弱苗、病苗。在生长发育期间,应拔草、松土、浇水、每半月施肥一次。丝瓜在开花结果期间发育很快,鲜嫩的丝瓜应适时采收,作蔬菜食用。成熟的丝瓜晒干后成为瓜络,可用来清洗盆碗家具等。

种植黄瓜、冬瓜、南瓜的方法与种植丝瓜的方法相同,唯黄瓜需架人字形架。

6. 番茄

番茄是一年生草本植物。根系发达。茎较柔软,尤其是蔓性品种容易倒伏,应搭架扶持,以免果叶的腐烂。叶为羽状复叶。花小,黄色。果实多汁,营养丰富,富含维生素C。形状有圆形、扁圆形等,颜色有红色、黄色或粉红色等。种子在果实内,扁平、灰黄色。番茄喜温暖气候,不耐寒;幼苗在轻微的霜冻环境下都会冻死。

番茄用种子繁殖。一般在 4 月上中旬(无霜期后)播种。播种后半月左右,幼苗长到

10~15 厘米时移栽。园地或盆栽泥土,应是土层较厚、排水良好的沙土壤。幼苗移栽后,生长很快,每半月左右追施肥料(腐熟人粪尿)一次,但不宜施过多氮肥,应适当增施磷肥、钾肥,如骨粉、磷矿粉等。磷肥能促进根系生长,提前开花结果。钾肥可增强植株的抗病力。番茄适合全国各地栽培。

7. 小葫芦

小葫芦果实形状可爱,精巧奇特,点缀于绿叶丛中,颇为美观悦目;成熟后可作玩具,深受幼儿喜爱。因此,可作为幼儿园长廊或棚架的首选品种。

小葫芦喜阳光充足的温暖气候,喜干燥环境及排水良好的肥沃土壤。茎有软毛,叶片心脏形,单性花,花期 7—9 月。果实上室小,下室大,盛果期 8 月。

(资料来源:《幼儿科技活动设计与指导》幼师分课题组. 幼儿科技活动设计与指导[M]. 上海:上海科技教育出版社,2000.)

二、 自然角的管理

(一)自然角概述

1. 概念

自然角是指在幼儿园的室内、廊沿或活动室的一角,供饲养小动物、栽培植物,陈列幼儿收集的非生物及实验用品等的场地,是幼儿开展选择性科学活动的场所。[①]

2. 特点

自然角具有以下特点。

(1)自然角的设置简单方便,适合不同师资条件的幼儿园。一般条件的幼儿园即可设置,条件差一些的幼儿园也可以做到。

(2)自然角设置在幼儿的身边,幼儿活动时间比较灵活,方便幼儿开展活动。不仅可以在上、下午的整段时间进行活动,也可以利用入园、饭前、饭后、晚上离园等空隙时间进行活动。

(3)自然角的建立,是教师和幼儿共同的活动。幼儿可以在教师的指导下进行材料的收集、整理,动植物的观察,利于幼儿发挥主观能动性和积极性。

(4)幼儿在日常的管理活动中学习一些劳动技能,培养幼儿的劳动意识和责任感,提高幼儿的观察能力。如幼儿可以在自然角中学会如何给植物浇水、怎样喂食小动物、观察到蚕宝宝变蚕蛹的全过程等。

(5)自然角的设立,是为了让幼儿更加方便地了解动植物的变化和生长规律,便于教师进行科学教育活动。因此,自然角的设立不是一成不变的,要充分发挥它的作用,根据教育需要不断地增添新内容,让自然角真正地活起来,带给幼儿愉悦的情绪体验,培养幼儿积极向上的情感。

3. 内容

自然角的设立,能够让幼儿了解大自然的奥秘,满足幼儿的求知欲。自然角是大自然

---

① 施燕. 学前儿童科学教育[M]. 上海:华东师范大学出版社,1999.

的缩影,自然角中的内容设置也以动、植物为主。

1)植物

植物是自然角常见的内容,自然角活动也是幼儿非常喜爱的活动之一,既可以陶冶情操,又可以美化环境。自然角放置的植物不宜过高过大,选择颜色鲜艳、生命力强、具有观赏价值的植物品种,还要注意选择无刺、无毒,不会对幼儿的健康造成不良影响的植物。如:菊花、水仙、三色堇等观花植物,吊兰、文竹、多肉等观叶植物,金橘、草莓等观果植物,这些都可以成为自然角中的种植内容。

自然角的植物以盆栽植物为主,也可以选取花枝进行插花活动,装饰自然角。插花艺术需要教师掌握基本的插花技艺,还要有花材来源,幼儿可在教师的指导下开展插花活动,师生共同合作。

2)动物

与幼儿园园地的饲养角不同,自然角饲养的动物个体小,管理方便,且便于幼儿的近距离观察。自然角养殖的小动物应尽量选择能够随季节变化经常更换的品种,使幼儿接触到更多的小动物。适合自然角养殖的动物品种有金鱼、家蚕、小蝌蚪等。除此之外,还可以饲养一些小乌龟、蜗牛等小动物,有条件的幼儿园也可以让幼儿观察小鸡的孵化过程。

知识链接

艺 术 插 花 ①

艺术插花是一种花卉装饰艺术。它是将剪下的花枝经过修理,按一定的美学原理加以布置,使它更富有观赏性,达到更高的美感和艺术境界。

插花就是将植物的一部分(主要是花)切下来,以一定的形式插入容器中供观赏。插花所需的材料包括花、枝叶、花器、花泥等。

花是插花中的主角,月季、康乃馨、菊花、唐菖蒲、百合、鹤望兰等一般作为主花,满天星、文心兰、小甘菊、白孔雀等可作为配花。其中菊花、康乃馨、满天星可摆放的时间较长,比较适合幼儿园用花。

好花还需绿叶衬托,有时枝叶还能当主角。枝叶能勾出插花的线条,填补插花的空缺处,通过选用不同线条的枝,不同大小、形状、颜色、质感的叶子可以美化插花,使插花更具整体的美感。常用于插花的植物枝叶有文竹、天门冬、棕榈、龟背竹、苏铁、吊兰、万年青、竹子、蕨等。每一种植物的枝叶都有特色,只要搭配得当,野外的野草、野果、藤蔓都可用于插花。

花器不仅是容器,它的形状可以决定插花的风格。可供选择的花器五花八门,如玻璃的、瓷的、木的、金属的,有时甚至可选用酒杯、汤盆、贝壳等。选择容器一定要考虑到摆放的位置和周围环境是否统一。

还可以利用一些其他的装饰材料来美化插花,如一束缎带、几片贝壳、几节塑料管等,

---

① 幼师分课题组.幼儿科技活动设计与指导[M].上海:上海科技教育出版社,2000.

有时可以起到意想不到的美化效果。

插花是一门艺术,和其他任何一门艺术一样,它有一定的规律,同时又贵在创造。在幼儿园自然角里的插花只要感觉上有美感就行,不必要求太高,但我们仍要掌握一定的方法才能完成插花,使插花保鲜更久。

首先,要将花枝、花茎进行剪切。剪切时一定要将多余的花、叶、枝剪去,否则插花会繁杂无序,大大影响主花的观赏性。花枝的末端一定要斜切,这样可以扩大吸水面积,使插花保鲜寿命延长。若发现枝末端在水中腐烂,要及时剪去。

其次是固定花枝。若用浅口容器,一般采用花泥(鲜花店有售),只要把花泥放在容器底部,将花枝以一定的角度插入即可;若用口径大而深的容器,除采用花泥外,瓶口还可盖上铁丝网;若用窄口容器插花,只要将花枝插入,用短枝插在瓶口固定花枝就可以了。

插花要经常换水才能保鲜,隔1~2天需换水一次。我们还可在水中加入一些物质延长花朵的保鲜时间,例如,2%的糖水加上少量维生素 A 或维生素 B,在 400 毫升水中加阿司匹林一片或硼酸一茶匙作为养花液。保鲜的方法还有很多,应选用简便安全的方法。

(二) 自然角活动的开展

1. 位置选择

自然角应设置在阳光充足的地方,可以把教室走廊或窗台充分利用起来;区域大小没有严格的规定,可视幼儿园的场地大小、教室的实际情况来定;内容可繁可简,但要最大限度地发挥其作用。

2. 内容选择

在选择自然角的种、养殖内容时,要注意与科学教育活动目标和计划的一致性,同时,也要注意与其他教育活动相结合,考虑到幼儿的年龄特点、兴趣和需要,以及当地的气候、季节、地域等特征,确立种养目标。如结合季节特点,把 5 月份主题定为"小蝌蚪找妈妈",可以在自然角养殖一些小蝌蚪,观察小蝌蚪变青蛙的过程,教师指导幼儿在观察过程中做好记录。

3. 材料收集

自然角的内容丰富多彩,并且可随季节变化随意调换,使自然角一直保持生机勃勃的景象。在科学教育材料的收集上,教师可以亲自准备,也可以发动幼儿和家长共同收集。如养殖小蝌蚪,教师可以带领幼儿一同去池塘里捕捉,也可以发动家长,让有条件的幼儿家长把小蝌蚪带到园里,供小朋友们观察。在材料的收集中也要有所取舍,材料过多容易分散幼儿的注意力,材料太少不能满足幼儿的需求,因此,在材料的选择上,既要满足不同层次幼儿的需求,又要有条理性,做到物尽其用。班与班之间的资源共享可以最大限度地发挥材料的价值,班级的自然角也可以和种植园地的活动相结合,自然角发芽的种子可以移种到户外的种植园地,变成青蛙的小蝌蚪也可以放养到园地的水池或园外的池塘。

4. 教师的指导

自然角的种养殖不是一朝一夕能够完成的,需要教师带领幼儿坚持不懈地努力。一方面,教师要鼓励幼儿每天观察动植物的变化,发现问题,并寻找问题的答案;另一方面,教师也要建立完整的日常管理体系,分派任务,让幼儿每天轮流照顾自然角的生物,并教给幼儿掌握记录的方法。当动植物发生矛盾,教师要组织和引导幼儿进行观察,关心自然角。这样,自然角才会发挥其最大的作用,增加幼儿探索大自然奥秘的兴趣。

(三) 自然角的管理方式

自然角不是摆设,是幼儿学科学的一个重要场所,它为幼儿提供了大量的自然资源,为幼儿创造了接触自然的机会。因此,要加强对自然角的管理,保证自然角活动的顺利进行。

1. 自然角内容的设置

自然角中的内容应按照幼儿的年龄特点和认知水平来选择,不同年龄班的幼儿有不同的特点,选择的内容和材料也不尽相同。小班的幼儿年龄较小,能力较差,可以选择形态较大、较易认识和操作的事物,如小乌龟、水仙花的认识,给植物浇水等;中、大班的孩子年龄稍大,能力较强,可以给幼儿安排一些难度较大的工作,如种养殖工作、比较小蝌蚪前后的变化过程等。各班级之间也可以互换内容、互相参观、资源共享。

自然角内容的选择还要根据教学计划、季节变化和其他条件随时调整,一般采用部分调整的方式。如秋天可以鼓励幼儿收集落叶,采摘果实和捡拾各种种子,把它们放到自然角中;春夏季则可以在自然角中养殖小蝌蚪、家蚕等小动物。

自然角是用来为孩子们服务的,因此,要充分发挥孩子们的主动性,和他们一同商定自然角的内容,征求他们的意见,共同管理。

2. 自然角物品的管理

自然角中物品的摆放位置不是一成不变的,它应随着教育教学的需要以及幼儿的需要随时调整,且位置不宜过高,要方便幼儿的观察,允许幼儿自由地观察和接触,让幼儿通过对物品的感知认识事物。如幼儿种植的种子,要放在低处供幼儿近距离地观察。

自然角中物品的摆放不仅要考虑幼儿的需要,还要考虑是否安全、有序、美观和整洁。物品要做到分类摆放,使用的劳动工具也要放在安全的地方,并且教给幼儿正确的使用方法,避免出现意外,教育幼儿观察完物体后物归原处。

3. 自然角的日常管理

教师是孩子们学习的协助者,因此,要想充分发挥孩子们的主观能动性,就要让孩子们参与自然角日常的管理。一方面,教师要做好观察计划,让自然角的工作有序进行。另一方面,教师也要和孩子们商定管理的各项事宜,确立兴趣小组,制定值日生制度等;指导幼儿浇水、清扫、喂食、整理物品等工作,使幼儿在工作中加深对科学知识的认识和了解,培养幼儿良好的情感品质和劳动习惯。

自然角的动植物都是有生命的,即使假期也离不开小朋友的管理和照顾。因此,在假期里,可以请小朋友们把自然角的动植物带回家照料,其他的物品暂时收藏起来,以免落上灰尘,造成损坏。不宜挪动的动植物也可以放到值班室或门卫处,请值班室的老师和门卫叔叔进行照料,假期结束后再放回班级中。这样,不仅保证了动植物的存活,使小朋友能看到动植物生长的连续性,也培养了小朋友们的爱心意识和认真负责的品质。

知识链接

常见小动物饲养方法[①]

1. 金鱼

金鱼是野生的鲫鱼经过人工长期培养形成的变种,是著名的观赏鱼。它起源于我国的北宋时期,在南宋时已作为观赏鱼被我国人民饲养,现在世界各地的金鱼都是直接或间接从我国引进的。

五光十色的金鱼体色有红、橙、紫、蓝、五花、古铜、银白、红白杂斑等颜色。品种有虎头、龙眼、绒球、水泡眼、珍珠鳞等。随着人们的不断饲养和挑选,现有150多个品种。

为了便于幼儿观察、饲养,金鱼的容器最好选用透明的玻璃缸、水族箱,也可以用瓷盆、瓦缸、木盆、小水池等当容器。根据容器的大小决定投放金鱼的尾数。如果容器太小,投放尾数过多,水中供氧不足,会影响金鱼的生长发育,严重的会造成金鱼死亡。市场上出售的玻璃鱼缸,适合饲养5厘米左右的金鱼3～4条。

饲养金鱼用河水、湖水最好,因河水、湖水的浮游生物多,但杂质多,经沉淀过滤后才能使用(工厂密集地区的河水、湖水污染严重,不宜用来养金鱼)。如果用自来水,需把水先在日光下晒2～3天,以除去水中氯气。现在很多城市水源污染严重,自来水中氯气较重,更应该注意晒水。

金鱼是杂食性动物,以浮游生物(俗称鱼虫)喂养最好,猪、羊、牛的粗肉,也是金鱼的好饲料。金鱼的繁殖季节是春季,此时身体虚弱,应少换水,每2～3天换一次,每次换水量为总量的1/10～1/5。夏秋季节,金鱼身体强壮,气温较高,需勤换水,每1～2天换一次,每次换水量为总量的2/5。在换水的同时要注意勤吸污(用虹吸管吸出水底污物),少捕捞,多晒太阳。冬天金鱼进入半休眠状态,应少换水多晒太阳,注意保暖。

2. 蝌蚪

蝌蚪是指青蛙的幼体,由受精卵形成,是受精卵形成青蛙成体的过渡时期。幼儿喜欢饲养蝌蚪,能在饲养中观察到蝌蚪生长发育变化。

早春可采集青蛙的蝌蚪或卵块放入玻璃瓶或金鱼缸里饲养。养青蛙卵宜浅水,适当晒太阳,有利于孵出更多蝌蚪。待卵变成蝌蚪并能捕食时,再把水加多。饲养蝌蚪的水宜用池水、湖水。如用自来水,需晒水2～3天。刚孵出几天的蝌蚪,可喂熟蛋黄粉、金鱼藻等,可从野外青蛙产孵的地方取泥土放入平缸底(泥土厚度为1厘米左右)。以后每隔3～5天换水一次(如果蝌蚪不在水底吃食,都在水面呼吸,说明水中缺氧,应及时换水)。当蝌蚪长到半个月左右,可喂水生植物、蔬菜、馒头渣、小鱼的小碎屑、小肉块等。当蝌蚪长出后肢、开始用鼻孔呼吸时,应在缸中投放浮草或小石块,有利于蝌蚪在草、石块上呼吸。待蝌蚪长出前肢后,应将幼蛙放回池塘。

3. 桑蚕

桑蚕又名家蚕、蚕宝宝。我国是养蚕和缫丝起源最早的国家。桑蚕一生,经过卵、幼虫(蚕儿、蚕宝宝)、蛹、成虫(蚕蛾)四个阶段。桑树在我国南方普遍栽种,因此,桑蚕很适

---

① 幼师分课题组.幼儿科技活动设计与指导[M].上海:上海科技教育出版社,2000.

合幼儿饲养、观察。

春季到来的时候，气温逐渐上升，桑蚕卵能自然孵化。若气温低于 20℃ 时，可将蚕卵放入垫有棉絮、干草的火柴盒（或木盒、塑料盒）内，经十天左右，可孵出蚁蚕（蚕卵孵出的小蚕，身体黑色，形似蚂蚁，叫蚁蚕）；在蚁蚕旁边，放上切成米粒大小的桑叶一起移入容器内饲养。

小蚕的消化力差，抗病力弱，应喂早晨露水干后或日落后采集的嫩桑叶，并要除去病叶，揩净叶上的水、灰、沙等。小蚕每天喂四五次，大蚕喂食次数可逐渐增加到每天七八次。在饲养中，既不使蚕受饿，又不使桑叶剩余过多，并注意保持容器的清洁，及时清除残叶、粪便。桑蚕怕湿度过大、闷热的环境，温度高、湿度大的天气，应注意将容器打开通风。当蚕的身体变得透明晶亮时，停止喂食，不久即要吐丝作茧。这时应在容器里放入小纸筒或植物的干茎（如油菜杆、麦秸），让蚕在小纸筒或干茎上吐丝作茧。

蚕在茧内化蛹后，羽化形成蚕蛾（成虫），蚕蛾不吃食物，雌雄蛾交配后，产卵；交配、产卵后的雌蛾很快死去。

将蚕卵妥善保存，来年孵化、饲养。

4. 小乌龟

乌龟的生命力强，饲养管理粗放，是幼儿园自然角饲养观察较为理想的小动物。

饲养所用容器可以是水族箱、鱼缸等。在饲养缸内既要有水，又要有陆地布局，可用石块设置一些小岛，以满足它出水登陆活动的生活习性。

乌龟食性广，水生昆虫、小鱼、小虾、螺蛳肉、蚌肉、蚯蚓和稻麦等谷物都可作为饲料。在饲养乌龟时，投喂的时间和饲料量随季节而有所变动。在早春或晚秋，乌龟早晚不太活动，可在中午前后投放饲料。夏季温度高，乌龟中午不爱活动，可在早晚较凉爽时喂食。每天只需喂一次。春秋季节乌龟食量小，可少喂；夏季食量较大，要多喂。一般每次投喂的量以喂食后一小时吃完为宜。

乌龟一般在 10 月下旬或 11 月初至次年 4 月处于休眠状态，这一段时间可以不喂食或少喂食。乌龟喜清洁，平时要注意换水，清除残留食物，以免影响水质。

三、科学活动室的管理

（一）充分利用室内、室外空间，加强空间联系

许多幼儿园虽然设置了科学活动室，但没能合理地利用起来，尤其是与各班级的科学活动区之间、与幼儿园的走廊之间的联系。割裂空间之间的关系，将各部分看作是独立存在的，没有建立起有机联系，在一定程度上浪费了科学教育资源。如果能将这些空间在布局、资源配置、环境创设等方面建立统一的联系，不仅能够解决园内空间不足的问题，还能够联动三种资源，将科学教育贯穿实施于幼儿的一日生活中。

【案例 8-16】"会说话"的墙壁[①]

某幼儿园大班的墙壁上布置了一个栏目，题目为"我看到的春、夏、秋、冬"。教师提供

---

① 陈虹. 幼儿科学教育与活动指导[M]. 北京：高等教育出版社，2013.

了一些与四季特征有关的图卡,如堆雪人、迎春花开、树叶金黄的树木、穿着漂亮夏装的小朋友,等等。幼儿在自由游戏时间经常会到这面墙壁前,将图片插到相应季节的文件袋中。有的幼儿还在卡片上画出他看到的季节特征,然后插在相应季节的文件袋里。老师和幼儿亲切地称这面墙是"会说话的墙"。

班级墙壁和幼儿园走廊是重要的教育场所。所谓"会说话的墙"就是指墙壁为幼儿的活动提供了素材、线索,使幼儿随时随地可以利用墙壁来开展活动。在这个案例中幼儿通过看一看、插一插的墙面活动,积累、分享与整合了关于春夏秋冬四季特征的感性经验。

(二)制定活动室的课程表

幼儿园科学教育的物质资源大多集中于科学活动室中,因此活动室就是幼儿探索科学秘密的重要场地。以往的研究发现,幼儿园内科学活动室的利用率并不高,究其原因是活动室的使用安排不合理。活动室是固定的,如果能根据活动室的条件和水平,确定下来各班级的使用时间,制定课程表和值班人员、打扫人员,一方面,能够让幼儿更好地利用这一资源;另一方面,能让幼儿和教师产生共鸣,认同这一活动室的重要性,更好地爱护活动室内的环境布置与器材设施。

(三)因地制宜,就地取材

从身边选取适宜的材料和资源,一方面能让幼儿学会节俭,知道珍惜和充分利用自然资源,另一方面还能让幼儿学会主动创造,通过对不同资源处理方法的思考,探究科学教育资源存在的秘密,并根据资源不同的特性探究使用方法和其中蕴含的科学道理,从而使这些资源在幼儿的手中发挥最大的价值。除此之外,还能让幼儿真正理解"科学存在于身边、应用于生活中",更加热爱科学,激发他们科学探究的热情。

(四)及时更新活动室的资源

一成不变的内容必定会使幼儿感到单调,难以激发幼儿的好奇心和探究欲望;不能及时地更新活动室的资源,会降低幼儿参与科学探究的积极性,局限幼儿科学活动的范围。如在一次科学活动中发现几名幼儿对活动并不感兴趣,问他们原因,一名幼儿说:"这些玩具我都玩过好多遍啦。我家里有好多好玩的玩具,比幼儿园的好玩多了。我都有点想回家啦。"由此可见,即使幼儿园投放了足量的科学活动材料,但是不加以管理,不定期更新,必然会造成已有资源的浪费。[①]

(五)科学活动室的材料应及时清洗、修复

科学活动室中的材料多是幼儿自主动手操作和探索的,弄脏和损坏是不可避免的。首先,各班教师和活动室的管理人员应主动告知和教育幼儿爱护活动室内的所有物品和布置,还应安排专门的人员对所有材料进行清洗、消毒,对破损的材料进行修复,对不能使用的材料采用换新的措施。其次,应注意科学活动室的整体卫生、通风情况等,定期进行

---

① 刘子晨.幼儿园科学教育资源的合理配置研究[D].济南:山东师范大学,2018.

紫外线消毒。

（六）合理组织幼儿在活动室内的活动

应根据幼儿的人数和活动室的大小,合理组织幼儿进入活动室活动。可以采用班级整体进行活动的方式,也可以根据幼儿的兴趣点分作不同的组别,让幼儿按不同的兴趣进入活动室活动;还可以按照混龄的原则组织幼儿进入活动室。采取多样的组织方式才能让活动室内的资源与材料发挥最大的作用。

✦ 案例实践

（1）结合所学知识,选择一所幼儿园,将园内的教育资源进行归类。

（2）根据所学知识,利用家庭资源,设计一例科学教育活动方案。

（3）举例说明社区资源的综合利用。

（4）帮助各年龄班设计自然角的摆放位置和内容。

（5）根据季节特点,在幼儿园内选择一处空地或空木箱种植1~2种蔬菜,并邀请幼儿对植物生长过程进行记录。

（6）选择一处幼儿园,根据幼儿园的特点,帮助该幼儿园设计幼儿科学活动室。

拓展阅读

摩擦起电

摩擦起电是电子由一个物体转移到另一个物体的结果,使两个物体带上了等量的电荷。得到电子的物体带负电,失去电子的物体带正电。因此原来不带电的两个物体摩擦起电时,它们所带的电量在数值上必然相等。摩擦过的物体具有吸引轻小物体的现象。

两个物体互相摩擦时,因为不同物体的原子核束缚核外电子的本领不同,所以其中必定有一个物体失去一些电子,另一个物体得到多余的电子。如用玻璃棒与丝绸摩擦,玻璃棒的一些电子转移到丝绸上,玻璃棒因失去电子而带正电,丝绸因得到电子而带着等量的负电;用橡胶棒与毛皮摩擦,毛皮的一些电子转移到橡胶棒上,毛皮带正电,橡胶棒带着等量的负电。

中美科学家联合开发出一种能从汽车车轮与地面的摩擦中收获能量的纳米发电机,有望将此前白白浪费的能源回收。据称,该装置能将车辆的燃油效率提高至少10%。纳米发电机就依靠这种摩擦电效应,从路面和车辆车轮之间电位差的变化来获得电能。这种纳米发电机依靠集成到车轮上的分段电极来发电。当这部分轮胎表面与路面接触时,两个表面的摩擦会因摩擦电效应产生电荷。

（资料来源:360 百科）

神奇的牙签

思考:放在水里的牙签,会随着放在水里的方糖游动,还是随着放在水里的肥皂游动?

材料:牙签、一盆清水、肥皂、方糖。

操作：

(1) 把牙签小心地放在水面上。

(2) 把方糖放入水盆中离牙签较远的地方。牙签会向方糖方向移动。

(3) 换一盆水，把牙签小心地放在水面上，现在把肥皂放入水盆中离牙签较近的地方。牙签会远离肥皂。

讲解：当你把方糖放入水盆中时，方糖会吸收一些水分，所以会有很小的水流往方糖的方向流，而牙签也跟着水流移动。但是，当你把肥皂放入水盆中时，水盆边的表面张力比较强，所以会把牙签向外拉。

创造：请你试一试，如果将糖和肥皂换成其他物质，牙签会向哪个方向游去？

会自动倒下的一摞硬币

思考：横放在桌上的一叠硬币为什么会自动倒下呢？

材料：十枚硬币、磁铁。

操作：

(1) 将十枚硬币摆成整齐的圆柱体横放在桌面上。

(2) 拿磁铁在硬币的上方2~3厘米高的地方接近桌面上这叠横放的硬币。

(3) 横放在桌面上的硬币自动倒下。

讲解：由于这叠硬币在磁场的作用下发生了变化，使其中每枚硬币的上端都分别磁化，由于同性相斥，加上硬币之间紧贴在一起，在磁性斥力作用下，这叠横放在桌面上的硬币就会自动倒下。

创造：你能用磁铁作一些其他小实验吗？

被缩短的勺子

平行看一只装满水的水桶水面，将一把勺子垂直插入水中。水中的勺子一下子就变短了。这是怎么回事？

这个错觉的产生，主要是因为被插入水中的勺子所反射的光线，不是以直线的方式进入眼帘的。光线在水面上被折射成为一个角度，所以才看到勺子的尖端比实际大大靠上。水域的水由于光的折射，看起来总是比实际深度浅很多。

印第安人对这一点就知道得很清楚。他们用箭或矛在水中捕鱼时，总是向更深的地方瞄准。

烧不断的棉线

思考：为什么棉线烧不断？

材料：棉线一根、清水一杯、食盐、筷子、火柴。

操作：

(1) 在一杯清水中不断加入食盐，并用筷子不停地搅拌，直到食盐不再溶解为止。

(2) 将一根棉线放入配制好的浓盐水里浸泡一下，拿出来放在桌上晾干。

(3) 将晾干后的棉线用手提起，点燃一根火柴去烧棉线。

(4) 棉线从下端一直燃烧到上端，但烧过后的线灰仍像一根线一样没有被烧断。

讲解：盐是不能燃烧的，浸过浓盐水的棉线在燃烧时，里面的棉线已被烧尽了，可是包在棉线外面的一层盐壳却保留下来了。所以，我们看到的是烧不断的棉线。

自动旋转的奥秘

思考：装满水的纸盒为什么会转动？

材料：空的牛奶纸盒、钉子、60厘米长的绳子、水槽、水。

操作：

(1) 用钉子在空的牛奶纸盒上扎五个孔，一个孔在纸盒顶部的中间，另外四个孔在纸盒四个侧面的左下角。

(2) 将一根大约60厘米长的绳子系在顶部的孔上。

(3) 将纸盒放在盘子上，打开纸盒口，快速地将纸盒灌满水。

(4) 用手提起纸盒顶部的绳子，纸盒顺时针旋转。

讲解：水流产生大小相等而方向相反的力，纸盒的四个角均受到这个推力。由于这个力作用在每个侧面的左下角，因此纸盒按顺时针方向旋转。

创造：

(1) 如果在每个侧面的中心扎孔，纸盒会怎样旋转？

(2) 如果孔位于每个侧面的右下角，纸盒将向哪个方向旋转？

（资料来源：百度文库 muxiaohua007.幼儿科学小实验［R/OL］https://wenku.baidu.com/view/d50e4019ff00bed5b9f31ddd.html,2020-5-25.）

第九章
学前儿童科学教育的评价

章节思维导图

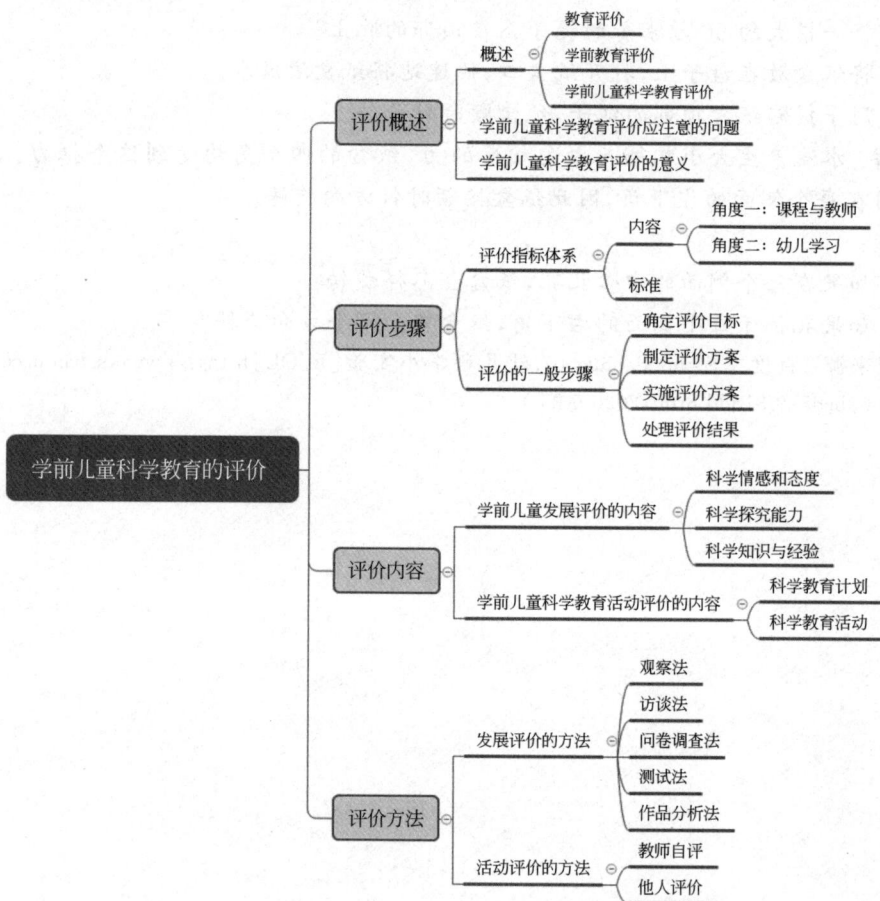

```
                                              ┌─ 教育评价
                                  ┌─ 概述 ─────┼─ 学前教育评价
                                  │            └─ 学前儿童科学教育评价
                    ┌─ 评价概述 ──┼─ 学前儿童科学教育评价应注意的问题
                    │            └─ 学前儿童科学教育评价的意义
                    │
                    │                              ┌─ 角度一：课程与教师
                    │            ┌─ 评价指标体系 ──┤─ 内容
                    │            │                 └─ 角度二：幼儿学习
                    │            │                 └─ 标准
                    │            │                 ┌─ 确定评价目标
                    ├─ 评价步骤 ─┤                 │─ 制定评价方案
                    │            └─ 评价的一般步骤 ─┤─ 实施评价方案
                    │                              └─ 处理评价结果
学前儿童科学教育的评价 ┤
                    │                                    ┌─ 科学情感和态度
                    │            ┌─ 学前儿童发展评价的内容 ┤─ 科学探究能力
                    ├─ 评价内容 ─┤                        └─ 科学知识与经验
                    │            │                           ┌─ 科学教育计划
                    │            └─ 学前儿童科学教育活动评价的内容 ┤
                    │                                          └─ 科学教育活动
                    │                              ┌─ 观察法
                    │                              │─ 访谈法
                    │            ┌─ 发展评价的方法 ─┤─ 问卷调查法
                    └─ 评价方法 ─┤                 │─ 测试法
                                 │                 └─ 作品分析法
                                 └─ 活动评价的方法 ─┬─ 教师自评
                                                   └─ 他人评价
```

思政教育目标

　　学前儿童科学教育的评价既包括对于幼儿的评价,也包括对于教师教学活动的评价。无论被评价者主体是谁,我们都应该坚持用全面的眼光看待问题,转变结果性评价的方式为过程性评价,看到学习者在学习过程中的发展、变化,最终实现全面发展。

学习目标

1. 理解学前儿童科学教育评价的含义。

2. 了解学前儿童科学教育评价的意义。

3. 掌握学前儿童科学教育评价应注意的问题。

4. 了解学前儿童发展评价的指标体系。

5. 掌握学前儿童发展评价的具体步骤及评价内容。

6. 掌握学前儿童发展评价的方法，能够采用不同方法对幼儿的科学发展状况进行评价。

7. 掌握学前儿童科学教育活动评价的内容及方法。

8. 能够从活动目标、活动内容、活动过程、活动材料、活动方法、活动结构、师幼互动等方面对学前儿童科学教育活动做出评价。

第一节　学前儿童科学教育评价概述

一、学前儿童科学教育评价的含义

一般来说，教育评价包含两层含义：评价和价值。所谓评价，是指评判事物价值的过程，具体而言就是对教育活动的目标、内容、过程、环境以及教师、儿童等相关要素进行价值判断。所谓价值，则是评定对象价值高低、质量优劣的标准，评定者在评定对象时应依据一定的标准或准则，而非建立在个人主观臆断之上。

学前教育评价，是教育评价中的一部分，是针对学前教育活动有关的各个方面进行科学价值判断的过程。学前儿童科学教育评价属于学前教育评价的一部分，是以学前儿童科学教育为对象，根据一定的标准，选取科学的评价技术和方法，对学前儿童科学教育的现象及其效果进行测定，分析目标实现程度并做出价值判断的过程。例如，我们可以评价幼儿在科学活动中体现出来的科学情感与态度、获得的知识与经验，以及幼儿在科学活动中的观察能力、解决问题的能力、探索的兴趣等；也可以评价教师科学教育活动设计的水平、方法是否恰当，教学效果如何；还可以评价教师与幼儿的互动情况；等等。

教师对学前儿童科学教育进行评价必须注意以下问题。

首先，要树立科学的评价观念。要了解在对学前儿童科学教育进行评价的过程中教师并不是"绝对的权威"，对学前儿童科学教育进行的评价应树立"以人为本"的评价理念。"以人为本"的评价理念注重幼儿自主性与独立性的发展，在评价过程中不拘泥于教师单一地对活动结果进行评价，而是能全面地看到幼儿在整个活动过程中各方面能力的发展。当然幼儿也可以做自己活动的评价者。

其次，找准教师的位置，整个评价过程中教师与幼儿是平等的存在。

再次，清楚评价的实质。对活动进行评价其目的在于了解当前幼儿发展的现状，找准教育契机，促进幼儿更好地发展；或者考查活动对幼儿各方面的影响，并非单纯地评价活

动带来什么样的结果。

最后，考虑幼儿的差异性。该差异性包含两层含义：第一是要注意不同幼儿之间是具有年龄差异的，应为不同年龄段的幼儿设置不同的活动目标；第二是要注意幼儿的个别差异，也就是同年龄段的幼儿具有不同的发展水平也是允许存在的，要关注到幼儿在原有基础上的发展。

二、 学前儿童科学教育评价的意义

简单地讲，学前儿童科学教育评价的意义可以概括为以下几个方面。

（一）是实现教育目标的基本保证

学前儿童科学教育的评价是实现教育目标的基本保证。在具体的评价中，可以对一个幼儿园开设的科学教育课程进行评价，通过对照该课程的目标体系，对课程设计和实施的整个过程进行系统评价，从中了解该课程的实施是否实现了原定的教育目标；也可以对某一次科学教育活动的过程和结果进行评价，了解和评价教育活动的效果，看组织的活动是否能够实现预设目标。这样也能为组织者提供思路，如果目标实现，则了解实现的效果如何；若目标未实现，活动过程的哪一步骤出现问题，如何做有利于目标更好地实现。反之也能从评价结果中反映科学教育目标设置的合理性、活动过程的适宜性以及活动方法是否恰当，以此来使活动目标的实现得到保障。

（二）能调控学前儿童科学教育的质量

学前儿童科学教育评价是调控学前儿童科学教育质量的手段。通过科学教育评价，可敏锐地发现新问题并不断地加以修正，使科学教育的薄弱环节得以及时调整，从而改进科学教育工作。同时对不适当的目标、内容、方法等通过评价也能及时做出调整，保证科学教育对幼儿的最大有效性，保证科学教育的质量。因此，学前儿童科学教育评价是一种反馈—矫正系统，可用来判断科学教育过程中的每一个步骤是否有效，从而确保学前儿童科学教育的质量。

（三）有助于积累学前儿童科学教育的经验

评价可以发现科学教育中存在的问题，评价的过程也是再次回顾活动的过程；那些被验证对幼儿发展有益的科学教育活动，可作为今后选择科学教育相关内容的依据。被确定有效性的活动，可作为经验保留，也可作为经验推广；而对于需要继续完善的地方则需要继续思考，总结出漏洞所在，今后在其他的活动中尽量避免此类问题的出现，也可作为失败的经验供人借鉴。总之，在此过程中已经获得的经验、资料，可作为今后开展科学教育研究的依据。

（四）为因材施教提供依据

对学前儿童科学教育进行评价最直接的是能够了解通过科学教育，对幼儿在科学态

度、知识及能力等方面产生了何种影响,也可以获得学前儿童发展的丰富资料;同时,通过不同的评价方式,可以发现幼儿美丽的童心世界,审视幼儿丰富多彩的成长足迹;最重要的是能够了解幼儿发展中的障碍以及教师工作中的薄弱环节,并以此内容为依据对幼儿进行个别教育,做到真正意义上的因材施教。

总之,科学教育评价在科学教育的应用领域具有广泛的意义。在学前儿童科学教育中,科学地对幼儿进行评价有利于我们更加清晰地了解幼儿的年龄特点、发展现状及当前发展中存在的问题,很多问题的发现都与评价有密切的关系,能帮助教师不断地进行反思,更好地对幼儿实施科学教育。

第二节 学前儿童科学教育评价的指标体系和步骤

一、学前儿童科学教育评价的指标体系

评价的指标体系包括一系列的内容和标准。学前儿童科学教育评价的内容是指对学前儿童科学教育的哪些方面进行评价,即评价什么。可分两个层面进行探讨:从课程与教师的角度来看,是评价科学教育这门课程,还是评价教学的实际过程,如本门课程是否建立在幼儿已有的经验之上,教师是否采用开放式的提问使幼儿积极思考,是否为幼儿提供充分操作的机会等;从幼儿科学学习的角度来看,是评价幼儿知识的获得,还是评价幼儿情感、态度的发展,再或者是评价幼儿探究能力的发展,如幼儿是否掌握了空气的性质,幼儿是否能够按照物体质量的不同对其进行分类,等等。学前儿童科学教育评价的标准是指对科学教育质量要求的具体规定,即针对内容怎么评价,或者说是评价的尺度,一般以学前儿童科学教育的总目标为依据。评价的内容与标准共同构成了整个学前儿童科学教育评价的指标体系。

二、学前儿童科学教育评价的步骤

学前儿童科学教育评价一般包括以下步骤。

(一)确定评价目标

评价作为一种有目的的行为,首先要确定的就是评价目标。评价目标一般包含以下三方面内容。

1. 为什么评

进行评价的第一步是要明确评价的目的,评价的目的关乎评价者在评价过程中的态度及行为。一般来说进行科学教育评价的目的有两种,即了解被评价者——幼儿,和了解并改进教学。了解被评价者——幼儿,包括了解幼儿的学习需求,如当前的内容是否是幼儿感兴趣的,幼儿是否有必要进行学习;了解幼儿学习的状态,如在学习过程中幼儿是否遇到困难导致目标无法实现;了解幼儿的学习效果,如这一内容幼儿是否掌握,或者该年

龄班幼儿整体学习效果如何;等等。了解并改进教学,进行评价的内容可以是教学计划的完成情况。环境的创设是否适当、教学内容及方式的选择是否适当等。

2. 谁来评

"谁来评"也就是评价的主体这一问题,即评价者,评价的组织者和实施者。在幼儿园中,我们并不提倡将评价者拘泥于本班的幼儿教师,应实施多元化的评价,则评价的主体也应是多元的。评价者既可以是幼儿园的管理层,也可以是普通的一线幼儿园教师;既可以是幼儿本身,或是幼儿的家长。这些人员都可以参与学前儿童科学教育的评价工作,但主要实行以教师评价为主,其他人员参与评价的制度。应该明确的是,在所有的评价主体中,教师与幼儿是主体中的主体,在整个评价活动中占有无可替代的位置。

评价的主体可以随着评价目的的变化而有所不同。例如,对整套课程的实施过程及效果进行评价,评价的主体可以是幼儿园管理层,也可以是幼儿园教师;对幼儿在科学活动中的操作或互动表现进行评价,评价主体应该是幼儿园教师;对幼儿在科学教育之后所获得的发展进行评价,则评价主体既可以是幼儿园教师,也可以是幼儿本身,或是幼儿家长。与此同时,幼儿园教师也可以对自己在教学过程中的表现进行评价,幼儿也可以在教师的引导下采用特殊的方式对自身、教师、家长、领导等人员做出评价。

3. 评什么

在科学教育中,评价的内容十分广泛,但概括来说还是了解幼儿及了解并改进教学两个方面。对这两部分内容进行评价也并不是易事,要做到评价结果公正客观既要考虑到评价者自身的特点,也要考虑到被评价者的发展特点;评价内容的选择既要全面真实地反映评价对象的有关情况,又要从实际出发、可操作性强且具有代表性。比如,对某幼儿园中班幼儿在科学活动中的互动情况进行评价,则需要将幼儿在活动中相互的语言交流、眼神交流、身体交流等内容作为观察重点。

(二)制定评价方案

制定评价方案是根据评价的目的,按照一定的标准,对整个教育评价的过程进行明确的规划,是进行评价的准备阶段。评价的准备工作做得是否扎实关系到评价的实施过程是否顺利。一般来说包括以下四个步骤。

1. 明确评价标准

在学前儿童科学教育评价中,要评价教师的教学、儿童的发展状况等内容,都应该遵循学前儿童科学教育的总目标,并以总目标为依据,编制学前儿童科学教育的评价标准。

2. 设计评价指标体系

评价指标体系是教育目标的具体化,是把评价的内容中各有关因素按照一定的层次和权重,组成一个指标体系。[①] 而学前儿童科学教育的指标体系可以通过分解目标得以实现。如科学探究这个目标用字母 A 表示,该目标可以分解为二级指标 A1 亲近自然、喜欢探究,A2 具有初步的探究能力,以此类推,共同组成科学教育评价活动的指标体系。

---

① 夏力. 学前儿童科学教育活动指导[M]. 上海:复旦大学出版社,2009.

3. 选择收集资料的方法

收集资料的方法多种多样,如观察法、调查法、谈话法、作品分析法等,我们可以根据不同的评价内容、不同的评价者选择不同的方法。即使是相同的评价内容与评价者,有时也需要采用不同的评价方法,以提高评价结果的可靠性。一般来说评价方法的选用既要考虑评价者的能力,又要考虑评价结果的客观性,因此,资料收集的方法应慎重选择。

4. 准备评价的书面材料

为保证评价过程的顺利实施、评价结果科学有效,评价前需准备一定的书面材料,并在评价中进行客观记录。如运用作品分析法,需收集幼儿作品并做好客观分析的记录;运用观察法,要准备好观察记录的表格和评价标准;运用问卷调查法,要设计好调查问卷并且考虑是否能被评价者接受的方式;运用访谈法,要准备好访谈提纲;等等。

(三)实施评价方案

1. 宣传动员

在正式进入评价这一环节之前,评价的实施者需要做好评价的解释工作。这项工作指的是做好被评价者的思想工作并取得信任与配合,从而顺利地开展评价工作。例如,对幼儿的学习进行评价,某些幼儿家长担心幼儿的隐私被泄露;对幼儿园某一课程的实施状态进行评价,幼儿园管理者担心本园的特色课程资源受到剽窃;甚至对幼儿进行评价时会引起幼儿的紧张情绪,从而影响评价内容的真实性;等等。以上问题都需要评价之前做好宣传动员工作,使被评价者及涉及的相关人员了解评价的目的与形式,从而保证评价工作的顺利实施。

2. 收集资料

资料的收集是进行评价十分关键的环节之一,那么收集什么样的内容才是有效的资料是一个值得思考的问题。进行科学教育的评价,其实并不仅仅在科学活动课上才能收集资料,幼儿在日常生活中体现的科学行为也是评价资料。例如,幼儿会在日常生活中关注到植物的生长,某一天,幼儿关注到班级自然角的一棵小蒜苗,他想知道这棵蒜苗如何从小长出那么长的芽,它还会长多长。这样的问题在幼儿的小脑袋里打转,每天来上幼儿园这名幼儿都会到自然角去量小蒜苗是否长高,他还主动寻求老师的帮助。这时这名幼儿所表现出来的探索行为也值得评价者加以关注,并利用相关的辅助工具(记事本、录像设备)对幼儿的行为进行记录。这便是一份珍贵的评价资料。而抓住时机仔细观察、按照既定计划进行记录这一过程就是收集资料的过程。

收集资料的过程需要注意的是要保证收集上来的资料的客观性。所谓客观性就是保证内容真实,不带有主观臆测与评价,尤其是采用文字记录的时候要特别注意这一点。例如,"淘淘每天上幼儿园进入班级的第一件事就是测量小蒜苗有没有长高,连续一个星期没有间断",进行文字记录的时候很容易带上主观判断"淘淘每天最重要的事情就是测量小蒜苗有没有长高,每天入园的第一件事就是照看他的小蒜苗",虽然二者意思相近,但很明显第二种表达方式违反了"客观性"这一基本要求。作为收集上来的原始资料只有保证其客观性才能作为进行评价的第一手资料得以保存。

3. 汇总和整理评价资料

收集评价资料之后需要对所获资料进行汇总,如必要的关键词分类或以表格的方式将基本信息做好统计,便于之后对其进行评价分析,必要的时候可以采用相关的统计方法对所获得的资料进行处理。

(四)处理评价结果

实施评价方案以后需要对评价的结果进行处理。处理评价结果一般包含三个步骤,即分析评价资料、得出评价结论、形成评价报告。分析评价资料既可以在相关的理论基础上进行分析,也可以采用相关的统计工具对所获资料进行分析。得出评价结论后形成评价报告。报告的方式多种多样,既可以进行口头报告,也可以使用文字进行表述或多种方式相结合。

第三节　学前儿童科学教育评价的内容

一、 学前儿童发展评价的内容

学前儿童发展评价是以儿童发展为内容的评价,具体是指通过科学教育活动,对学前儿童所达到的目标和效果进行的价值判断。它直接影响着儿童在科学领域发展的方向和教育目标的实现程度。也就是说,教师的教育评价观念引导着儿童科学素质发展的方向。通过评价,我们既可以了解幼儿当前发展的现状,又可以从中掌握科学活动的开展状况,从而有效地改进教学。因此,学前儿童发展评价有着重大的意义。具体包含以下内容。

(一)学前儿童科学情感和态度的评价

对学前儿童科学情感和态度的评价主要包括评价幼儿对周围世界的好奇心、探索周围世界和学习科学的兴趣,以及幼儿关心、爱护自然和环境的积极情感和尊重事实的态度。

评价的内容包括:是否对周围环境中的新异刺激产生惊异,做出积极的反应,并能集中注意,感知、观察、操作物体,提出问题并在教师指导下寻求有关信息和答案;是否对自然界和科学活动感兴趣、主动参与科学活动;是否喜欢观察、探索自然界,积极参与科学活动,谈论自然界和科学活动,并在活动中表现出愉悦的情绪;是否关心自然界,爱护、保护动植物和周围环境;是否有初步的环保意识,并对生命充满崇敬和关爱。

例如在某次科学活动中,教师引导幼儿通过实际操作的方式验证某一问题,从而逐渐引导幼儿形成尊重事实的科学态度。只有幼儿与客观事物发生接触,才能真正感受到事物的存在。

(二)学前儿童科学探究能力的评价

主要评价幼儿探索周围世界和学科学的技能与方法的发展水平。

评价的内容包括：活动前是否对事物产生好奇心并能够发现问题、及时提出问题，活动过程中是否能够深入探究并能够顺利地完成探究，如幼儿是否了解各种感官在获取信息中的作用；是否学会使用感官的方法及有序观察的方法；是否能在一组物体中，按照事物的一个或两个特征挑选出有关物体；是否能按照指定的标准，将给予的一组物体进行分类；是否能以自己规定的标准进行分类；是否能以观察的方法和非正式量具测量物体；是否能尝试用正式量具测量物体；是否能对一些物体进行比较、分析、抽象和概括；是否有遇事思考的习惯等；活动结束后幼儿是否能以语言、体态、绘画、塑造等手段，表达交流科学探索活动中的发现、获得的经验和问题，以及探索的过程和方法。

（三）学前儿童科学知识、经验的评价

主要评价幼儿通过科学教育活动是否获得了相应的科学经验，是否在此基础上形成了初级的科学概念。由于幼儿年龄的限制，并不能获得深刻的科学概念，只能在实际操作与体验中获得相应的科学经验与粗浅的科学知识及概念。一般能通过一定的方式进行了解，如有计划的测量、家长问卷、观察、作品分析、面谈等，然后再对收集到的资料进行分析做出评价。幼儿是否获取了关于周围物质世界的广泛科学经验，或在感知经验基础上形成了初级的科学概念。可从以下几方面进行评价：其一，是否具有常见的自然现象（包括季节、气象、天文、物理等自然现象）及其与人类、动植物有关系的具体经验或初级的科学概念；其二，是否具有关于周围环境（有生命物质和无生命物质如物体、材料，包括人类自身）及其相互关系的具体经验或初级的科学概念；其三，是否具有与幼儿生活有关的科技产品及其对人类有影响的具体知识。

二、 对学前儿童科学教育活动的评价

对学前儿童科学教育活动的评价是对幼儿园科学教育活动本身的评价，包括对幼儿园科学教育活动过程的评价和对科学教育效果的评价。一般来说这些内容可以通过幼儿的表现及各项能力的发展得以体现，但活动本身的价值也有必要进行探讨，以保证评价过程的全面性与完整性。这方面的评价主要涉及以下两个内容。

幼儿科学领域发展性评价的思考与实践

（一）对科学教育计划的评价

计划是活动之首。学前儿童科学教育计划有幼儿园的科学教育总计划、各年龄班的科学教育计划、班级（学年、学期、月、周）科学教育计划、具体科学教育活动计划等。各层级涉及的计划评价标准是不同的，上层级的教育计划包含下层级的教育计划，上层级的教育计划概括性更强。最下层级的教育计划更接近实践，必须具有较强的可操作性，对教师的教学具有指导性。

对该部分内容的评价可从以下方面着手：第一，应考虑教育计划是否符合我国教育方针的要求，是否与我国教育精神相符。第二，应考虑计划是否遵循学前儿童科学教育总目标，是否符合学前儿童科学教育各年龄阶段目标，且各阶段目标之间是否具有衔接性、

连续性。第三,应考虑教育计划是否能体现本园的办园理念与文化精神。第四,应考虑教育计划是否能覆盖科学教育的全部内容,且包含与其他领域相整合的内容;重难点是否突出,要求是否明确,方法是否恰当,实施的具体内容是否明确,如日期安排等。第五,应考虑教育计划的制定是否建立在充分了解幼儿的基础上且符合幼儿身心发展的特点。第六,应考虑活动是否与家庭、社区等方面取得配合,能为幼儿的科学教育活动提供丰富的资源与其他方面的支持。

(二)对科学教育活动的评价

科学教育活动的评价包括对活动目标、活动内容、活动方法、活动结构、活动选用的教育资源、活动中的师生互动关系等方面的综合评价。

1. 科学教育活动目标的评价

活动目标是指教师预设的,希望通过科学教育活动所能达到的教育效果。评价活动目标应从以下几个方面来进行。

(1)活动目标是否符合学前儿童科学教育的总目标及各年龄阶段目标。为幼儿组织的科学教育活动必须符合总目标、年龄阶段目标、学期目标及班级目标,层层递进。各目标之间并不是孤立的,而是具有连续性的,当前目标的实现有利于下一阶段活动的进行。

(2)活动目标应体现科学情感与态度、科学方法和策略、科学知识与能力三个方面的内容。该目标也是学前儿童科学教育内涵的三个要素,缺一不可。科学情感与态度包含能否激发幼儿好奇心、兴趣与求知欲,能否培养幼儿与周围环境的情感与态度,能否建立尊重科学事实的态度及能否尊重他人、乐于合作与分享等。科学方法和策略包含能否培养幼儿观察与发现问题,是否能够独立思考以及是否具有动手操作解决问题的能力等。科学知识与能力包含幼儿是否通过活动获得科学经验与初步的科学概念等。例如,在了解现代科技的内容时,比较多地注重培养幼儿的科学情感、态度方面的目标,而在了解某些非生物的特性时,比较多地注重培养幼儿的操作能力、探究能力,以及丰富科学经验等方面的目标。所以,每次活动的目标是有所侧重的。

(3)活动目标的设计应该符合幼儿身心发展特点,建立在幼儿"最近发展区"的基础上,使幼儿通过一定的努力能够实现。目标的设置过高容易使幼儿产生挫败感,扼杀幼儿动手操作的兴趣,使幼儿不愿意参与科学活动;目标过低幼儿能够轻松解决问题则容易使幼儿轻视问题,丧失兴趣。只有难度适中,以幼儿"最近发展区"为依据设置难度,利于激发幼儿的兴趣,又能让幼儿体验动手获得成功的成就感与喜悦感。

(4)活动的目标应重难点突出,与活动过程相互呼应且体现在整个活动当中。目标是整个活动的导向,活动的内容选择、方法运用及资源的选择,其归宿都在于活动目标的实现。

2. 科学教育活动内容的评价

活动内容的选择是实现活动目标的重要过程之一。科学教育活动内容的评价包括内容的选择和内容的设计两个方面。活动内容的选择是指按照一定的标准从科学教育所涉及的内容范围去选取合适的内容,以保证科学教育活动的顺利进行;活动内容的设计是指针对所选内容,确定学习范围和深度。评价活动内容应从以下几个方面来进行。

（1）活动内容的选择是否有助于活动目标的实现。活动内容的选择首先要与目标保持一致，内容的选择是为了更好地实现目标。

（2）活动内容的选择是否具有科学性。所谓科学性，即为幼儿提供的活动内容涵盖的知识应是正确的，能被幼儿所接受，且有助于幼儿正确价值观的形成。

（3）活动内容的选择是否具有时代性。当代科技发展日新月异，突飞猛进，为幼儿选择的活动内容应考虑内容的先进性，在活动中帮助幼儿了解当代科技产品，引导幼儿关注新鲜事物与现象，逐渐培养幼儿对新鲜事物的好奇心与探索欲望。还应考虑内容所反映的科技成果，前两年还是最新科技成果的产品，不多久就成为司空见惯的物品了，所以评价内容时要注意，该内容是否符合时代特征，是否增加了现代科技的含量。如同样是认识鸡、鸭，如果和养鸡场、科学饲养、人工孵小鸡等内容结合起来，就比单纯地介绍鸡、鸭要符合时代性。

（4）活动内容的选择是否考虑幼儿园自身的实际条件。为幼儿提供的活动内容需要因地制宜，考虑幼儿园的实际情况，如地域条件、经济条件等。活动内容的选择并不是花费越多越好，适合的才是最好的。

（5）活动内容的选择是否适合幼儿身心发展的特点。首先，幼儿期的孩子好奇心、探索欲望与动手操作的能力都很强，因此为幼儿提供的活动内容应充分考虑这些特点，为其提供符合其年龄特征的内容。其次，为其提供的内容应该贴近幼儿的生活，与幼儿当下的生活经验相符，如水能沸腾也能结冰。再次，幼儿的年龄较小，提供的内容应该具有趣味性，能够吸引幼儿积极参与活动。最后，还应考虑幼儿是否有充分动手操作的机会。

（6）活动内容的组织是否适当。每一个科学教育活动特别是集体活动，总有一个时间的限制，从幼儿的角度看，他们的注意力、兴趣在一次活动中不会维持太久，评价内容时还要看该内容的时间组织是否适当，有无过多或过少的现象。

（7）活动内容的选择是否与其他领域相互渗透。各领域的教育内容并非相互独立，而是相互联系、相互渗透的。在评价的过程中可将其作为评价内容之一。

3. 科学教育活动方法的评价

科学教育活动方法既包括教师为了完成科学教育任务，实现科学教育目标所采用的工作方法，也包括幼儿在教师指导下学习科学的方法，即"教师的教"与"幼儿的学"的方法。活动方法的使用是否适当，既影响活动的开展过程，也影响幼儿活动的效果。评价活动方法应从以下几个方面进行。

（1）活动方法是否能够充分发挥幼儿的主动性，能够体现"幼儿为主体，教师为主导"。在活动过程中幼儿应是主动地参与并操作，而不是教师为幼儿灌输知识，使"发现学习"代替"接受学习"。

（2）是否根据活动目标、活动内容及幼儿的实际情况，选择与运用生动、直观、形象的活动方法。

（3）在一次活动中，是否采用多种方法有机结合以保证活动顺利地开展。

（4）是否根据幼儿园实际的条件选择合适的方法，如经济条件、地区条件等。

4. 科学教育活动过程的评价

评价科学教育活动过程应从以下几个方面进行。

（1）是否根据内容的需要采取多种组织形式灵活地开展活动。如"个别指导、分组、集体"等形式。

（2）在活动过程中，是否能做到因材施教。每个班中都有能力较强或能力较弱的幼儿，在集体、小组、个别活动过程中，是否有针对性的指导策略。

（3）在分组时，是否考虑了人际关系以及幼儿的情感因素。简单来说，就是活动中的分组方式是根据幼儿的意愿确定还是教师指定幼儿服从？

（4）在活动过程中，是否能随机调整预定的活动目标，并生成目标。是否能根据活动开展情况，做出目标、方法、组织形式等多方面的调整。

5. 科学教育活动结构的评价

评价科学教育活动结构应从以下几个方面进行。

（1）活动结构是否严谨，即活动组织是否紧凑、程序严密、环环相扣、环节交替自然有序，是否能充分有效地利用时间。

（2）活动的结构是否合理，是否遵循幼儿活动和学习的规律，动静交替等。

（3）活动中的每个步骤是否有效，即在科学教育活动过程中，每一步骤都应和达成目标有关，尽量减少和目标无关的环节，防止幼儿注意力分散。

6. 教育资源选择与运用的评价

科学教育资源是实现学前儿童科学教育活动目标的物质保证。教育资源选择与运用的评价应从以下几个方面进行。

（1）科学教育资源的选择是否有利于活动目标的达成。应考虑为幼儿提供的不同资源能够实现不同的活动目标，在评价时也应考虑提供的资源是否能保证活动目标最大限度上的达成。

（2）是否适合幼儿发展水平。不同年龄段的幼儿身心发展水平不同，为幼儿所提供的资源也应考虑这一点；要考虑所提供的资源是否符合幼儿的兴趣，是否与幼儿的生活息息相关，能否为幼儿所理解。

（3）是否具有安全性。为幼儿提供的资源应保证卫生与安全，以无损幼儿的身心健康为准；特殊材料使用要注意看护，防止幼儿误吞、误食，或其他可能伤及幼儿的情况。

（4）活动过程中，是否发挥了所提供资源的最大效用，尽可能开发其所有的功能。

7. 教师与幼儿互动关系的评价

科学教育活动中良好的师幼关系是幼儿顺利进行活动的基本保证。教师与幼儿如能处于良性的互动关系，就能从一定程度上保证科学教育活动取得一定的效果。教师与幼儿互动关系的评价应从以下几个方面进行。

（1）是否正确发挥了教师的主导作用。如教师的提问是否得当、新奇、有启发性；是否富有魅力及指导意义；能引发幼儿的积极思考与参与。

（2）是否为幼儿创设活动情境，使幼儿成为活动的主体。如创造宽松的心理环境，鼓励每个幼儿积极探索，学习科学；适时表扬，使幼儿获得成就感，更加乐于参与科学教育活动。

（3）教师与幼儿在活动过程中的交互是否和谐融洽，是否积极主动地相互交往。如当个别孩子未能完成探索活动时，教师是采用鼓励，还是采用讥讽的语言与手段。

（4）幼儿参与活动的态度如何。是主动积极地参与活动，还是被动地参与，亦或是成为旁观者。

第四节 学前儿童科学教育评价的方法

一、学前儿童发展评价的方法

对学前儿童发展常用的评价方法有观察法、访谈法、问卷调查法、测试法和作品分析法等。

（一）观察法

观察法是在自然状态下利用感官或者一定的辅助设备，有目的、有计划地对评价对象的行为进行现场观察或测量，并根据观测结果进行分析、做出判断的一种获取资料的方法。该方法能保证评价者获得第一手评价资料，既可以用于对幼儿行为的观察，也可以用于对教育情境中教师和幼儿互动行为的观察。常用的观察法有自然观察法、情境观察法、行为核对法。

四步骤帮助教师有效观察科学活动

1. 自然观察法

自然观察法又称事件详录法，是观察者在自然状态下对幼儿进行的持续一段时间内相对详细的观察并对其行为或事件的完整过程进行记录后做出评价的方法。自然观察法要求在观察前要明确观察行为和事件的类型，观察时只需等候行为或事件的发生，并作记录。例如，下面一段是教师对一位儿童早上来到幼儿园的活动记录。

某月某日，某某，早晨来园，到自然角旁边，观察金鱼，同时轻声说："小金鱼，你昨天晚上睡得好吗？你想我吗？我可想你啦。你吃饭了吗？我给你带来了面包。"随后，她撕下一块面包放到鱼缸里。等了一会儿，见金鱼没有吃，她又说："你吃吧，你为什么不吃呢？"

从这个记录中，可以明确地看到这名幼儿对小金鱼的兴趣、态度和探索欲望。

自然观察法的优点是便于教师灵活地记录日常观察到的幼儿的行为或相关的事件，不受时间间隔的限制，只要事件一出现，便可随事件或行为的发展持续记录；所获资料真实、生动、具体，能完整地反映儿童的行为面貌。自然观察法的缺点是：对观察者的要求较高，没有现成的记录表格，完全靠事件发生时的速记；也需要教师花费大量的时间等待某一行为或事件的发生，耗费精力与时间。

【案例 9-1】 磁铁游戏记录[①]

小宝今天又到科学区来玩磁铁游戏了，他一直尝试用磁铁吸住更多的曲别针。今天他换了一块 U 形磁铁，嘴里还念念有词："我来挑战啦，看看今天能粘住几个！"

---

① 陈虹. 幼儿科学教育与活动指导[M]. 北京：高等教育出版社，2013.

上述内容是教师对幼儿在科学区角游戏活动中操作行为的观察记录。通过自然观察与记录,教师了解到小宝对于不同的磁铁能够吸住多少个曲别针充满了兴趣,他反复操作,对活动十分投入。教师在评估幼儿的表现后,在科学区中增加了各种不同形状的磁铁以及其他铁制品,供小宝进一步探索和游戏。

2. 情境观察法

情境观察法顾名思义是评价者为幼儿创设特定的情境,通过观察幼儿在该情境中的行为反应并进行记录获取评价资料的方式。情境观察法的优点首先在于其拥有特定的情境,教师不用花费时间等待特定情境的发生,节省时间;其次,特定情境的设置避免了一些无关因素的干扰,提高了教师观察的效率。该方式节省时间、效率高,且能够测量儿童发展水平的不同层次,所以被越来越广泛地使用。但也有一定的缺点,如评价者有时难以创设一个能更好地体现评价目标的情境。

3. 行为核对法

行为核对法是根据评价目的事先将准备对幼儿进行观察的项目列成清单并制成表格,观察者根据观察到的事件或行为,逐条核对该项目是否呈现的方法。

【案例 9-2】[①]

在一次中班数学活动中,教师为了检验班级中幼儿的数学能力,提前制定"中班幼儿数学能力检核表"。

首先列出准备进行观察的项目如下。

(1) 认识圆形、三角形、正方形、长方形。

(2) 知道圆形、三角形、正方形、长方形的正确名称。

(3) 能从一数到十。

(4) 会一对一的对应,并对应到十。

(5) 有大小长短的概念。

(6) 知道首先的、中间的及最后的。

(7) 了解"较长""较少"的意义。

然后,将重要项目制成观察时能直接使用的表格,如表 9-1 所示。

表 9-1 中班幼儿数学能力行为核对表

题 项	是	否	如果为否,记录第一次出现的时间
1. 当说到形状名称时,能把形状挑出来			
圆形	√		
正方形	√		
三角形	√		
长方形	√		
2. 能从 1 数到 10	√		

① 施燕. 学前儿童行为观察[M]. 上海:华东师范大学出版社,2015.

3.能正确地说出下列形状的名称			
圆形	√		
正方形	√		
三角形	√		
长方形		√	9 月 25 日
4. 对下列关系能够了解			
大于	√		
小于	√		
长于		√	10 月 10 日
短于		√	10 月 16 日
5. 能进行——对应			
两个物体	√		
三个物体	√		
五个物体	√		
十个物体		√	10 月 30 日
多于十个物体		√	10 月 30 日
6. 能理解下列概念的指示			
第一	√		
中间		√	11 月 10 日
最后		√	12 月 3 日
7. 能理解下列概念的指示			
多于		√	2 月 26 日
少于		√	3 月 22 日

该方法最大的优点在于目的明确,实施起来比较方便,省时、省力,应用情境较为广泛。但在观察前需要制订观察行为核对表,核对表中的行为必须反映想要评价的内容,行为必须具有一定的代表性。

教师在运用以上几种观察方法时,既可以采用非参与式的观察,即教师作为旁观者,不参与幼儿的活动,只负责进行观察与记录;也可以采用参与式的观察,即教师在观察的过程中可以参与幼儿的活动,既可以作为活动的组织者、指导者,也可以作为幼儿的合作者,促进活动的展开,在此基础上进行观察与记录。

(二)访谈法

访谈法是通过评价者与被评价者之间的相互交谈来获取评价资料的方法。它的优点是:使用方便灵活,获得的资料真实可信;能增进教师与幼儿之间的情感交流;更具有人情味且富有个性。它的缺点是:通过访谈获得的资料比较难以标准化;而且进行访谈样本较小、费时费力,难以取得大量样本资料;后期处理资料也相对复杂。

5~6 岁儿童数学
问题解决的认知
诊断评估工具

在评价学前儿童发展时,访谈法有两种具体方式。

1. 问题式

问题式是由评价者提前准备一个或多个问题,访谈时由评价者一一提出,被评价者围绕问题进行回答,从而获取评价资料的方法。问题式的优点是设计、使用比较简便,获得资料的方式比较直接。通过这种方式,能帮助评价者去诊断幼儿对科学知识经验的理解情况。例如在某次活动之后,提问幼儿,"你知道青蛙小时候是什么样子吗?我们应该如何保护青蛙?为什么呢?"问题式缺点有:样本少,耗时多,回答具有主观倾向;获得的信息较为零散,后期处理有一定的困难。

2. 情境问题式

情境问题式是评价者为被评价者创设一个问题情境,被评价者基于自身已有的科学知识与经验围绕该情境进行回答,或解释该情境中出现的新现象,由此来获得评价资料的一种方法。情境问题式是对幼儿进行评价时经常使用的一种方式。一般来说,这种方式可以用图片和语言结合或视频的方式测试幼儿。

(三)问卷调查法

问卷调查法是以书面的形式从评价对象获取评价资料的方式。评价者需要提前编制所需问卷,然后以评价对象能够接受的方式进行呈现。

问卷调查的关键是问卷的设计与编制。一个完整的问卷一般包括问卷名称、前言、指导语、正文(题目)、结束语几个部分。问卷名称需要简单明了、直奔主题。前言是该问卷的调查目的或消除调查对象的疑虑及后顾之忧。指导语则是该问卷的填写注意事项、方法及要求。正文部分则是题目呈现的部分,一般对学前儿童的选择测试,由一个正确答案和两个错误答案构成,少于或超过两个错误答案都是不适宜的。对儿童的书面调查问卷必须避免文字,尽量用图画的方式表述;这个过程中由于幼儿的年龄特征,也可以给予一定的指示语,指示语应简短明确,而且指示语只为幼儿提供方向,不能带有暗示性和倾向性。结束语是表达对调查对象的谢意。

《学前儿童数感发展测验》的编制及信效度验证

对幼儿的问卷调查还可以采用口头方式测查,即由教师与幼儿口头进行问答,教师记录结果,最后根据幼儿的回答进行评价。例如,教师问:"你知道什么东西是球体吗?"幼儿会说出各种各样的答案来,以此了解幼儿对球体的认识程度和知识经验范围。

采用问卷调查的方式搜集评价资料相对于其他方法来说更加省时、省力,教师可以同时发放多份问卷,同时进行回收,所获资料具有一定的代表性,能做量化的处理。但应注意题量的分配以及题目的表达方式应是幼儿能够理解并接受的,其局限性在于无法对幼儿的想法进行深入了解。

(四)测试法

测试法是根据图片所表示的内容及问题,使幼儿依据当前拥有的科学知识经验用符号或数字作为标记来回答各种问题的方式。其目的在于了解幼儿当前的发展水平。测试

法主要有是非测试、选择测试、匹配测试三种类型。

是非测试就是幼儿只要根据问题(图片、语言或两者结合),回答"是"或"否"。

选择测试是幼儿能在题目所列出的几个答案中,选择出一个或几个答案的方式。

匹配测试是给出两组内容,让幼儿根据所示内容之间一定的关系,将其进行匹配的方式。幼儿既可以依据自己的理解进行匹配,也可以根据评价者给出的标准进行匹配。

(五)作品分析法

作品分析法是评价者对学前儿童的作品(图画、泥塑、所编故事、儿歌等)进行分析,从而了解其发展水平或检测教学效果的一种方法。例如,秋天时让幼儿用捡来的树叶粘贴成画,分析幼儿的兴趣、能力等。再如,让不同年龄段的幼儿进行形状的涂鸦,可以了解不同年龄阶段幼儿对形状的理解,同时也能了解不同年龄阶段幼儿的小肌肉发展状况。

在使用这种方法时可以建立幼儿作品集,或称评价档案,将每个幼儿不同阶段具有成长代表性的作品集中起来,进行一定的比较,以此可以了解幼儿在某一阶段的发展。

美国 NBPTS 优秀
幼儿教师档案袋
评价及其启示

作品分析法的评价方式具有间接性,教师能通过幼儿的作品获得较为客观的结论,同时也能满足幼儿动手的兴趣,不影响幼儿的正常活动。但无法了解幼儿在作品中未体现的内容,即获得的评价资料不够完善。

综上所述,评价儿童科学教育素质发展的方法多种多样,各有优势与局限,而且各种方法并不是独立地存在。因此,在实际工作中应该灵活地选择获取评价资料的方式,做到扬长避短、互相补充,才能获得更加客观、准确的评价结果。

二、 学前儿童科学教育活动评价的方法

评价学前儿童科学教育活动应以经常性的教师自评和教师间的互评为主,以检查性的他评为辅。

1. 教师自评

学前儿童科学教育活动的教师自评是教师根据一定的标准对自己组织活动的目标、内容、方法、过程等和教师本身在活动过程中的表现进行的评价。这种评价更有利于教师对自身教学行为的反思。

2. 他人评价

他人评价是指除教师自身以外的任何人或组织对学前儿童科学教育活动所进行的评价,如上级主管部门、园长、园内其他领导、家长等。他人评价又可以分为单项评价和综合评价两种。

(1)单项评价。单项评价是指对教师组织的科学教育活动的不同部分分别进行评价。如活动目标是否适合,互动内容的选择是否恰当,活动过程中教师的语言运用是否恰当,幼儿的反应是否强烈,等等。

　　（2）综合评价。综合评价是指对教师组织的整个科学教育活动的整体效果进行的评价。例如，在一次教师组织的"沉浮游戏"的教育活动中，不是从活动目标、方法、内容方面分别进行评价，而是从活动组织的整体效果上看，根据学前科学教育活动评价标准，通过整体印象，给教师的教育活动一个总体评价等级。

　　两种评价方式各有长短，与教师自我评价相比，他人评价的结果会更加客观，但组织过程较为复杂。因此，在实际评价的过程中应将教师的自我评价与他人评价互相结合起来使用，既能扬长避短，又能更好地督促教师不断改进学前儿童科学教育工作。

基于 MQI 评估
系统的大班数学
集体活动质量分
析及其启示

参考文献

[1] 刘占兰. 学前儿童科学教育[M]. 北京：北京师范大学出版社,2008.

[2] 洪秀敏. 学前儿童科学教育[M]. 北京：北京大学出版社,2015.

[3] 张俊. 学前儿童科学教育[M]. 北京：人民教育出版社,2004.

[4] 兰艺. 幼儿园科学教育活动设计与指导[M]. 北京：北京师范大学出版社,2016.

[5] 郑文光. 布鲁姆的故事[J]. 科学启蒙,2004(3)：31.

[6] 王冬兰. 学前儿童科学教育[M]. 上海：华东师范大学出版社,2010.

[7] 李季湄,冯晓霞.《3—6岁儿童学习与发展指南》解读[M]. 北京：人民教育出版社,2013.

[8] 大卫,杰纳·马丁. 构建儿童的科学[M]. 杨彩霞,等译. 北京：北京师范大学出版社,2006.

[9] 李丹. 科学实践理念下美国新一代科学教育标准 NGSS 的研究[D]. 重庆：西南大学,2014.

[10] 李媛. 现代日本幼儿科学教育发展史研究[D]. 上海：上海师范大学,2018.

[11] 皮凤英. 动手做：法国科学教育计划[J]. 外国中小学教育,2002(4).

[12] 瞿葆奎. 教育基本理论之研究(1978—1995)[M]. 福州：福建教育出版社,1988.

[13] 冯晓霞. 幼儿园课程[M]. 北京：北京师范大学出版社,2001.

[14] 王春燕. 幼儿园课程概论[M]. 北京：高等教育出版社,2007.

[15] 教育部基础教育司. 幼儿园教育指导纲要(试行)解读[M]. 南京：江苏教育出版社,2002.

[16] 莫雷. 教育心理学[M]. 北京：教育科学出版社,2007.

[17] 夏力. 学前儿童科学教育活动指导[M]. 3版. 上海：复旦大学出版社,2014.

[18] 施燕. 学前儿童科学教育与活动指导[M]. 3版. 上海：华东师范大学出版社,2014.

[19] 中华人民共和国教育部. 幼儿园教育指导纲要(试行)[M]. 北京：北京师范大学出版社,2001.

[20] 叶雨. 幼儿园饲养活动中科学探究能力的培养——以大班幼儿饲养蜗牛为例[J]. 科学大众(科学教育),2020(2)：102,69.

[21] 王海峰. 谈利用一日活动各环节培养大班幼儿的科学探究能力[J]. 学周刊,2019(14)：163.

[22] 顾青青. 幼儿园科学活动开展策略探索[J]. 成才之路,2019(3)：97.

[23] 高潇怡. 我国幼儿园科学教育内容的问题与改进——基于对美国《下一代科学教育标准》借鉴的思考[J]. 教育研究与实验,2017(1)：30-36.

[24] 王春燕,赵一仑. 学前儿童科学教育[M]. 北京：高等教育出版社,2012.

[25] 季奎奎. 幼儿园科学教育内容的构建研究[D]. 福州：福建师范大学,2012.

[26] 刘晓晔. 幼儿教师科学领域继续教育侧重点探析[J]. 继续教育研究,2016(11)：94-97.

[27] 冯晓霞. 幼儿园课程[M]. 北京：北京师范大学出版社,2000.

[28] 朱家雄,高一敏. 幼儿园科学教育与活动设计[M]. 北京：高等教育出版社,2014.

[29] 缪凤雅. 幼儿园科学教育实践与研究[M]. 浙江：宁波出版社,2013.

[30] 赵华民. 学前儿童科学教育[M]. 河南：郑州大学出版社,2014.

[31] 王春燕,林静峰. 幼儿园集体教学中教师提问的现状及其改进[J]. 学前教育研究,2011(2)：12-18.

[32] 杜波平. 教师在自然角中的指导策略[A]. 教育信息化与教育技术创新学术研讨会论文集,2019.

[33] 中华人民共和国教育部. 3—6岁儿童学习与发展指南[M]. 北京：首都师范大学出版社,2012.

[34] 李维金. 学前儿童科学教育[M]. 2版. 北京：科学教育出版社,2012.

[35] 郦燕君. 学前儿童科学教育[M]. 上海：华东师范大学出版社,2006.

[36] 夏力. 学前儿童科学教育活动指导[M]. 上海：复旦大学出版社,2017.

[37] 袁宗金. 幼儿园科学教育与活动设计[M]. 长春：长春出版社,2013.

[38] 帕蒂·博恩·塞利. 儿童自然体验活动指南[M]. 肖凤秋,等译. 北京：教育科学出版社,2017.

[39] 郦燕君. 学前儿童科学教育[M]. 2 版. 北京：高等教育出版社,2014.

[40] 教育部教育管理信息中心. 全国优秀幼儿科学教育活动课例评析[M]. 重庆：西南师范大学出版社,2013.

[41] 张俊. 幼儿园科学领域教育精要——关键经验与活动指导[M]. 北京：教育科学出版社,2017.

[42] 刘占兰. 学前儿童科学教育[M]. 北京：北京师范大学出版社,2013.

[43] 余自强. 科学课程论[M]. 北京：教育科学出版社,2002.

[44] 夏力. 学前儿童科学教育活动指导[M]. 上海：复旦大学出版社,2009.

[45] 黄晓芸. 浅析科学游戏中的三性[J]. 学前教育研究,1999(2)：49-50.

[46] 杨丽丽. 科学游戏的指导[J]. 教育导刊(幼儿教育),2000(S3)：36-37.

[47] 60 个科学小游戏[R/OL]. https://wenku. baidu. com/view/5ccda4dcad51f01dc281f1b4. html, 2018-06-27.

[48] 蔡志东. 幼儿科学教育科学素养与活动实训[M]. 上海：复旦大学出版社,2018.

[49] 黄瑾. 学前儿童数学学习与发展核心经验[M]. 南京：南京师范大学出版社,2015.

[50] 林泳海,周葱葱. 3.5～6.5 岁儿童式样认知发展的实验研究[J]. 心理学探新,2003(1)：33-36＋41.

[51] 朱智贤. 儿童心理学[M]. 6 版. 北京：人民教育出版社,2018.

[52] 康丹,曾莉. 早期儿童数学学习与执行功能的关系[J]. 心理科学进展,2018,26(9)：1661-1669.

[53] 刘占兰. 幼儿科学教育[M]. 北京：北京师范大学出版社,2000.

[54] 靳一娜,王晓庆. 幼儿园科学教育实施现状的调查研究——以河北省张家口、廊坊、邢台和石家庄地区为例[J]. 内蒙古师范大学学报(教育科学版),2015,28(4)：43-46.

[55] 幼儿园案例分析：科学活动《鸡蛋和鸭蛋》[R/OL]. http://www.docin.com/p-2333720498.html, 2020-05-01.

[56] 中班科学《我们的种植园》教案反思[R/OL]. http://www.qinzibuy.com/article/18608.htm,2019-06-28.

[57] 王春燕,赵一仑. 学前儿童科学教育[M]. 北京：高等教育出版社,2012.

[58] 陈虹. 幼儿科学教育与活动指导[M]. 北京：高等教育出版社,2013.

[59] 幼师分课题组. 幼儿科技活动设计与指导[M]. 上海：上海科技教育出版社,2000.

[60] 施燕. 学前儿童科学教育[M]. 上海：华东师范大学出版社,1999.

[61] 施燕. 幼儿园科学教育资源库[M]. 上海：华东师范大学出版社,2012.

[62] 刘子晨. 幼儿园科学教育资源的合理配置研究[D]. 济南：山东师范大学,2018.

[63] 施燕. 学前儿童行为观察[M]. 上海：华东师范大学出版社,2015.